anencyclopedia

封建帝王政治，在中國歷史上根深柢固、淵遠流長，但卻不是唯一的制度形式。在帝王政治的大幕之下，粉墨登場唱大戲的主角，絕大多數是男性，但他們並非是唯一的演員。

歷史的演繹和文明的進步是多元化的，如同男女兩性的相互依存。帝王政治的主流離不開後宮政治的映襯和互補，由男性占絕對主宰的歷史舞台，冷不防地會冒出一些女性，她們的表現同樣精采，並不輸給男性。

自從有了帝王的存在，後宮便隨之出現。帝王們現身台前，一言一行都被極力的渲染和誇大，後宮之人則隱身幕後，被千方百計地遮掩和弱化。所以，長期以來，後宮生活被特意地蒙上一層神祕色彩。隨著時代的替換，歷史的遮羞布也愈裹愈厚，帝王後宮之事，被包裹得密不透風，儼然成為現實生活中的另一個世界，愈是神祕莫測，愈是能夠激發人們想一窺究竟的強烈欲望。

本書的目的，絕不僅是滿足於部分人的獵奇願望。在掀開歷史的神祕面紗之後，人們不僅可以飽覽帝王後宮們美輪美奐、精采無比的真實生活，更能透過歷史的表象，發現深藏其中的哲理，進而對我們的現在和未來，能有更清醒、更準確的認知和理解。

目錄

第一章　先秦

第二章　秦漢

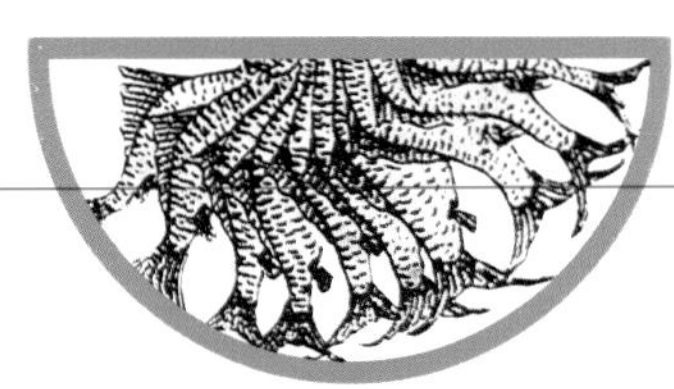

第三章　魏晉南北朝

第四章　隨　唐

目錄

第五章　宋 元

第六章　明 清

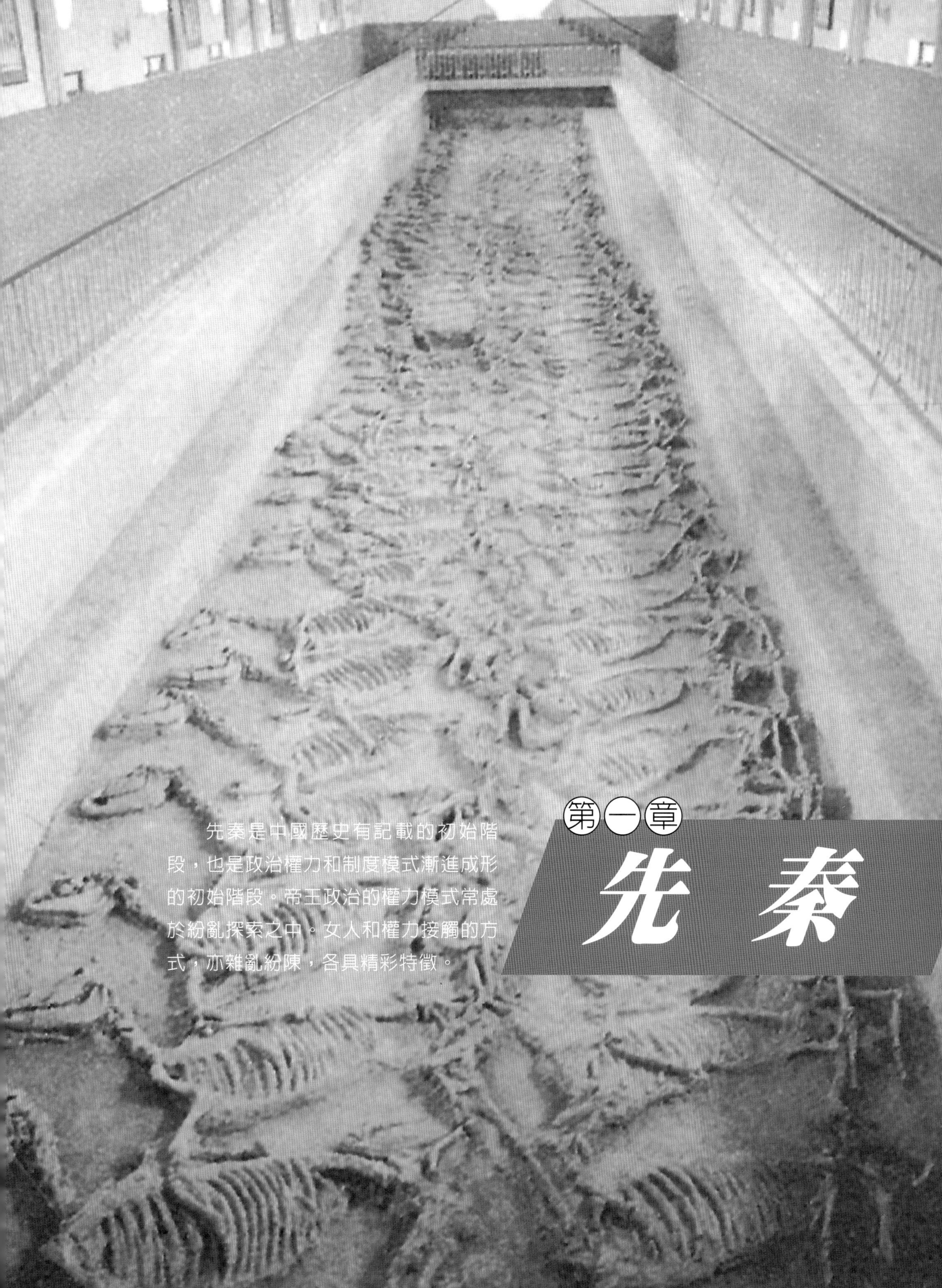

第一章

先　秦

先秦是中國歷史有記載的初始階段，也是政治權力和制度模式漸進成形的初始階段。帝王政治的權力模式常處於紛亂探索之中。女人和權力接觸的方式，亦雜亂紛陳，各具精彩特徵。

一、你對娥皇、女英認識多少？

▲堯像：傳說堯建都平陽（今山西省臨汾縣），國號唐。舜是上古時期傑出的部落首領，也可以說是我國歷史上最早的帝王，他被列為上古的五帝之中，被尊為古聖。

▲舜像：傳說舜建都蒲阪，（今山西省永濟縣），國號虞。堯是上古時期傑出的部落首領，也可以說是我國歷史上最早的帝工，他被列為上古的五帝之中，被尊為古聖。

在國人的記憶深處，政治權力的交替和爭奪，向來都是血腥殘酷，甚至在親如父子兄弟之間，為了一己私利，也會作出滅絕人性的事情來。也許正因為如此，傳說中的堯舜禪讓，才會被人們千古傳誦至今。

傳說中的帝堯，不僅治國才能卓越，而且頗有愛民如子之心。在位期間，把天下治理得政通人和，富泰安康，受到普天下人的敬愛和擁戴。

帝堯不僅有大智慧、大品德，還有大胸襟。至暮年該考慮權力交接更替時，拋開沿襲已久的父傳子的固定模式，以天下蒼生為念，放棄將帝位傳給自己的兒子丹朱，而是要求大臣和諸侯為自己推薦德才兼備的接班人選。

平民出身但懷才抱德的舜，因大臣和諸侯的推薦，得到帝堯的接見。帝堯見舜，還算滿意，但又不能完全放心，就作主把自己兩位女兒娥皇、女英嫁給舜作妻子。一方面，是對舜才能品格的肯定和褒獎；另一方面，則是想藉由這種特定的方式，進一步考證舜是否為接替天子權位的最佳人選。

娥皇、女英

▲相傳為中國社會初期，帝堯的兩個女兒，同時被帝堯嫁給舜作妻子。堯禪讓天子之位予舜，娥皇、女英自然成為史書上最早能見的後宮女性，可惜她們姐妹倆終身與權力無緣。傳說帝舜死於蒼梧，姐妹聞訊，奔波千里前往，意欲見最後一面，不意天不遂人願，雙雙死於半途之中。

傳說中，娥皇、女英姊妹以堂堂公主的高貴身分，下嫁成為平民出身的舜的妻子，並非完全的心甘情願，而是背負著重大的政治責任和使命感。特別是成親之後，又被帝堯下命隨舜離京，前往僻遠的舜的老家媯水

河畔過普通人的生活，其內心的鬱悶和不甘，不難想像。

不料就在夫妻三人坐著牛車，顛沛著前往嬀水的途中，娥皇、女英姊妹發現，相貌俊偉的舜，品格尤其難能可貴，情愫漸生，而且日益濃厚、堅定。

回到舜的家中，娥皇、女英又出問題。她們知舜母早亡，盲父續弦，生異母弟象，待舜甚為刻薄，便在拜見舜父時，只是裝裝樣子弄出聲響，並不真的叩首。

舜對於兩位妻子欺父眼盲的行為大為惱火，也不管她們姊妹是何等身分出身，立即予以嚴厲斥責。出人意料的是，娥皇、女英受了責罵後，非但不生氣反而高興起來。因為她們再次驗證了舜的人品，喜於嫁了一位真正可以託付終生的好丈夫。

此後，娥皇、女英和舜相濡以沫，恩愛日漸加深。特別是舜的家人自私偏狹，舜卻寬宏大量，不廢禮義孝道，令娥皇、女英甚感安慰。甚至在舜的家人好幾次想取舜之性命時，娥皇和女英除了在暗中力助丈夫化解危機之外，對丈夫的一再忍讓和仁愛態度，同樣大力支持。

一年後，娥皇、女英把自己對舜的考察結果和居天子之位的父親帝堯報告，或多或少自然會摻入一些自己的私人情感。帝堯對舜的才能和品格得到進一步認同，又派自己的九個小兒子前往嬀水河畔，托舜代為照料，也是想藉此再加考驗舜的才德。

▲《山海經．北山經》中記載的何羅魚。

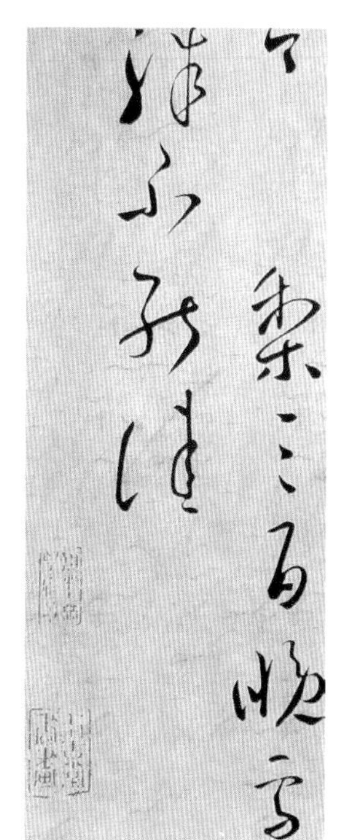

嫦娥奔月

◀相傳為中國社會初期，帝堯的兩個女兒，同時被帝堯嫁給舜作妻子。堯禪讓天子之位予舜，娥皇、女英自然成為史書上最早能見的後宮女性，可惜她們姐妹倆終身與權力無緣。傳說帝舜死於蒼梧，姐妹聞訊，奔波千里前往，意欲見最後一面，不意天不遂人願，雙雙死於半途之中。

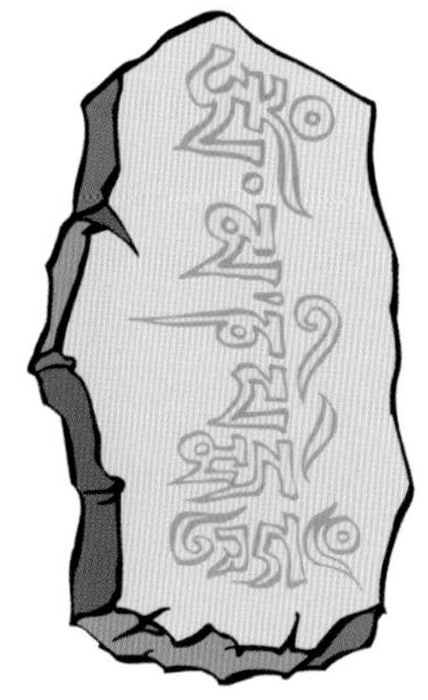

▲女媧補天：正當人類在生息繁衍時，災難突然降臨。支撐天地的四根天柱糟朽了，天好像就要塌下來了。大地出現許多裂縫，不斷冒出烈火和臭水；藍天也出現了漏洞。這時，人類的始祖女媧出來拯救她的子孫了。她煉治五彩石來修補藍天。又用一隻烏龜的四條腿來替換糟朽的天柱。

盤古開天

▲傳說在遠古時代，天地還沒有形成，到處都是一片黑暗混沌，好像一個大雞蛋。人類始祖盤古用一把斧子一劈，天和地就分開了，盤古怕它們再合攏，就用踩著大地，頭頂著天空，站在當中。直到後來，天地的構造已經穩固，盤古才倒地而死。死後，他的身體變成了世間萬物。

幾年的多方考察下，帝堯對舜感到頗為滿意，於是把他召至京中輔佐政務。駕崩之際，將天子權位禪讓給舜。

舜成為天子，承堯之遺風，勤政愛民，治理天下頗有績效。娥皇、女英身為帝堯的女兒，出身已經非常高貴了。如今做為帝舜的妻子，當然成為中國歷史上最早有明確記載的、身分類似後宮女性的兩位人物。然而，頗讓人想不透的是，自從舜被召入京中輔佐政務之日起，娥皇和女英便銷聲匿跡，彷彿從歷史的洪流裡神奇的消失了。

帝王權力無邊，帝后和嬪妃是最為接近帝王的人，關係親密，特別是在舜的時代，傳統的禮儀道德思想尚未成形。照理說，娥皇、女英，不應就這樣與權力絕緣才對。其中又有何深一層原因值得我們去探究呢？

帝舜勤於政事，在位的第三十九年，南巡，崩於蒼梧，葬於九嶷山。

消息傳至京，與舜感情甚篤的娥皇、女英，雖然已至垂暮之年，但仍感念於夫妻情深，不願苟活於世。竟相攜悄悄出了京城，徒步千里，準備前往九嶷與夫君幽魂相聚。

天不從人願的是，娥皇、女英以嬌弱年邁之軀，長途跋涉，終究力

中國古代的圍棋盤和圍棋子

▲帝堯的兒子資質既不高明，非常玩劣，而且很不喜歡讀書，只喜歡遊戲玩耍。堯為了教育他，便作圍棋以弈，來啟發他的智力。堯將席上所擺放的棋教兒子該如何如何的弈法。兒子方才歡欣而出，自己去研究。後遂流傳於世。

不從心，至湘江即不能再行。力竭之際，姊妹二人無限傷懷，淚如雨下，那叢叢翠竹都浸染上斑斑點點的淚跡，成了二妃對舜帝一片至情的象徵。兩人雖死，但對夫君愛情至深的表現，卻由此成為千古佳話。

堯舜禪讓天下，長時間以來，都是中國權力交替的理想典範。然而，對此典範，又偶有不同說法。

其中，最具反叛性質的，乃是稱舜並非普通平民，而是嬀水河畔一位頗具才華的部落首領。而當時的天下大勢，也非傳說中的安泰祥瑞。帝堯晚年，自覺力乏，而舜的聲望和勢力，卻日益強勁。堯沒想到過要禪讓天下，而是鐵定心思要傳位給大兒子丹朱的，但又害怕丹朱力有未逮，更擔心舜會從兒子手中強奪天下。不得已而為之，便將兩位女兒娥皇、女英嫁給舜，想以這種和親方式，消解隱患。

堯雖思慮周到，但女生外向，娥皇、女英肩負父王重任前往舜身邊臥底，卻和舜產生了真摯感情。不僅身心全向著舜，至堯崩，丹朱繼天子位，她們還和舜一道，策動自己另九位兄弟作內應，以武力推翻了丹朱的統治，進而促成舜登臨天子之位。

由於年代久遠，具體詳情誰也無法確切考證。但娥皇和女英對舜的真情，似乎是不容否認的。

夸父追日

▲夸父追日：傳說誇父是炎帝的後裔，耳垂兩條黃蛇，手持兩條黃蛇。他一心想追上西沉的太陽，希望阻止太陽落山。到達禺穀之後，由於長途奔走，十分口渴，可是河的水量不足，他只好北去大澤，最後渴死在途中。臨時時他扔出的手杖，化為一片樹林，名曰鄧林。

▲刑天：《山海經．海外西經》說，刑天與黃帝爭位、廝殺，最後被黃帝砍斷了頭。刑天雖然斷了頭，卻仍不泯志。他以乳頭為目，以肚臍為口，操盾牌、大斧繼續揮舞，與黃帝再決雌雄。著段傳說的神話色彩極濃，反映了中國遠古時代氏族部落之間血腥爭鬥的歷史。

二、妺喜又是何人？

▲鑲嵌十字紋方鉞：河南偃師二裡頭出土，扁平短內，鉞本身有兩長條穿，身中央有圓孔。

夏朝是中國第一個奴隸制中央集權王朝，政權形式和權力模式，乃至社會結構，都處於極不穩定的變數之中。其存續發展，自然免不了諸多波折。尤其是當居於最高位的君王無道、無力之時，各種變亂，就會應運而生。

少康中興之後，夏王朝的統治得到極大程度的鞏固和強化，但隨著時光流逝，漸生和積澱的各種社會弊端愈來愈多，至夏桀履癸在位，終被商湯所滅。

妺喜

▲夏王朝末年美女，原出諸侯有施國，後進宮為夏桀寵妃。

世間萬物皆因循產生、滅亡和鼎盛、衰亡的過程，朝代更迭，亦是如此。古代人的知識水平有限。懼於帝王無比尊崇的權力地位和社會地位，甚至在朝代更迭方面，也是小心翼翼，不敢直接觸及有罪君王的是非，

只能在主罪人之外，另找代罪羔羊。

妺喜就是這樣一位可憐女子。

據史籍記載，履癸幼小的時候，資質不凡，聰敏異常，但由於生於夏末政治日趨腐敗的時期，特別是宮廷生活的奢靡腐化，使其成長過程嚴重偏離了有為君王的常規導向。成為君王後的履癸，只知貪圖享受，不理政事，性格暴虐，令忠直之臣避而遠之。

夏桀不理政事，使原本腐化不堪的社會形勢更顯衰微，而他為了滿足更大的享樂欲望，突破常制，向天下諸侯橫徵暴斂。有的諸侯不堪其苦，實在拿不出夏桀任意指派的貢品，夏桀就以為諸侯對自己大不敬，不惜訴諸武力。有施國國君成為夏桀暴行的第一位受害者，面對夏桀的來勢洶洶，他深知不能力敵，於是費盡心思，遍尋國內，得一絕世美女，進獻給夏桀。此美女，便是妺喜。

妺喜長得果然是天香國色，千嬌百媚，夏桀一見，便喜歡得失魂落魄。不僅輕饒了有施國國君的「不敬」之罪，罷兵回京後，更是把妺喜當成是稀世尤物，寵愛非常。

夏桀寵愛妺喜，自然是要想方設法地討美人歡心，為此付出多大的代價，也在所不惜。

為了討得妺喜的歡心，也為了自己能更好地享受淫逸之樂，夏桀履癸不惜勞民傷財，在京裡為妺喜修築一座豪華巍峨的宮殿。此宮造成，名曰「傾宮」。夏桀又不顧諸忠貞大臣的勸諫和平民百姓的怨懟，以白玉雕欄，錦繡鋪地，象牙鑲走廊，金銀珠寶遍地堆……種種事跡真是豪奢至極！然後，夏桀和妺喜便躲入此宮，夜夜笙歌，日日犬馬，再無一點親理政事的熱情和欲望。

傳說，為了妺喜，夏桀還在傾宮旁造「酒池」、「肉山」。所謂「酒池」，便是掘一條河池，池內並不注水，反而有酒泉湧出。所謂「肉山」，就是堆成一座座小山，山上種樹，樹上掛滿肉，其驕奢荒淫，達到了悚人聽聞的程度。

世間所有事，大多皆有明顯而直接的因果關係。夏王朝在少康之後日趨衰落，現在又有了履癸這樣的昏庸享樂皇帝，滅亡是注定的。然而，古人習慣於「為尊者諱」的道德評價模式，很少將夏朝的滅亡歸咎於夏桀本身，偏偏要把妺喜當成代罪羔羊而

陶鼎

▲此陶鼎高16.5公分，鼎腹飾以方格紋，是二裡頭遺址早期遺物之一。

▲石磬：山西襄汾陶寺遺址出土的儀器，這件石磬為打制而成，表面粗糙，形狀近似鯨頭，其形態源於石鐮。

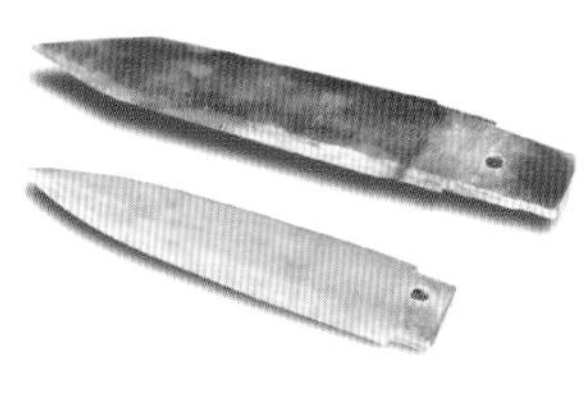

▲玉戈：二裡頭文化遺物，河南偃師二裡頭出土，玉戈是遠古時代典禮上的依仗器。

大肆指責，乃至詬罵，這是極不公正的。

無論如何，當時是典型的男權社會。夏桀貴為天子，擁有天下至高之權力，妹喜不過是他喜歡的玩物。無論夏桀動用自己手中權力為妹喜作了多少事情，都是心甘情願的主動行為，未見妹喜有任何主動索求的史料記載。

能證明妹喜不該為夏朝滅亡負太多責任之最有力的證據，似乎還在於妹喜最終的命運歸宿。

所謂江山易改，本性難移。夏桀是一個聰明有才能的天子，可惜把所有心力都用在了縱情享樂上面，自然會以自己習慣的行為方式，實踐自己的價值觀念。

他只知享樂，從不治理天下，卻

又不斷地向天下諸侯強徵寶物財富。諸侯稍有不順從，他就會像當初對付有施國一樣，派兵攻打。有一個叫「岷」的小諸侯國也遭到相同命運，也效仿當年有施國的作法，遍召國內美女，送給夏桀，而且一送就是兩個。

也許是喜新厭舊，也許是來自岷的兩位美女皆有可取之處，超過了妹

後羿射日

◀相傳，有一天天空出現了10個太陽，熾熱的陽光烤焦了大地，威脅著人類的生存，神箭手後羿決心為民除害。他一連射了9個太陽，只留下一個太陽為人類服務。

喜。總而言之，夏桀有了這兩位美女後，就開始怎麼瞧都覺得妹喜不順眼了。最後，竟然將妹喜逐出了王宮，客死於洛水之濱。

眾所周知，夏桀最後是被商湯所滅。當時，人們幾乎不記得妹喜之名。她不過是被權力所傷害的薄命紅顏，該為天下負多大的責任呢？

素角

▲河南偃師二裡頭出土，殘高20.6公分。

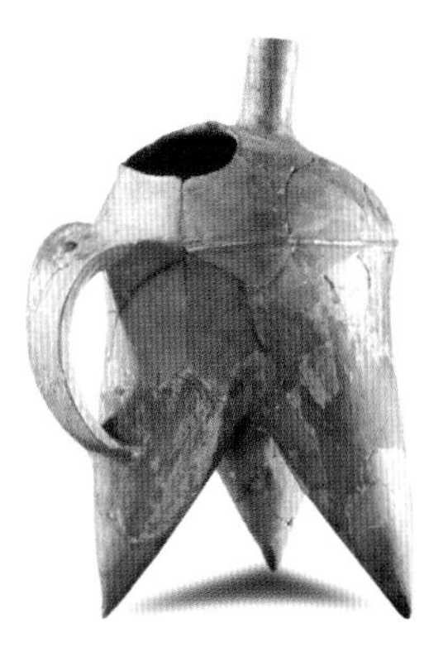

▲「月又食」牛骨：商晚期，長24.5公分，下寬19.5公分，上寬5公分，河南安陽小屯村出土。牛骨上面的文字是商代實際觀測有關月食的記錄。

三、歷史上是否真有妲己這個人？

妲己

▲姓蘇，是商朝最後一位帝王商紂王最寵愛的女子，據說心狠手辣，惡行纍纍。

中國有句俗話，「最毒婦人心」，這句話帶有明顯的偏見。試想妹喜有什麼過錯，作過什麼惡事，卻一直背負禍水害國的罪名？但是，世間之事，沒有絕對，要說到商紂王的寵妃妲己，即便是再善良、再寬容的中國人，想不罵都不行。綜合漢代《烈女傳》、三周《古史考》、晉代《帝王世紀》等典籍，再加上小說《封神演義》所記載妲己的惡行，簡直就是到了人神共憤的程度。

商紂王在祭奠神母時，因為有不敬和褻瀆舉止，神母便叫狐狸精借妲己之身，接近紂王，令其亡國。

妲己一到紂王身邊，紂王馬上就被她的妖嬈狐媚所迷惑，只要是妲己要求的事情，他總是百依百順。而妲己也很善於發揮自己的長處，讓紂王對自己俯首貼耳。兩人彼此呼應，把

整個朝廷弄得烏煙瘴氣，大臣們膽顫心驚，百姓怨聲載道。

和妹喜截然不同的是，夏桀為妹喜所作的一切，都是他一人作主，妹喜從未提非分之要求，夏桀所作的一切壞事，妹喜也從未摻雜其中；而紂王為妲己所作的，幾乎全是妲己的要求，紂王的所有惡行，都參雜著妲己的積極策劃或在旁推波助瀾。

紂王修鹿台，耗盡國庫，縱情享樂，不理朝政，民生凋蔽，這些姑且不說，僅僅兩人合夥犯下的喪心病狂、慘無人道的暴行，更罄竹難書。

妲己為紂王設計出一種叫「炮烙」的殘酷刑罰，將一根空心銅柱子燒紅，再把違逆他們心意的所謂犯人剝去衣衫，強按在銅柱子上。紂王和妲己則以聞到犯人皮膚烙傷的臭味，以聽到犯人撕心裂肺的痛呼聲為樂。

妲己見大將黃飛虎的老婆長得漂亮，就設計把黃飛虎的老婆誘入宮中，再叫貪色好淫的紂王對其無禮。黃飛虎的老婆不從紂王，妲己又出主意，讓紂王將她扔進毒蛇窟裡。

王子比干為人正直，見紂王日益無道，大膽犯顏相諫，妲己又說比干有七巧玲瓏之心，要紂王挖出比干之心，以驗真假。紂王居然聽信她的話，照著去作，害死了比干。

妲己和紂王看見街上孕婦，妲己稱孕婦肚裡懷的是男嬰，紂王不信，妲己則要紂王剖開孕婦肚子驗真假。紂王不僅照著去做了，而且在此之後，還經常「玩」這樣的「遊戲」取樂。

冬天，妲己和紂王看見一老一少渡河，妲己說老頭不怕冷，是因為其母親生他時年輕體壯，他腿骨裡的骨髓多，又說少年怕冷，是因為其母生他時，已年老體衰，故而他腿骨裡的骨髓少。按慣例，紂王裝不信，妲己即要他把兩人捉來，敲碎他倆的腿骨檢驗，紂王全然照辦。

凡此種種，紂王和妲己所作的每一件惡行，無不令人髮指。

結果，商王朝終於被周武王所滅。妲己所作的一切，連當初派她前來的神母也無法原諒，妲己作為惡毒女人的形象，也就流傳至今。

然而，所有上述，盡皆來自於小

青銅孔雀

▲商晚期，四川廣漢三星堆遺址出土，高7.2公分，寬11.6公分。鳥呈飛翔狀，頭部有桃狀圓環冠，翅羽、尾羽端部也呈桃狀圓環。

▲四養尊：通高58.3公分，口徑52.4公分，湖南寧鄉月山出土，容酒器，方形，大侈口，長頸，鼓腹，高圈足。全器最獨特之處是在腹部四角上都鑄有一隻大卷角羊。

▲刖刑奴隸守門鬲：刖刑就是把腳砍掉，是商周時代盛行的酷刑。

▲金面罩銅製圓頂人頭像：商後期，通高48.5公分，四川廣漢三星堆遺址出土，由銅頭像和金面罩兩部分組成。

說《封神演義》和其他非正史資料。被奉為正史的典籍中，只有司馬遷的《史記》提到了妲己的名字，並且只有紂王「嬖於婦人，愛妲己，妲己之言是從。」寥寥十三字而已，根本無確切的史蹟記載。

人們不禁要問：現實中真有妲己其人嗎？妲己真的是一位蛇蠍心腸的惡毒女人嗎？

我們先暫時不瞭解這兩個問題，先看紂王這個人。在世人眼裡，紂王的暴君形象，幾乎是眾所皆知的事情，但在二千多年前，孔子的弟子子貢就曾說過，「紂王不善，不如是之甚也，是以君子惡居下流，天下之惡皆歸焉。」清朝崔述則提出，紂王的罪行，其實只有五條：酗酒、不用王族、登用小人、聽信婦言、不用心祭祀。

於是就有人大膽地站出來替紂王的暴君形象辯護。所謂酗酒，並不算是罪過，特別是像紂王這樣「財力過人」的帝王。不用王族；主要是針對異母兄微子而言，此人後來投靠了周；登用小人，則是紂王提拔了一些出身低微的平民；不用心祭祀，則純粹是別人強加在他身上的，因為根據已出土的文物資料，商朝在紂王時的祀典，是最為完備的。倘若這四條都不成立的話，紂王聽信婦言，還能算得上罪過嗎？

為紂王辯護的人還指出，成者為王敗者為寇，是亙古不變的道理，前朝之事由後朝記錄書寫，不太可能做到絕對客觀公正。紂王有那麼多的暴行和罪狀，全都是周朝建立以後才有的記錄，難保不是周武王為了給自己犯上作亂，申明周王朝建立的合理性，才故意強加給紂王的。

持這種觀點的人，也不能原諒紂王亡國的結果，但同時又指出，商朝之所以滅亡，原因有三：第一，紂

▲杜嶺方鼎：口部近似正方形，平折沿，上有拱形立耳，壁微內收，平底，空柱狀足，器壁四周均以饕餮紋與乳丁紋裝飾，足部亦鑄有饕餮紋與弦紋。

青銅樹枝頭及人面鳥身像

▲商晚期，高12公分，四川廣漢三星堆遺址出土，此像是出土的小神樹殘件部分，由樹枝頭和人面鳥身像組成。

十殿閻羅．八殿都王

◀妲己發明了炮烙之刑，炮烙之刑殘酷之極，後人把這種刑罰繪入極其恐怖的地獄閻羅殿中，以警示為惡者。

王之兄微子居長卻未能繼承帝位，對紂王心懷不滿，引發內訌，消耗了商的實力；第二，周武王是個大野心家，為滅亡商朝蓄謀已久，來勢自然兇猛；第三，紂王也有好大喜功的一面，剛征服了東夷，兵力消耗過大，又處於疲憊之中，這才為周武王提供了可乘之機。

現在再回過頭來討論妲己的問題，倘若紂王的暴君身分都不能確定，對她的任何評價都是沒有意義的。如果人們非要找一個女人來做商朝滅亡的代罪羔羊，妲己也就只有認命了。

大型人面具

▼商後期，通高60公分，寬134公分，1986年四川廣漢三星堆出土。此面具形體巨大，造型粗獷，兩眼球凸出眼眶約30公分，長耳大口，額頭正中有一方孔，形象神氣、威嚴、神秘莫測，為迄今中國發現的最大型青銅人面。

▲**記日食牛骨**：長約12公分，河南安陽出土，這件牛骨是研究商代天文曆法情況的寶貴資料。

四、褒姒是如何戲弄諸侯們？

▲諸侯：各路將領諸侯前來拜見周幽王。

▲克鐘：此鍾為樂器，鼓部有銘文16行81字。

驪山烽火臺

▲周幽王在位時，任用奸邪，寵愛褒姒，為討好褒姒，周幽王「烽火戲諸侯」，並廢申後和太子宜臼，引起申侯的不滿，西元前771年，申侯與鄫國、犬戎舉兵伐鎬京，幽王大敗東逃，於驪山下被殺。西周滅亡。

周幽王是一位昏庸的君主，雖未導致滅國，但卻結束了西周。在他之後的東周，王室衰微，諸侯逞能，人們又依慣例，找出一個替罪者褒姒。

有關褒姒的身世來歷，有兩種幾近怪誕的傳說。

傳說之一：周厲王時，不理朝政，整日躲在宮內和宮女們跳舞取樂，有人在地上吐了一口唾液，唾液中爬出一隻黑色蜥蜴，咬中其中一位宮女，這名宮女懷孕生下褒姒。

傳說之二：周厲王時，宮裡無端出現一團黑色散發著惡臭氣味的唾液，沖之不去。厲王命宮女脫光衣服去羞辱它。唾液是沒有了，卻變出一隻鼉來。夜裡，此鼉爬入後宮一位童妾房中，童妾由此懷孕，生下了褒姒。

荒誕不經的傳說，居然有非常類似的情節和過程？唯一能夠肯定的是，人們欲加之罪，把褒姒的出身來歷，看得非常低賤。

褒姒為幽王生了個兒子，名伯服，一說褒姒要求，一說幽王為討好褒姒，幽王準備廢原來的皇后和太子，立褒姒母子為皇后和太子。廢長立幼，為變亂之始，幽王就此事徵詢諸大臣意見，居然沒有人出言反對。褒姒母子被立，被廢的皇后是申侯的女兒，負氣之下，帶著原太子宜臼，遠投父親。

褒姒貌美非凡，又多才多藝，

▼烽火戲諸侯：周幽王在位時，任用奸邪，寵愛褒姒，為了討好褒姒，周幽王「烽火戲諸侯」，並廢申後和太子宜臼，引起申侯的不滿。

褒姒

▲周幽王愛妃，最後被立為皇后。據說周幽王為討褒姒歡心，烽火戲諸侯，從而大失民心，導致西周滅亡。

褒姒被看成不祥的象徵，剛一出生，便被棄於宮外，人們聽了相關的故事，也都對她避而遠之，有褒國的國君褒昀是個正直善良的人，收養了褒姒。

褒姒長大後，出落得非常美麗漂亮，又遇正直忠誠的褒昀入京勸諫荒淫昏庸的幽王，被幽王囚禁。有褒國的大臣為救君主，無奈之下把褒姒進獻給幽王，換褒昀歸國。

褒姒如何到幽王身邊，已經不再重要，重要的是她的美貌，讓生性好色貪淫的幽王六神無主。原本就昏庸無能的他，一旦墮入美人的溫柔陷阱，國家形勢，更加不言而喻。

▼何尊：何尊是西周早期第一件有紀年銘的銅器，記述了周初的重要史實，是西周前期最重要的銅器之一。

▲易旁簋：侈口，圓腹，高圈足，獸首耳下有垂珥。口下飾垂冠回首夔龍，中間用兩個浮雕犧首相隔。圈足飾長體夔龍，均用雲雷紋鎮地。內底有銘文3行24字。

但美中不足的是極少露出笑臉，偏偏褒姒一笑，更是魅力四射，最讓周幽王著迷。周幽王喜歡看褒姒的笑靨，甚至不惜想出許多巧妙技倆相逗，但褒姒就是這麼個冰山美人，硬是不肯笑。

褒姒愈是不笑，幽王愈是想要她笑。

一天，幽王聽了近幸之臣虢石父的主意，帶著大隊嬪妃，陪褒姒前往驪山高台享樂。褒姒不識驪山烽火台有何用處，詢問幽王，幽王說，是外敵入侵時用作警報，只要點燃烽火，天下諸侯就會馬上帶兵前來勤王。正在褒姒半信半疑之間，幽王已經命人點燃了狼煙。

狼烽一點燃，天下諸侯果真率兵雲集京城，隨即又趕赴驪山。得知真相後，諸侯全都驚愕無語，接著詰問幽王何以敢拿天下安危作兒戲？幽王自知玩笑開大，難以收場，面色甚是尷尬。褒姒從未見過如此場面，禁不住「噗哧」一笑。

這一笑被幽王看在眼裡，是那樣的燦爛奪目，他的腦海裡再無國家安危，恢復鎮定之後，居然若無其事地對眾諸侯說：「你們能助本王搏皇后一笑，也算是大功一件。」

諸侯黯然告退，心如死灰。

申侯得知此事，認為足可利用。不久，申侯聯合犬戎攻打周京。大兵壓境，周幽王命人點狼煙報警，但天下諸侯有前車之鑑，以為大王的老毛病又犯了，全都視若無睹，不來救援。

周幽王攜帶褒姒離京落荒而逃，至驪山被申侯率兵追上。周幽王和太子伯服為申侯所殺，美人褒姒則被送給犬戎王。

西周統治宣告結束，褒姒成了另一位歷史上因美色誤國而背負罵名的女人。然而，她到了犬戎同樣是別人手中的玩物，卻怎不見令犬戎滅國呢？

國人暴動

▼前878年，周厲王即位。為了斂財，厲王宣佈將山林川澤收歸國王有，禁止貧民入內樵菜漁獵，並用暴力阻止人民發洩不滿，人民忍無可忍。西元前841年，國人大規模暴動，厲王被迫逃到彘（今山西霍州）。

▲牆盤：西周中期銅器，牆盤是盥洗器，雙附耳，圈足，腹飾垂冠分尾長鳥紋，圈足飾竊曲紋。腹內底有銘文284字，字體秀美規整。牆盤銘文具有極其重要的史料價值。與此盤同出的銅器共103件。

五、　誰是第一位女陰謀家？

▲管仲：管仲（約西元前730年～西元前645年），春秋初期齊國宰相，政治家、軍事謀略家。又稱管敬仲。名夷吾，字仲。周王同族姬姓之後，生於潁上（潁水之濱）。青年時曾經商、從軍，又三次為小官，均被辭。

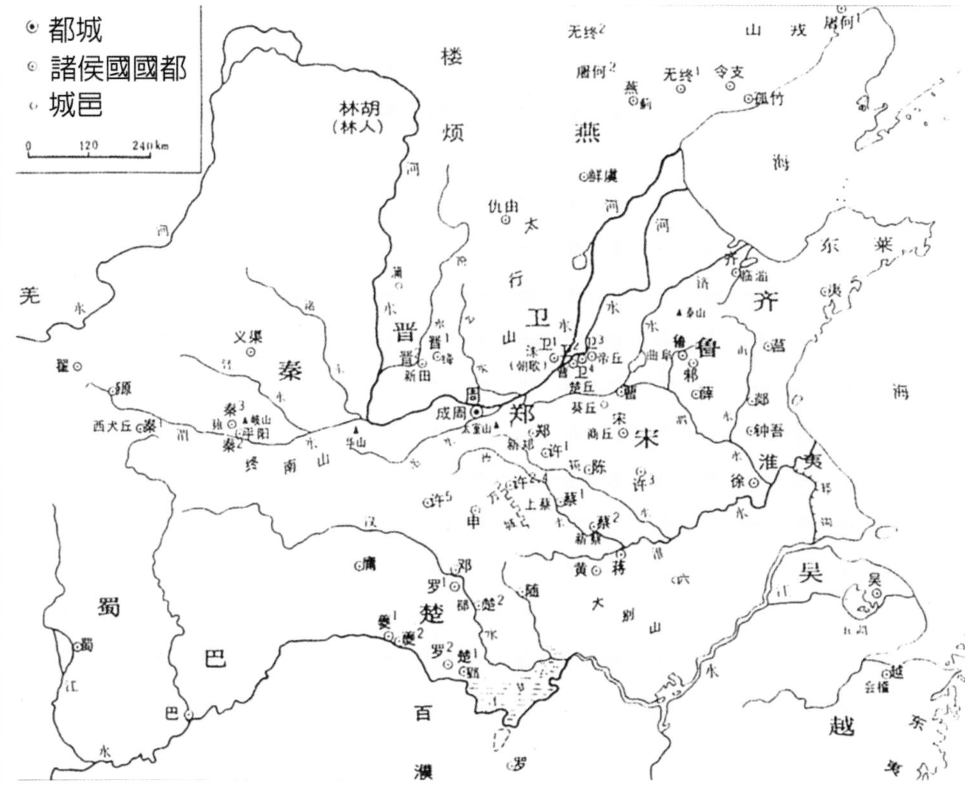

春秋國勢圖

▲周平王元年（前770年），周平王遷都洛邑（今河南洛陽），東周開始。

東周一開始，局面極為混亂，尤其是地方諸侯不受天子控制，只為各自利益而相互攻伐，更是加劇了這一混亂。直到強勢的齊桓公重用管仲，採取「尊王攘夷」之策略，九合諸侯，雄霸天下，混亂之勢才得到一定程度的遏止。

然而，至齊桓公晚年，管仲已死，自己漸生自滿情緒，且力有不逮，天下還是紛亂依舊，諸侯相互攻伐的局面也持續發生。

晉國也是周朝以來傳統的強勢諸侯。晉獻公在位，正值齊桓公率領齊國由強盛趨於衰落的微妙時期。晉獻公有一定的才能，亦有抱負，身邊有三位才德兼備的兒子輔佐，還算有所作為。在位第五年，出兵攻打驪戎，大勝，並得美女驪姬姊妹二人。尤其是姊姊驪姬，不僅美麗異常，風情萬種，而且聰明多智，多才多藝，深得晉獻公寵愛。

晉獻公原娶齊桓公的女兒齊姜為皇后，生太子申生。申生和異母弟重耳、夷吾，皆賢良有德行，輔助獻公有大功，在國人之中享有很高的威

▲魯侯鼎：春秋初年魯國的青銅禮器，春秋時青銅器中禮器的比例漸減，青銅器多轉向為實用品和裝飾品，這反映了春秋以來禮教敗壞的社會情況。

信。

齊姜早死，晉獻公作為一國之君，得驪姬而寵愛有加，本是無可厚非的。但自從和驪姬生了兒子奚齊之後，居然愛屋及烏，對奚齊也是喜愛有加，反而疏遠申生、重耳、夷吾三兄弟，因此埋下禍亂根源，令人甚為惋惜。

晉獻公喜歡驪姬，千方百計討得美人歡心，表現出一國之君英雄氣短的一面，雖不應該，但終究可以原諒和理解。然而，驪姬作為一弱質女流，在政治權力場上所表現出的品德和行為作法，實在令很多自命深諳政治權謀之術的人跌破眼鏡。

有一次，晉獻公私下對驪姬說，自己想廢掉申生太子位，立奚齊為太子。若是普通女子，得知自己的親生兒子有存續大統之望，無不欣喜異常，可驪姬聽晉獻公之言，立即嚴正拒絕說：「太子申生，有才有德，國人都很敬重他，大王怎能夠有廢立之想呢？再說，大王立申生為太子，天下諸侯皆知，無緣無故廢了，諸侯會議論大王的，實不可取。」

晉獻公不由感動，稱自己是為了驪姬和奚齊母子著想。不料驪姬情緒更加激動，說：「大王真要這樣做了，並非是真對我們母子好，而是陷我母子於不仁不義之境。與其活著被人指責唾棄，不如讓我們現在就死在大王面前！」

獻公被驪姬的真誠和大度感動，從此，對其寵愛有增無減。

其實，晉獻公還是一位有點心計的君王。此前，不斷有指責太子申生不是的言論傳入耳中。他曾懷疑這些指責是出自驪姬，現在一試，終於澈底打消了顧慮。而驪姬呢？拒絕獻公善意之後，對申生彷彿更加敬重，總是不斷地在獻公面前誇讚申生，說申生好話。

春秋戰車

▼戰車自商代晚期崛起，春秋趨於鼎盛。春秋中後期以來，作戰地域擴大到中原以外地區，這些地區大多不適於車戰，於是戰車逐漸為步兵、騎兵所取代。

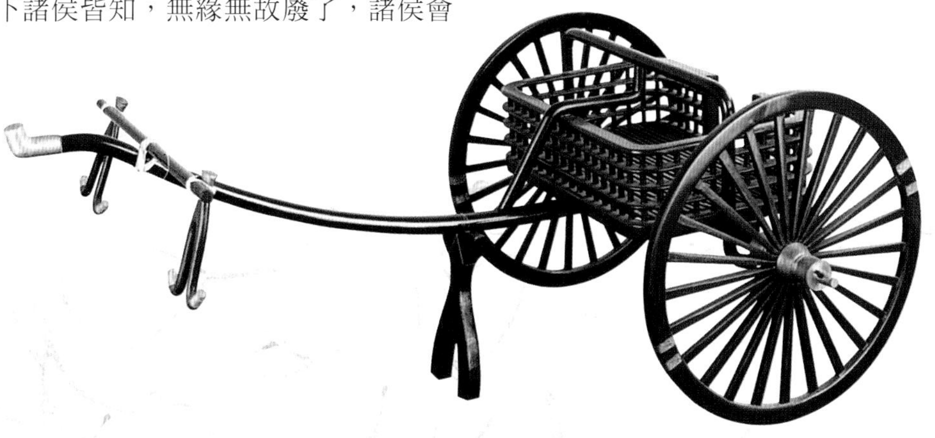

▲獸頭陶母範：山西侯馬出土，侯馬，曾是古代晉國的都城，出土有大量精美的鑄銅陶範，證明這裡曾經大批鑄造過青銅器。

▲ 齊侯盂

春秋晚期。斂口，鼓腹，圈足，四獸銜環，器身飾兩鈕波曲紋，環飾獸體捲曲紋，銘文在上腹內壁，共有5行26字，記載姜姓齊侯，為其二女兒陪嫁之事。

再後來，雖然有關不利申生的流言蜚語仍不斷，且有愈演愈烈之勢，但晉獻公再不可能將其與驪姬扯到一塊了。

得知驪姬在父王面前替自己說好話，就連申生本人也感激不已。儘管有親近之人偶爾提醒，要申生慎防驪姬，但他從來不以為意。

有一次，驪姬對申生說：「大王夜裡夢見你母親，你還是去曲沃寺廟祭拜你母親吧！回京時別忘了把胙肉(祭拜鬼神的牲肉)帶回獻給大王。」

申生聽了驪姬的話，到曲沃祭母，並依言帶回胙肉。當時，獻公外出打獵，未在宮內，驪姬代為收下胙肉，對申生安慰了一番。

過了兩天，獻公打獵回宮，要食用胙肉。驪姬命宮人弄好端上來，

▼晉文公復國圖（之一、之二、之三、之四）

石磬

▼這些石磬是陝西鳳翔秦穆公墓出土的，按照古代規制，只有天資舉行的儀典上能用玉磬，諸侯只能用石磬。

待獻公正要動筷子時，她突然又說：「這肉畢竟是從很遠的地方帶回來的，還是小心一點為好。」言罷，夾了一塊肉丟在地上，地面立即隆起一塊小土堆；夾了一塊餵狗，狗立即死亡；夾了一塊給侍者食下，侍者立即斃命！

就在獻公為眼前的一切無比愕然之際，驪姬已經放聲大哭起來，還邊哭邊訴說道：「我一直都以為太子是個仁厚善良的人，沒想到竟然是這樣的殘忍狠毒！連自己的親生父親都不肯放過，更何況是其他人呢？」

趁獻公還不知如何是好之時，驪姬又哭訴道：「太子這樣做，不過是因為我和奚齊的緣故。我不想在他繼位後遭其毒手，大王要嘛安排我們母子到別國躲避，要嘛現在就殺了我們母子吧！」

獻公早有廢申生立奚齊的想法，發生了這麼大的事，自然是再也沒有

顧忌了。立即下令逮捕申生。因申生已回駐地曲沃，獻公先殺太傅，再命人前往曲沃捉申生。

申生在曲沃得知訊息，身邊之人有勸他向獻公申辯的，也有勸他暫退逃國外躲避的。他卻認為，有罪外逃，更加不堪；即使申辯清楚，知陷害自己的主凶是誰，父王也不會高興。居然就此舉劍自刎。

恰值此時，公子重耳、夷吾入京朝見獻公，驪姬又對獻公說：「我聽人說，太子申生下毒之事，重耳和夷吾也是知道的。」

獻公死了一個兒子，向來也並不特別在意重耳和夷吾，也就不辨真假，下令捉拿重耳和夷吾。重耳和夷吾不肯像申生一樣輕易就死，聞訊之後逃到了國外。

至此，驪姬這才大功告成，心情放鬆。

驪姬如願被封為皇后，奚齊被立為太子。可惜不久之後，獻公一命嗚呼，奚齊年幼，雖有大臣荀息一力維護，坐上了晉君之位，終究不能服眾，其母子為大臣里克所除。

獻公死後，晉國局勢一直處於動盪的局面，直到外逃的夷吾被擁回國繼位，即晉惠公。晉惠公雖能維護晉國的穩定，但由於才德有限，而無大的發展。倒是外逃的重耳，雖然飄泊在外數十年，直到五十九歲才返國為君，但正所謂「寶劍鋒從磨礪出，梅花香自苦寒來」。正是他成為齊桓公後的春秋霸主。和晉文公的蓋世功業比較起來，驪姬縱然心機深沉，算計準確，最終如願以償，但還是顯得那麼的渺小和不值得一提。

▲鎛鐘：鎛鐘是春秋戰國時期貴族宴饗或者祭祀時使用的節奏性樂器，所謂鎛鐘，即鐘頂作扁環鈕或者伏獸形鈕的平口鐘。

經十有四年春王正月公至自晉無傳告廟邾人伐我南鄙叔彭生帥師伐邾夏五月乙亥齊侯潘卒七年盟于扈。乙亥，四月二十九日。書五月，從赴。○（潘）判干反。六月公會宋公陳侯衛侯鄭伯許男曹伯晉趙盾癸酉同盟于新城新城，宋地，在梁國穀熟縣西。秋七月有星孛入于北斗孛，彗也。既見而後入北斗，非常所有，故書之。○（孛）音佩（彗）似歲反，一銳反。公至自會無傳晉人納捷菑于邾弗克納邾有成君，晉趙盾不度於義而大興諸侯之衆，以邾辭見辭而退，雖有服義之善，所興者廣，所害者衆，故貶稱人。○（菑）側其反（度）待各反。九月甲申公孫敖卒于齊許既復之，故從大夫例書卒。齊公子商人弒其君舍舍未踰年而稱君者，先君既葬，舍已即位，例在宣四年。宋子哀來奔大夫奔例書名氏，貴之，故書字。冬單伯

春秋經傳集解 卷九 七一 中華書局聚

《春秋》記載星孛的書頁

◀星孛即哈雷慧星，古人心中是凶禍之災，《春秋》記載：「秋七月，有孛星入於北斗」。這是哈雷慧星的最早紀錄。

六、西施魂歸何處？

▲伍子胥：伍子胥(?～西元前484)春秋末期吳國大夫，傑出的政治家、軍事家。名員，字子胥。封於申地，故又稱申胥。本為楚國人。性剛強，青少年時，即好文習武，勇而多謀。

春秋戰國時期，個性張揚是顯著的社會特徵，偶有女性綻放光華。其中，最讓國人記憶深刻的，當屬美女西施。

越國是南方一小國，在當時群雄並起、爭霸天下的複雜局面下，但求自保，從沒想到過要和誰過意不去。但現實往往就是這樣殘酷，在政治、軍事、外交等競爭異常激烈的春秋戰國時期，對諸多弱小之國而言，自保也常常是一種一廂情願的奢望。

隨著當時政治、經濟、軍事等爭奪的加劇，原來的北方重心，漸漸有南移的傾向。在南方楚國盛極一時後，鄰近的吳國，在重用孫武、伍子胥等賢良名流之後，國力一度鼎盛。

吳王闔閭十年，大敗強大的楚國。十九年，又起兵攻打弱小的越國。不料弱小的越國同仇敵愾，士氣大振，在檇李和姑蘇大敗吳軍，吳王闔閭還受了傷。

▲吳王夫差矛：吳王夫差的專用兵器，矛中間起脊，有血槽，內中空，器身兩面有黑色暗花。此矛不僅做工精美，且鋒利無比，是吳國兵器中的珍品。

孫武吳宮殺姬

▼孫武為吳王闔閭治兵，軍紀嚴明，連吳王的兩名寵姬也因不聽命令而被殺了。在他的治理下，吳國軍事力量一時強盛，威震四方。

闔閭傷重不治而亡，其子夫差繼位為吳王。越王勾踐知吳強而越弱，恐吳來攻，便想趁吳國新君剛立，主動出擊。結果，這次吳國以哀兵姿態迎戰，在夫椒大敗越軍。越王僅得五千殘兵，被圍於會稽山上。

越王勾踐在范蠡、文種的勸說之下，暫時委屈求全，向吳王夫差稱降，表示願意為奴為僕。吳王夫差好大喜功，貪慕虛名，不聽伍子胥的勸諫，接受了勾踐君臣的投降。

此後三年，范蠡陪同越王勾踐，在吳國度過了三年非人的屈辱生活。他還多次幫助勾踐出謀劃策，化險為夷，終於得夫差之允，如願回到越國。

越國君臣忍辱負重多年，目的只有一個，就是要伺機重振國威，報滅國受辱大仇。現雖回歸故國，但百廢待舉，稍有差錯，只要吳王夫差翻臉，一切都將化為泡影。

《尚書》書影

▲ 《尚書》又稱為《虞書》、《夏書》、《商書》、《周書》、戰國時總稱為《書》。編訂於戰國時期。是我國上古時代的一部歷史文獻彙編。

▲西施：中國古代四大美女之一，據說曾是越國范蠡的情人，為了幫助范蠡推動越國大計，不惜委身於吳國國君夫差，命運坎坷，氣節可嘉。

為此，范蠡親赴若耶溪，去見心上人西施。西施和范蠡佳偶天成，大難之後得此重逢，自然是百般滋味齊湧心頭。然而，就在見面之後的心情激越之後，范蠡居然向西施提出了一個堪稱石破天驚的不情之請｜他要西施幫助自已復國，入吳作夫差的妃子！

▲范蠡像：范蠡字少伯，楚國宛(今河南省南陽市)三戶人，是春秋末年的政治家與著名商人。曾輔助越王勾踐憤發圖強，滅吳興越，稱霸中國，建立了不世功業。更難得的是，他成功後辭官至陶，以經商聞名天下，十九年中三至千金，富甲一方，人稱陶朱公。

▲伍子胥畫像鏡：此鏡用四個乳釘紋將紋飾分成四組，吳王夫差端坐在帷幕中，左面是伍子胥仗劍作自刭狀，右面越王執節而立，范蠡席地而坐。

倘若是一般男子漢，是萬萬難開得了口的。倘若是普通貞潔女子，聽了這樣的要求，也多會斷然拒絕，說不定還會給自己心上人兩個耳光！然而，范蠡和西施都不是普通的性情男女，他們有著尋常男女所不具備的品格和胸襟。

范蠡既然有膽識提出這樣的要求，西施也就默默地承受了這一切，義無反顧地答應了范蠡的要求，前往吳國，作夫差的妃子。

西施位居中國古代四大美女之首，絕非浪得虛名，入吳之後，立刻得到吳王夫差的寵愛。夫差甚至愛屋及烏，對進獻西施的越國君臣，也是青睞有加、格外開恩。

勾踐和范蠡等人，爭得如此寬鬆優越的發展空間，內心非常高興，行為上卻不敢有絲毫的懈怠。在范蠡等良臣的輔佐下，勾踐臥薪嘗膽，勵精圖治，很快令遭受重創之後的越國呈現出蓬勃向上的良好態勢。

勾踐等人表面臣服，暗中積蓄力量的作法和企圖重振越國的願望，能騙得了吳王夫差，卻騙不過聰明的伍子胥。伍子胥感覺不妙，多次勸諫吳王，希望他早日了結勾踐性命，以絕後患。

伍子胥的智慧和忠誠為天下共識，夫差有雄霸天下之心，並非十足的昏君。這對剛有起色的越國而言，危險性是不言而喻的。幸好有西施在夫差身邊，肩負神聖使命的她，總是非常機敏和小心，只要捕捉到一絲風吹草動，就會果斷出擊，在夫差面前說勾踐和越國的好話，將禍害消於無形。

就這樣，幾年的時間過去了，越國在君臣的攜手努力下，國力愈來愈強大。吳國卻被表面的繁榮所迷，特別是孫武、伍子胥等賢臣日漸老邁被棄用，伯嚭等小人勢力直上，而夫差則沉醉於稱霸天下的虛無中難以自拔，強弱已然易勢。

西元前四八四年，吳王夫差準備出兵攻打齊國，伍子胥苦勸無效。結果，越王勾踐趁吳國大軍傾巢而出、國內空虛之機，率兵攻打吳國，一路勢如破竹，最後攻入吳國都城，殺了吳國太子。

夫差聞訊，率軍倉促撤回，與越國講和。越國君臣知尚未到澈底滅亡吳國的時候，同意講和。

又過四年，吳、越兩國的實力此消彼長，越王勾踐和范蠡等人自覺滅亡吳國的時機已經成熟，率大軍來攻，果然大奏其功，最終將吳王夫差圍困於姑蘇山上。

收，向吳國借糧。來年還糧時，盡擇顆粒飽滿的糧食，在沸水中煮過，再還給吳國。吳國得到這些糧食，不知是計，還認為越國感恩圖報，將其當作種子。不料吳國因此糧食欠收，鬧了饑荒，才讓越國有可乘之機。

至於美女西施的命運歸宿，很多文學作品皆稱，越國滅亡吳國後，范蠡和西施這對患難情侶終於苦盡甘來，相逢相擁。再後來，范蠡發現勾踐是只可共患難，

夫差效法勾踐當年作法，想委屈求全，謀求和議。但勾踐當年受辱的經歷如在眼前，豈能給夫差鹹魚翻身的機會？他沒有答應夫差的請求，而是果斷地將其置於死地，從而澈底滅了吳國。

吳越爭霸，史書確有多方記載。而關於西施，有人甚至說，在兩國國力相差無幾時，西施曾向越國獻上一計。越國依計施行，謊稱國內糧食欠

臥薪嚐膽

▲春秋時期，吳王夫差憑著自己國力強大，領兵攻打越國。結果越國戰敗，越王勾踐被抓到吳國。吳王為了羞辱越王，讓他看墓、喂馬。越王心裡雖然很不服氣，但仍然極力裝出忠心順從的樣子。吳王出門時，他走在前面牽著馬；吳王生病時，他在床前盡力照顧，吳王看他這樣盡心伺候自己，覺得他對自己非常忠心，最後就允許他返回越國。越王回國後，決心洗刷自己在吳國當囚徒的恥辱。為了告誡自己不要忘記復仇雪恨，他每天睡在堅硬的木柴上，還在門上吊一顆苦膽，吃飯和睡覺前都要品嘗一下，為的就是要讓自己記住教訓。除此之外，他還經常到民間視察民情，替百姓解決問題，讓人民安居樂業，同時加強軍隊的訓練。

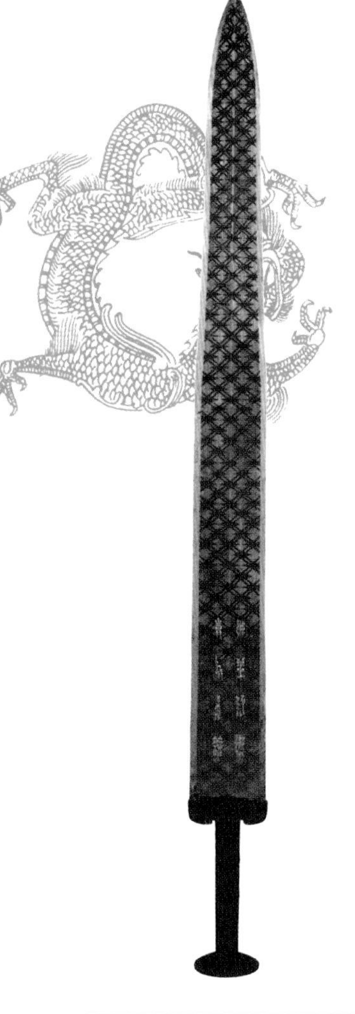

▲越王勾踐劍：古代兵器中的奇寶，出土時仍然寒光四射，鋒利無比，可斷髮絲。

不可同富貴之人，毅然辭官不作，攜西施泛舟湖上，和美人共渡神仙眷侶一般的悠閒生活。

但也有人說，當時的倫理道德和女性貞潔觀念雖不及後世，但西施畢竟不可能重回范蠡懷抱。稱吳滅之後，有人視西施為滅國禍根，將她裝進皮袋，沉入水中溺死。

倘若真的如此，豈不是很悲哀的故事嗎！

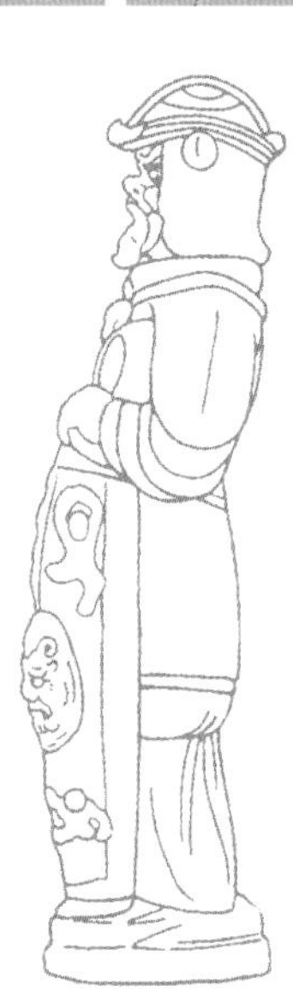

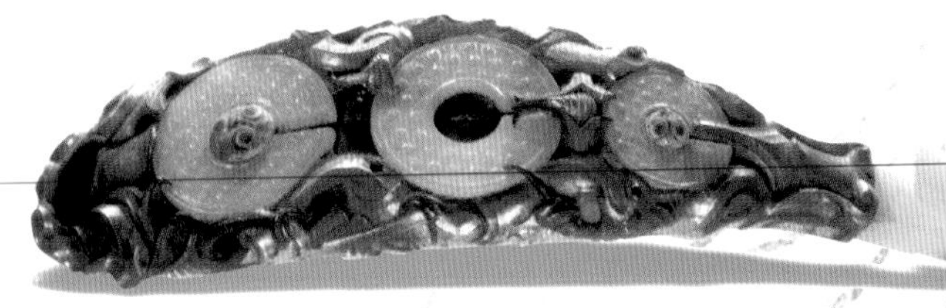

鎏金嵌玉鑲琉璃銀帶鉤

◀1951年河南省輝縣固圍村1號墓出土，長18.4公分、寬4.9公分。此帶鉤由白銀製造，通體鎏金，鉤身鑄浮雕式的獸首和長尾鳥，獸首分列鉤前後兩端，長尾鳥居鉤左右兩側，盤曲透迤。鉤身正面嵌飾白玉玦3枚，玉玦中心各鑲一粒半球形蜻蜓眼式的琉璃彩珠，鉤身前端鑲白玉琢成的雁首形鉤首，工藝十分精湛。輝縣固圍村1號墓是魏國大貴族的墓葬。戰國中期以前魏是個強國，曾經攻佔秦的河西之地，滅中山，大敗齊軍於長城，攻佔楚的大樑（今河南省開封市），並遷都於大樑。

第二章

秦漢

秦漢時期既是中國封建帝王政治制度的發端，也是第一座高峰，與此相呼應，帝王後宮的帷幕輕啟，眾多的後宮女性開始頻繁地在政治權力的舞台上探頭亮相。

▲趙姬：秦始皇的母親，相傳是趙國歌妓，被大商人呂不韋喜歡，懷了秦始皇后，再嫁秦莊襄王。秦朝建立，被尊為太后，後因耐不住皇宮寂寞，和假太監嫪毐生兒育女，嫪毐事情敗露被殺，她則長期幽居於雍。

▲秦半兩錢：早在秦惠文王二年（前336）前，秦國就開始使用半兩錢。秦統一六國後，規定半兩錢鑄為標準，但是收效甚微。

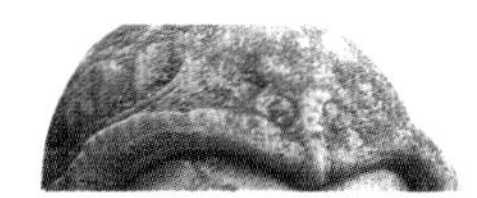

秦始皇像

◀秦始皇即嬴政（前259年～前210年），原為戰國時秦國國君，秦莊襄王的兒子（相傳為呂不韋所生），西元前246年即位，當時年僅十三歲。從西元前230年到前221年，他在十年之間先後滅掉韓、趙、魏、楚、燕、齊六國，實現了四海統一。統一全國後，他創立了「皇帝」的尊號，自稱始皇帝，即秦始皇。

秦始皇結束戰國亂世，統一中國，建立中國第一個大一統的封建王朝，稱其為千古第一帝，也是實至名歸。

但對他的母親，在歷史上卻頗多微詞，後人根據各種史籍的零星記載，大略可知秦始皇母親的故事。

秦昭王時，太子安國君的兒子子楚被送往趙國作人質，結識大商人呂不韋。呂不韋家財豐盈，想在政治上有所作為，認為子楚奇貨可居，與之結交散盡家產，幫助子楚謀得安國君嗣子之位。

當時，呂不韋在趙都邯鄲得美貌舞女趙姬，兩人感情甚篤，不覺有了身孕。恰值子楚至呂不韋府中赴宴，見席間獻舞的趙姬，頓時傾心不已，馬上向呂不韋索要趙姬。呂不韋對趙姬非常愛憐，乍聽子楚的非分之想，感到非常惱恨。但轉念又想，自己為子楚，已經傾盡所有家財，若吝惜於一女子，豈不是前功盡棄？遂與趙姬密議，瞞過趙姬已有身孕之事，把趙姬送給了子楚。

趙姬隨子楚不久，生一子，取名

▼秦始皇出巡車

政，因子楚尚在趙國作人質，孩子從母姓趙。再後來，子楚歸秦國，安國君繼秦昭王位。子楚在安國君之後繼任秦王之位，即秦莊襄王。為報答呂不韋的相助，莊襄王封呂不韋作了秦國丞相。為兌現當初的諾言，莊襄王又立趙姬為皇后，並讓趙政認祖歸宗改姓嬴，並立為太子。

莊襄王在位僅三年，死後由嬴政繼位，即後來的秦始皇，趙姬則成了王太后。由於當時秦王政年幼，秦國政事全由呂不韋操持，被秦王政尊為「仲父」。

呂不韋和趙姬原來的感情就很好，莊襄王駕崩之後，一個是大權在握的無冕之王，出入王宮甚是方便，另一個則年輕孀居，難免舊情復燃。

呂不韋是個傑出的政治家，雖然也重兒女私情，但更重政治上的利益得失，他和趙姬之間舊情復燃，在秦王政年少時，尚無太多顧忌，過了也就算了。但隨著時光的流逝，秦王政日漸長成，而且漸顯王者之相，這令呂不韋感覺到了一絲危機。

他想擺脫不利的處境，怎奈趙姬於男女之歡甚是渴慕，讓偷偷摸摸的呂不韋愈來愈不安心，終於，呂不韋尋得一深諳男女之事的嫪毒，先將其納為舍人，又藉故治嫪毒腐刑之罪。接著，呂不韋買通行刑之人，把絲毫未損的嫪毒，以宦者的身分進獻給趙姬。

趙姬有了嫪毒，不再糾纏呂不

秦築長城

▼秦始皇三十年（前214年），蒙恬收復河套南北的廣大地區，秦始皇徵發大量民夫，將原秦、趙、燕舊時長城，隨地形修築連接，重新加固，修建成舉世聞名的萬裡長城。

▲呂不韋：呂不韋（?～西元前235年），戰國末期衛國濮陽（今河南省濮陽縣城西南）人，中國戰國末期秦相。是我國歷史上著名的行政管理思想家。

▲銅器：量器。秦始皇統一六國後，進行了統一文字，度量衡等一系列改革，這件銅量的外壁刻有秦始皇二十六年統一度量衡的詔書，為當年秦統一量器的標準器具。

▲《呂氏春秋》書影：據傳，呂不韋廣羅天下人才編撰《呂氏春秋》。其目的是為秦始提供一部經國治世的寶典，用情之深可謂良苦。

阿房宮圖卷（局部）

▲秦始皇所建的宮殿中最大的就是阿房宮，阿房宮集中了當時全國各地宮殿建築的優點，規模空前，其實宏偉。本來，阿房只是朝宮前殿的名字，但因直到秦滅，宮殿仍未竣工，所以就把整座宮殿稱為阿房宮。

韋，不意卻懷有了嫪毐的孩子，唯恐事跡敗露，欺秦王年幼，假稱占卜得神靈提醒，不宜在宮中居住，在雍建一宮殿，和嫪毐一道搬出京城。

嫪毐和趙姬在外生了兩個兒子，嫪毐也因趙姬之故，被封為長信侯，榮極一時。其中實情，年幼的秦王自然不知，其他的人即便知道了，也礙於趙姬的特殊身分，不便說破。

怪就怪嫪毐太過小人，他意外獲趙姬垂青，身分地位愈來愈顯赫，卻一點兒都不知足，反倒是野心愈來愈大，居然試圖謀反作亂。

秦始皇九年，嫪毐意欲謀反的事跡敗露，連同他與趙姬的醜行，也被揭穿，已日漸長成的秦始皇平定了嫪毐之亂，誅殺其三族，嫪毐與趙姬所生的兩個兒子，自然不能倖免。

之後，趙姬被接回宮中居住，最後終老，呂不韋則因受此事牽連，被貶為文信侯。

人非草木，連聖人孔子也說「食色性也」，趙姬原本是戰國時趙國的一名普通女子，也應該守好自己的本分，只因際遇變幻，她在幾個男人之間轉變角色。不知世人對她採取漠然鄙夷態度的時候，是否有過悲憐其身不由己的苦衷？

秦始皇兵馬俑

◀1號銅馬車通長225公分，通高152公分，重1061千克，製作工藝精精湛，由3000多個零部件組成，通體彩繪，豪華富麗。

二、呂雉是怎樣登上權力之巔的？

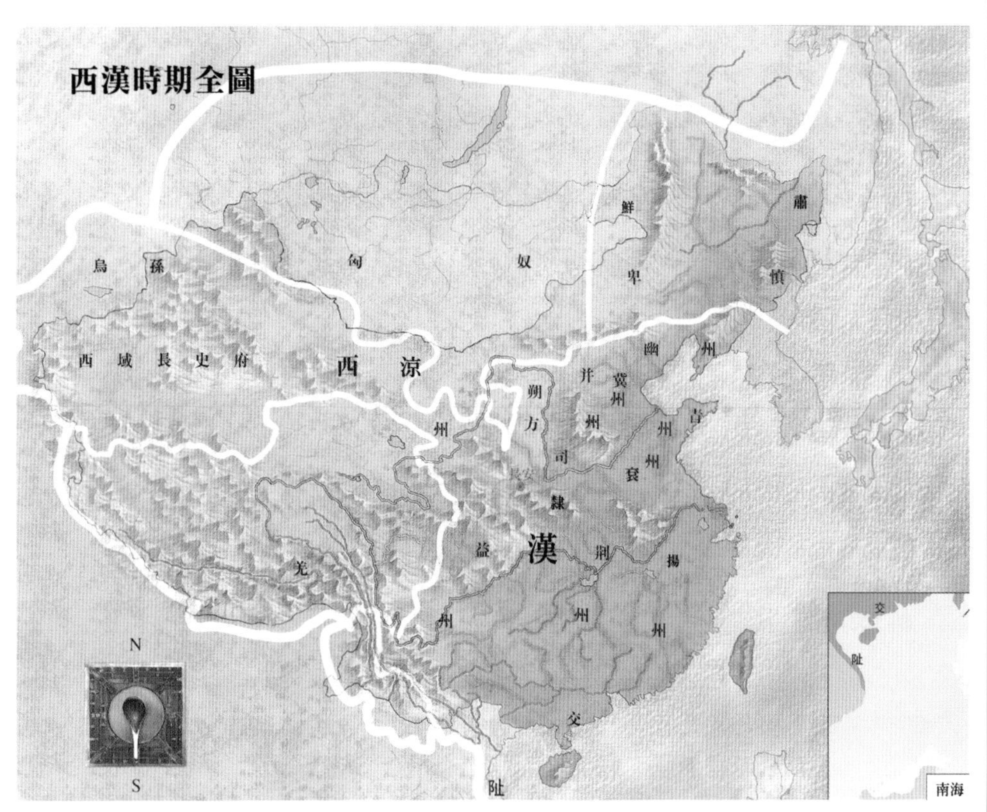

▲西漢時期形勢圖

呂雉出身於秦末富戶之家，祖居山東單父，為了避仇，因其祖父呂叔平與當時沛縣縣令有交情，便遷居至沛縣。

行為舉止像個無賴，被大多數人瞧不起的劉邦，僅為沛縣亭長，趁著縣令為呂氏一家接風洗塵大擺宴席之際，前來湊熱鬧，不料被善於面相的呂叔平一眼相中，然後作主把孫女呂雉嫁作劉邦之妻。

呂雉同樣是一位迥異於常人的奇女子，身為富家千金的她，嫁給一貧如洗的劉邦為妻，並無太多的怨言。不僅照料家務等分內之事做得很好，對劉邦浪蕩不改的惡性子，也能忍則忍。特別是隨著秦末亂起，劉邦斬白蛇起家，融身於反秦洪流之中。呂雉在家，身上的擔子更重，為夫君擔驚受怕之情亦真。也許正因如此，劉邦為漢王，立即回報呂雉，封其為皇后，立呂雉之子劉盈為太子。

倘若有人以為，呂雉和劉盈母子有了皇后和太子之位，日後的權力和榮顯便有了充分的保障，未免顯得幼稚可笑。因為在激烈的政治權力之爭中，得與失往往都是瞬間之事，任何

▲呂后像：漢高祖劉邦元配妻子，漢朝開國，被封為皇后，在劉邦死後，獨攬朝政大權數十年，是中國歷史上第一位問鼎最高政治權力的後宮女性。

▲劉邦：西漢高祖劉邦，生於周赧王五十九年（西元前256年），死於高祖十二年（西元前195年），沛郡豐邑人（現在江蘇豐縣），在秦末農民戰爭中因為被項羽立為漢王，所以在戰勝項羽建國時，國號定為「漢」，因為定都長安，為了和後來劉秀建都洛陽的「漢」區別，歷史上稱為「西漢」。

鴻門宴

▲劉邦到鴻門會見項羽，範增派項莊舞劍，意在擊殺劉邦。後來用「鴻門宴」指加害客人的宴會。

的風吹草動或意外因素影響，都有可能改變現有的格局。

呂雉作為劉邦的元配髮妻，作漢王皇后和漢高祖皇后，都是自然而然的事情。但眾所周知，劉邦即使低賤為平民時，便有風流不羈、善好酒色的毛病，身分地位攀升改變了，滿足此一嗜好的條件大為改善，其心性自然也只可能更加隨意，更加開放。

在劉邦親近寵愛的後宮女性中，對呂雉當時處境和未來前程，形成最致命威脅的，乃是戚夫人。和日漸人老珠黃的呂雉比較起來，戚夫人更年輕漂亮，更加風情萬種，優勢甚為明顯。同時，呂雉自從嫁給劉邦，常常獨立面對生活中的甜酸苦辣，養就了堅韌頑強的性格，而戚夫人是典型的溫婉女子，性情柔弱，和呂雉是截然不同的兩種類型。劉邦作為草莽出身而又登臨最高權力位置的君王，對征服一切有著極強的欲望，似乎也更喜歡戚夫人小鳥依人的這種類型。

更讓呂雉心驚的，乃是戚夫人生子如意，被封趙王，由於自幼養尊處優，小小年紀，便有一股驕橫霸道之氣；而自己所生的兒子劉盈幼嘗離亂艱辛，性格溫和謙遜，雖然被冊立為太子，但劉邦似乎嫌其缺乏統領天下的王者之氣，常想以趙王如意取代太子劉盈。

在政治權力場上，母以子貴是很多後宮女性晉身掌權的必經途徑。呂雉精明，知道兒子劉盈失位對自己意味著什麼。政治權力之爭，向來都是殘酷激烈，容不得有絲毫猶豫和閃失。處於不利境地的呂雉，頭腦非常理智和冷靜，沒有怨天尤人，也沒有坐以待斃，而是分析形勢，採取有效的權謀策略。

她和劉邦畢竟相處多年，知道劉邦雖然性格風流，但尚未到色令智昏的地步，更不可能為了一個嬌美女人而置不易得來的江山社稷於不顧。她緊攥住助劉邦開國有大功的蕭何、張良、陳平等肱股重臣，一方面和他們結好，讓他們出面勸諫劉邦，以打消劉邦廢立皇后和太子之想。同時，她又軟纏硬磨，要最富智謀的張良為自己設想進一步的良方。

張良經不住呂雉的再三請求，略加指點，讓呂雉派人請出名聞天下的「商山四老」作太子劉盈的老師和謀士。此招大奏其功，劉邦見劉盈有此四位學者隱士相輔，再不敢輕易提皇后和太子的廢立之事。至西元前一九五年，劉邦崩殂，劉盈有驚無險地即位為帝，即漢惠帝。

惠帝性格溫和，對權力無大的欲望，而且體質弱，年紀輕，這些都為呂雉攝取天下大權創造了條件。而她掌權之後所要做的第一件事情，就是打擊報復差點讓自己母子陷入萬劫不復境地的戚夫人和趙王如意母子。

她知道，劉邦一死，戚夫人已成

開明獸與不死樹

▼漢代流行濃厚的天人合一的思想，成神成仙成為一種時代的追求，這幅岩畫就體現出當時這種社會風尚。

▲張良：張良，字子房，戰國時韓國（今河南中部）人，是劉邦的軍師，為其出謀劃策，屢建功業，是東漢的開國元勳。劉邦滅項羽建漢稱帝，高祖六年（西元前201年）大封功臣。高祖說：「運籌帷幄中，決勝千里外，子房功也」，並讓張良選擇3萬戶作為封地。張良不敢接受，曰：「我和帝初見面時在留，把我封在留就可以了」，因此張良被稱為留侯。張良多病，晚年避居留城封地，死後葬於留城東微山島上。現在，墓前還有一個很大的村莊叫「墓前村」。

▲鎏金銅馬：1981年陝西興平茂陵一號無名塚出土。駿馬氣度非凡，鎏金技藝高超，展示了2000多年前稀罕的經濟發展和時代風貌。

▲一號漢墓軑　妻委墓帛畫：帛畫呈「T」字形，分上、中、下三段結構以表現天上、人間和地上三個世界。

了自己砧板上的肉，而趙王如意擁有諸王身分，是萬不能掉以輕心的。於是，她在掌權不久，便藉故將趙王如意召至京中，準備伺機下手加害。惠帝劉盈仁慈，不忍異母弟遭難，曾多方保護，但終究還是百密一疏，讓呂雉逮住了一個機會，將趙王如意毒死。

彩繪漆案及杯盤

▲胎食具，用朱、黑、灰綠色漆描繪幾何雲彩，變形鳥紋和變形龍紋等。

害死趙王如意，再轉而對付戚夫人，幾乎沒有任何障礙，報復的方式可讓呂雉自由選擇。她唯一要考慮的，或許只是怎樣才更過癮、才更舒心暢快。

報復完戚夫人母子，漢惠帝也因身體羸弱、不堪重負而過早離世。這對呂雉而言，既是進一步攝取權力的大好良機，也是怎樣控制權力局面的嚴峻考驗。

結果，她在惠帝葬禮上以只流淚而不傷心的特殊方式，引起了張良之子張辟強的注意。在張辟強的授意下，智謀老臣陳平趁勢勸呂雉重用諸呂，進而使呂雉順利達到了政治權力的最高之巔。此後，她稱制多年，是當之無愧的最高權力統帥，直到西元前一八〇年駕薨。

呂雉由一位普通的富家女子到母儀天下的皇后，再到代天行命的無冕之王，算得上是中國女性第一人。雖然她在為政之後的諸多作法頗受非議，但大史學家司馬遷《史記》將其歸入「本紀」之列，也算是極盡尊榮了。

素紗禪衣

▲用精緻蠶絲織造，其絲縷很細。說明西漢時期中國已經有非常高超的絲織工藝技術。

三、戚夫人是怎樣慘變「人彘」的？

博弈圖

▲這一罕見的漢代人物木雕，以簡潔明快的藝術造型，刻畫出兩個老者對弈的緊張氣氛。

成者為王敗者為寇，古來如此。政治權力之爭，有成功者，就有失敗者。成功的人享有一切，失敗者唯有死路一條。這個道理，誰都明白。是否還有其他可能呢？在絕大部分由男人所玩的權力爭奪遊戲中，也許再無第二種可能。但有時，女人與女人之間也會玩權力爭奪的遊戲，結果與男人之間的遊戲結果略有不同，成功者雞犬升天，一榮俱榮，失敗者求生不得，求死不能，落入生不如死的痛苦深淵。

漢初呂后和戚夫人之間的爭奪，結果就是如此。

呂后名呂雉，是劉邦在沛縣時所娶的原配夫人。當時，劉邦為沛縣小吏，在父母家人及鄉鄰眼裡，他是一位只知交遊、不務正業的浪蕩子弟，三十多歲了還沒有人家肯把女兒嫁給他。呂家為外地富戶，因與沛縣縣令有交情，遷入沛縣，劉邦空著雙手前往縣令為呂家所設的接風宴上湊熱鬧，不料被呂雉的爺爺呂叔平一眼相見，作主把呂雉嫁給劉邦為妻。

呂雉不僅貌美，更重要的是她聰明能幹，性格堅強，凡事有自己的主見。她嫁給劉邦之後，儘管別人對劉邦的評價很低，劉邦的許多怪毛病也改不了，但她認定劉邦就是自己今生要嫁的人，把一切都忍了下來。而且把家庭照顧得很好，凡是自己分內的事，她都料理得無可挑剔。

當時的劉邦，地位低下，陡然得了這麼一位漂亮能幹，家裡又有錢的小姐為妻，也很知足，夫妻兩人的感情還算和睦，並生了一子一女。

後來，劉邦起事，地位日漸攀升，特別是作了漢王之後，身邊美女嬪妃雲集，而呂雉則日漸年老色衰。雖然劉邦封了呂雉太后之位，立呂雉子劉盈為太子，封呂雉女為公主，但夫妻兩人之間的關係，明顯是冷淡了許多。

戚夫人就是劉邦稱王後所納的

▲蕭何像：蕭何（？～西元前193年），漢初三傑之一，著名丞相。沛縣豐邑（今屬江蘇豐縣）人。他不論在戰爭期間，還是在漢初恢復時期，都表現出了中國古代傑出政治家的風度和治國才能，幾千年來都被人們所稱頌。

▲西漢．熏爐：將香藥置於熏爐中燃燒，所發出的香氣可淨化空氣，殺滅空氣中的細菌，有一定的預防疾病作用。

▲曹參像：曹參（？～西元前190）西漢王朝開國功臣。沛（今江蘇沛縣）人，早年為秦沛縣獄掾。秦二世元年（前209）隨劉邦起兵反秦，為中涓。後在推翻秦王朝、楚漢戰爭以及漢初平定異姓王侯（見異姓諸侯王）的戰役中屢建戰功，攻下二國和一百二十二個縣；歷任假左丞相、左丞相等職。漢高祖劉邦即皇帝位後，遷齊相國；次年賜爵列侯，食邑平陽一萬六百三十戶，號曰平陽侯。

一位定陶美女。戚夫人不僅漂亮，而且年輕，有呂雉無法比擬的優勢，戚夫人還溫柔體貼，多才多藝，也是半老呂雉所不具備的。可以說，戚夫人成了劉邦的獨寵。

大儺圖

▲生動地反映了儺戲驅鬼逐疫的熱烈場面。

劉邦得天下，對戚夫人的寵幸依然如故。特別是隨著對太子劉盈的仁厚懦弱愈來愈看不順眼，反而是愛屋及烏，對趙王如意的驕橫踞傲青睞有加，常有廢劉盈而立趙王如意之想。

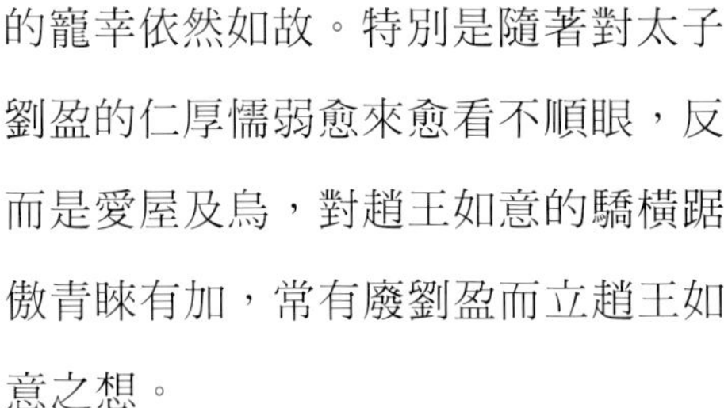

戚夫人也是聰明人，她知道自己母子今日的地位得來不易，也知道自己當前的形勢猶如坐在火山口上，要麼是更進一步，為自己母子爭取皇后和太子的寶座，要不待高祖駕崩，一切都將化成泡影。她充分利用劉邦對自己的寵幸，幾乎是寸步不離地緊隨在高祖身側，連劉邦巡視天下、領兵出征都不放過。而一旦有了機會，就祭出女人最常用的武器和眼淚，試圖打動劉邦。

劉邦在戚夫人的久攻之下，廢立之心愈來愈堅定。

戚夫人的武器是年輕美貌和眼淚，呂雉的武器則是精明老練加智慧。

呂后對自己目前的處境非常不滿，但深沉的危機讓她更加理智和冷靜。她緊緊地抓住跟隨劉邦多年、有卓越功勳的老臣，如張良、蕭何、曹參、陳平、樊噲等人，用他們去影響劉邦，阻止廢立之事。

劉邦雖然好色，但還沒有到為討美人歡心就輕視江山社稷的地步。在張良等人的多方努力之下，廢立之事擱置了下來。也許呂雉正是算準了這一點，選擇了一條非常正確，非常有效的致勝之道。

劉邦駕崩，太子劉盈繼位，即漢惠帝，呂后為皇太后，獨攬朝政。

失敗者要遭受懲罰，這是必然的道理。戚夫人在流盡淚水，撒完嬌情，也未能為自己母子謀得皇后和太子之位時，便已知道我為魚肉、人為刀俎的日子離自己不會太遠了，她所不知道的，是呂后將以什麼樣的手段懲罰自己。

呂后登位之後，第一件事就是下令囚禁戚夫人。理順朝政後的第一件事情，就是召趙王如意入京。

呂后和戚夫人之間的明爭暗鬥，早已不是祕密，朝野上下無不知曉，趙相周昌知趙王入京必然遭難，曾設法阻止，但最終還是未能成功。趙王入京後，為人仁厚的惠帝不計個人私怨，顧念手足同胞之情，處處護著趙王。但終究還是百密一疏，讓呂后得手。

除去趙王如意，呂后再無後顧之憂，她和戚夫人之間的恩怨情結，變為純粹女人與女人之間的小事。

懲罰戚夫人，成了呂后極為痛快的品味和享受。如果是下令處死，哪談得上享受呢？她並不急於如此。她先命人罰戚夫人作苦力，進行身體摧殘，接著是剪去戚夫人秀髮，毀去其容貌，讓其變成一個人見人棄的醜八怪。最後，呂后又命人用硫磺灌戚夫人耳朵，讓她變成聾子，挖去戚夫人雙眼，讓她變成瞎子，割掉戚夫人舌頭，讓她變成啞巴。到了如此地步，呂后似乎尚不能解恨，又命人剁去戚夫人的雙手、雙足，稱其為「人彘」。

到了如此地步，連呂后也沒辦法可想了。人們也許要問：如果兩人之間換一下位置，戚夫人也會這樣懲罰呂后嗎？

獨輪車

▲西漢時期製造出獨輪車。它由一人推動，雖然穩定性差，但是對道路條件要求低，適合在半山區和農村田間使用。

▲韓信：韓信（？～前196），漢初軍事家。淮陰（今屬江蘇）人。自幼熟讀兵書，懷安邦定國之抱負。因家境貧寒，常食不裹腹。曾受鄉間流氓欺淩而受跨下之辱。

▲大型玉飾：漢代文物，廣州南越王墓出土。從廣州南越王墓出土的玉器，不但製作精細，而且結構和用料都十分講究，顯示了南越文化中崇尚玉器的傳統特色。

四、金屋藏嬌和長門之怨是怎麼回事？

▲東方朔：東方朔（西元前154～前93），西漢辭賦家。字曼倩。平原厭次（今山東惠民）人。

呂后稱制，令劉氏的漢家江山出現了一次大的波折。不過，在當時的歷史條件下，呂雉畢竟無法超越，儘管大權總攬，仍只能躲在幕後操縱一切，尚不能冠冕堂皇地坐在最高位上。這也給陳平、周勃等人所謂的撥亂反正提供了機會。

呂后崩殂，諸呂受誅，文帝劉恆接任為天子，實施休養生息的溫和政策，使社會政治、經濟得到長足的發展，鞏固了漢王朝的統治。繼漢文帝之位的是景帝劉啟，延續文帝以來的政治制度，也使漢朝的統治繼續呈蓬勃上升的情勢，使武帝時期的全面鼎盛奠定了非常好的基礎。

漢武帝像

▲漢武帝，名劉徹，漢景帝之子，是西漢第五代皇帝，西元前140年至西元前87年在位。

漢武帝名劉徹，是漢景帝劉啟的兒子，由寵妃王夫人所生。景帝繼位之初，便立祖母薄太后的侄孫女薄氏為皇后，因薄皇后一直沒有生育，西元前一五三年，景帝立長子劉榮為太子。又過兩年，景帝廢薄氏皇后之位。

▲漢．玻璃穀紋壁：製作玻璃的技術是從兩河流域經中亞傳入的，這件玻璃穀紋壁，表明漢朝已經製作較大的玻璃器。

薄氏被廢，皇后之位一直空缺。在普通人看來，此位當屬劉榮之母栗夫人。但要真是如此，又哪來武帝？又哪來的西漢鼎盛？

當時，有一位女人是不能不提的，但她並非後宮人物，而是皇室成員、景帝的姊姊長公主劉嫖。由於身分特殊，她一直都是景帝身邊炙手可熱的人物，許多朝廷政要都指望著能巴結她。長公主對權力的欲望也像絕大多數男人一樣，沒有滿足的時候，擁有愈多，希望得到的也會隨之增多。

皇后之位空缺，長公主也像大多數人一樣，認為是非栗夫人莫屬，而未來的大漢江山也一定是太子劉榮的。她想未雨綢繆，預先結下這層關

陳阿嬌

▲漢武帝皇后。其母長公主是漢景帝的姐姐，漢武帝姑母，立景帝時幫助武帝母子謀得皇后和太子之位。漢武帝即位，封陳阿嬌為皇后，後兩人關係破裂，終身幽居長門宮。

係。恰好她有一位女兒陳阿嬌，於是直截了當地向栗夫人提出，想把陳阿嬌嫁給劉榮作太子妃。栗夫人為人孤傲，平日裡對長公主的驕橫霸道頗有怨氣，現在眼見自己有機會晉升為皇后，便不再懼怕劉嫖。再說，既然她可屈尊來求自己，自己當然有資格藉機羞辱她，從而斷然拒絕了長公主的要求。

離政治權力愈近的人，一言一行無不打上政治權力的烙印，婚姻更是人們使用最多的政治權力交易方式。陳阿嬌和劉榮都是乳臭未乾的孩童，遠未到談婚論嫁的年紀，倘若是別人主動提出和長公主結親家，她未必能看得上眼，現在自己主動去找栗夫人，反倒碰了一鼻子灰，叫她如何嚥得下這口氣？

長公主這麼多年橫行朝野，當然不是省油的燈，受了栗夫人的委屈自然會想方設法找回面子，出出這口惡氣。最好的辦法，就是阻止栗夫人前進的步伐，讓她作皇后的美夢成空。

栗夫人雖然是太子劉榮的母親，但並非景帝最喜歡的女人，景帝最喜歡的女人是王夫人。王夫人的身世經歷頗為複雜，父親王仲，母親臧兒，同胞兄王仲，父親早逝，母親改嫁，生同母弟田蚡、田勝。王夫人最初嫁給金家，後來其母請人算命，知其日後顯貴，便強令其離婚，再後來便嫁給了作太子的劉啟。劉啟登位，封其為夫人，很是寵愛。

景帝喜歡王夫人，是因為她不但貌美異常，而且聰明乖巧。這一類女人生在皇宮內院，或多或少都會為自己的前途計畫。

景帝登位作皇帝，深得乃父文帝之風，是一位有作為的明君，當初早立太子非其本意，而是應群臣所求，因而依慣例冊立年齡最長的劉榮。其實，王夫人所生的兒子劉徹雖然年齡很小，但較為聰明可愛，在劉榮被立之時封為膠東王，足見景帝待其不薄。

長公主劉嫖要報復栗夫人，正是綜合了上述因素，決定和王夫人結成同盟共同打擊栗夫人。她找到王夫

▲西漢．長信宮燈：長信宮燈燈座、燈罩、屏板及宮女頭部和右臂都可拆卸，罩下屏板又能轉動開合，用來調整燭光的照度。燈盤有一柄，便於轉動和調整照射的方向。

▲漢五銖錢：漢武帝時鑄造五銖錢，通行全國。五銖錢大小輕重適中，是中國貨幣發展史中較成功的一種鑄幣。

張騫出使西域

▲張騫出使西域，開通了促成東西方經濟文化交流的交通線——絲綢之路。絲綢之路把歐亞大陸的中國、安息、希臘、羅馬、大食和馬其頓等聯繫起來，在古代中西內陸貿易活動中具有很重要的地位。

▲董仲舒像：董仲舒（西元前179年～前104年）廣川（今河北棗強東）人，西漢時期著名的唯心主義哲學家和今文經學大師，漢景帝時為博士官，以通曉《公羊春秋》聞名於世。因他專心治學，三年不到花園遊玩，很負盛名，當時士人都以師禮尊奉他。

人，提議讓劉徹娶陳阿嬌，自己則幫助他們母子謀奪太子和皇后之位。王夫人喜出望外，兩人一拍即合。

兩人商議已定，由王夫人出面告訴景帝，沒想到景帝對這門親事不感興趣，以為阿嬌長於劉徹而否決。據說，過了些日子，長公主帶阿嬌入宮參見景帝，恰巧劉徹母子在場，閒聊間，長公主逗劉徹說：「你要媳婦嗎？如果要，我把阿嬌許配給你。」沒想到年紀幼小的劉徹居然一本正經地說：「如果阿嬌作了我媳婦，我一定造一座金屋子，讓她住在裡面。」

無論是否為預先設計，劉徹的舉動，都讓景帝忍俊不禁。長公主和王夫人又適時出擊，景帝也就准了這門親事。

親事既定，長公主和王夫人便加緊散布攻擊栗夫人的流言。栗夫人知道了真相，但她是個意氣用事的女人，不講鬥爭策略，一味地針尖對麥芒。景帝是個寬厚仁慈的明君，漸漸地，對栗夫人多少有一些不滿。

特別是一次景帝生病，在無人之時就對栗夫人說：「如果我就這樣去了，你要好好地照顧宮裡其他嬪妃。」栗夫人竟然面帶不悅，拂袖而去。

景帝之所以這樣說，是因本朝有呂后殘酷迫害戚夫人的事例，不忍悲劇再度上演。見栗夫人如此表現，很是心寒。

長公主和王夫人得知此事，反其道而行之，讓關係親近的大臣在朝議之時請景帝冊封栗夫人為皇后。景帝當然不允，大臣們又以劉榮的太子身分要求。這下可壞了大事，景帝盛怒之下，索性廢掉劉榮太子之位，改封臨江王。

劉榮被廢，王夫人和長公主大功告成，太子和皇后之位非劉徹母子莫屬。

西元前一四一年，景帝駕崩，太子劉徹繼位，即漢武帝。武帝繼位，立即迎娶陳阿嬌，並冊封其為皇后，算是兌現了幼時「金屋藏嬌」的諾言。

從某種意義上講，一代名君漢武帝是由陳阿嬌母女造就的，她榮登皇后之位，別人也無話可說。但她的性格類於母親，自恃對武帝有大功，即使是作了皇后，仍不滿足，驕橫霸道，極為猖狂。

武帝能夠把大漢王朝推向鼎盛，政治才能是無庸置疑的，個人作風也極其幹練果敢。登位之初，根基未穩，武帝對陳阿嬌的所做所為能忍則忍，但隨著時間的推移，形勢的演變，陳阿嬌仍舊我行我素，與其說是讓武帝忍無可忍，不如說是她自己身臨險境而不自知。

武帝欲廢陳阿嬌由來已久，但他是一位傑出的政治家，絕不可能因為個人的好惡而冒失行事，也活該陳阿嬌倒楣，她作皇后多年，一直未曾生養。即使是普通百姓，也要受「不孝有三，無後為大」的價值觀念約束，在帝王之家，此事關係江山社稷，更加罪不可恕。

武帝有了這一致命武器，仍舊不急不躁。

有一次，武帝出宮巡視，夜宿姊姊平陽公主家，結識了一位名叫衛子夫的歌女，很是喜歡，帶回宮後，恩寵日益加深。阿嬌對此妒火中燒，總在想方設法報

▲日本人詮注儒家經典：漢武帝接受董仲舒「罷黜百家，獨尊儒術」的建議後，儒學不僅成為漢家的正統思想，還越出國界，傳播到東亞各國。圖為日本人塚田虎19世紀初詮注的儒學經典刻本。

敦煌壁畫.商旅圖

◀見於敦煌莫高窟第296窟，表現的是商旅在乾旱的絲綢之路上到達驛站水井時的活躍場景。

▲帶鏈雙鹿紋銅牌：銅牌帶鏈全長15.5公分，雙鹿作交配狀，反映了匈奴民族的生育崇拜。生育崇拜是早期社會的普遍現象，目的是祈求人丁興旺，子孫繁衍。

復。對衛子夫她一時奈何不得，但得知衛子夫有一位異母弟在平陽侯家中做事，就派了心腹前去捉拿，準備殺之洩憤。

衛子夫的這位異母弟就是後來赫赫有名的大將軍衛青。或許是他命不當絕，陳阿嬌的計畫不夠縝密，消息走漏，還被武帝知曉。武帝救了衛青，予以重用，對陳阿嬌的厭惡進一步加深。

陳阿嬌此計不成，變得病急亂投醫，竟然聽人胡言亂語，請了一個叫楚服的巫婆，作個木頭人，上刻衛子夫的名字，天天唸經詛咒，希望就此咒死衛子夫。

衛子夫尚未被咒，阿嬌皇后導演的這齣鬧劇就被揭穿，楚服連帶宮裡三百多人被依律處死，陳阿嬌則被廢去皇后位，幽居長門宮。

武帝廢了陳阿嬌，並沒有馬上立衛子夫為皇后，這對陳阿嬌來說，彷彿是殘存的最後一線希望。據說她曾請當時得寵的大賦名家司馬相如，為自己作《長門賦》。此賦以陳阿嬌的口吻寫成，輾轉到了武帝手中。武帝見陳阿嬌已有悔意，希望能夠重回自己的身邊，多少動了點惻隱之心。

宮怨圖

▲陳阿嬌因沒有得到寵愛，懷恨在心，住在長門宮，惆悵悲哀。

▼漢宮春曉圖（局部）

但最終的事實是，武帝並沒有召回陳阿嬌而是讓她在長門宮裡一直幽居，直到怨憤死去。

五、漢宣帝的「舊寶劍」在哪裡？

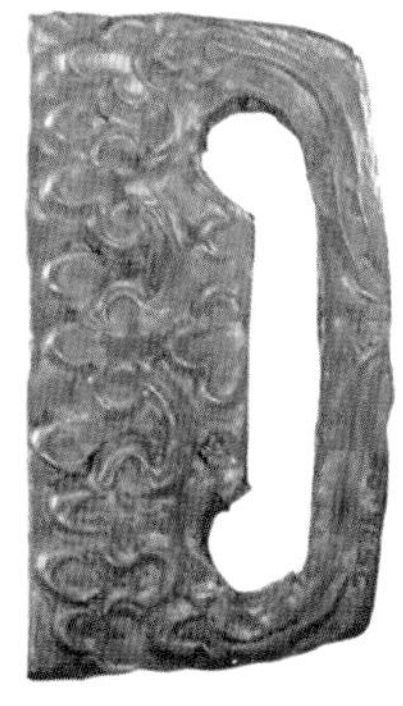

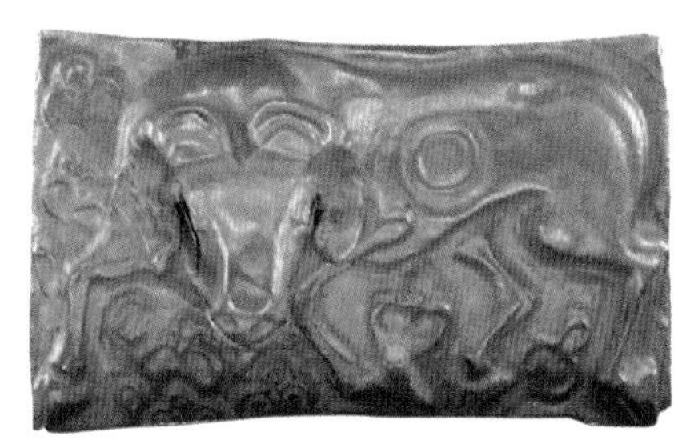

臥羊形金帶飾

▲在臥羊形帶飾上，羊安詳靜臥，紋飾精緻優美。帶飾背部原有鐵質帶扣。

漢武帝既是漢朝最有作為的皇帝，還是漢朝在位時間最長的皇帝，同時，也是最為自負和武斷的皇帝。武帝在位數十年間，皇后幾度易人，太子遲遲未能立定，這才導致臨終之前，草草傳位給少不更事的漢昭帝。

昭帝繼位時年幼，但有托孤重臣霍光忠誠輔政，也沒出什麼大亂子，漢朝得以延續發展。遺憾的是昭帝英年早逝，未有子嗣。然國不可一日無君，昭帝駕崩之後，霍光等大臣煞費苦心，商議的結果是擁立武帝孫昌邑王劉賀為帝。

劉賀乃浪蕩之人，腹無才學姑且不論，尚在昭帝治喪服間，他就聲色犬馬，淫亂宮廷，令國人所不齒。關鍵時刻幸好有霍光等耿介忠臣挺身而出，廢掉登位僅二十七天的劉賀。

劉賀被廢，迎立新帝就成當務之急，幸運之神眷顧於武帝曾孫劉病已（本名詢），即漢宣帝。

劉病已是前太子劉據的孫子，劉據則是繼陳阿嬌之後為皇后的衛子夫之子。武帝後期頗為迷信，宮中又盛行巫蠱之風，由此引發巫蠱之禍，太子劉據受奸人所害，被迫害至死，就連妻子史良娣、兒子劉進、兒媳王夫人皆不能倖免。

當時劉病已剛出生幾個月，也被投入監獄。劉據等人被害後，有一個叫丙吉的小官不忍太子絕後，偷偷將劉病已抱回家中撫養，探知劉據岳母及妻弟尚在，又把劉病已遠送魯國史家撫養。

武帝臨終之前對巫蠱之禍頗有悔意，覺得特別對不起太子劉據，後得知劉據尚有一脈相傳，就命人將劉病已從魯國史家接入宮中，交掖庭令張賀照看。

張賀原來在劉據手下當差，對劉據的寬厚仁慈心存感激，有機會照顧劉病已，一切都格外用心。劉病已入宮之前，並不姓劉也不叫病已，由於

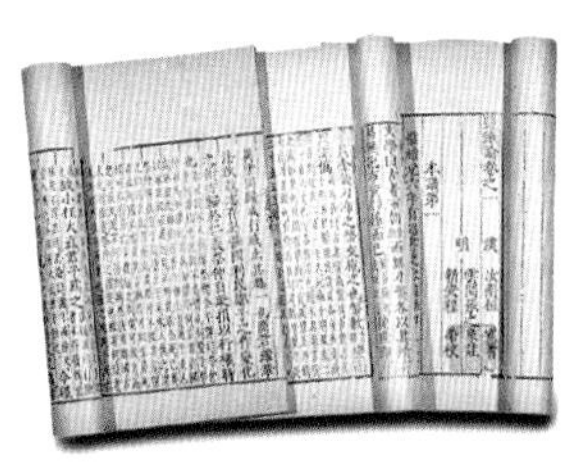

▲《鹽鐵論》書影：漢宣帝時（前73年～前49年），桓寬整理鹽鐵會議記錄，編成《鹽鐵論》一書，共60篇。是研究西漢經濟思想的重要文獻。

▲坐形白玉人：玉人臉型清瘦，長眉短須。束發於腦後，頭戴小冠，冠帶紮於頷下。身穿右衽長衣，寬袖，腰系方格紋帶。憑幾而坐，雙手置於幾上。底座下陰刻銘文五行十字：「維古玉人王公延十九年」。

▲西漢·拂袖女舞傭：西漢繁榮時期，樂舞藝術得到蓬勃的發展，長袖舞就是當時盛行的舞蹈之一。

▲霍光像：霍光，字子孟，約生於漢武帝元光年間，卒於漢宣帝地節二年（前68年）。河東平陽（今山西臨汾市）人。他跟隨漢武帝近30年，是武帝時期的重要謀臣。漢武帝死後，他受命為漢昭帝的輔政大臣，執掌漢室最高權力近20年，為漢室的安定和中興建立了功勳，成為西漢歷史發展中的重要政治人物。

身體虛弱，經常生病，張賀渴盼他早日病癒，這才給他取了這麼個名字。在張賀的悉心照料下，劉病已的身體恢復的很好。張賀還教他許多為人做事的道理，待其年長，又讓他娶一漂亮賢淑女子許平君為妻。

劉病已住到宮中，生活無憂，但並無官職和爵位，和普通平民並無太多的不同，就算如此，他也非常知足。不久，許平君為其生了一個兒子，取名劉奭，一家人更是其樂融融。昌邑王被廢，許多大臣正是看中了他樸實寬厚的性格，這才推舉他繼承帝位。

劉病已的品格為人受到首輔大臣霍光的首肯，於是先為他加陽武侯爵位，繼而稱帝，即漢宣帝。名字也由原來的劉病已，改為劉詢。

擁立漢宣帝不久，群臣又為立皇后的事情忙開了。當時，雖然眾人皆知宣帝和許平君感情甚篤，但她乃平民出身，頗為微賤，並未將其作為考慮人選。霍光有一女名霍成君，容貌姣好，聰明伶俐，年齡與宣帝相當，尚待字閨中，更重要的是門庭高貴，使一些刻意想巴結霍光的大臣們急不可耐。霍光本人倒是忠誠正直，雖有此意，未得宣帝旨意，只好按下不提。

宣帝知道眾臣心思，但他在貧賤時娶許平君為妻，可謂患難與共，壓

霍成君

▲霍成君（前86年～前53年）漢宣帝劉詢的皇后。霍成君借助父親霍光的權勢。名正言順的取代了許皇后。而且耀武揚威。遺憾的是霍皇后始終未獲利宣帝的寵幸，最後被皇帝一張詔書成為了廢后。昔日的榮華富貴已不屬於她，陪伴她的只有抑鬱與仇恨、無奈之下，霍氏自己結束了生命。

根兒不願捨棄舊人另結新歡。靈機一動，宣帝謊稱自己過去使用的一把舊寶劍，不知什麼時候丟失了，需眾大臣幫忙找尋，唯有找到舊寶劍，方可談論冊立皇后之事。

眾臣們百思不得其解：宣帝要大家代勞尋舊寶劍，卻不提寶劍是啥模樣？是什麼時候丟失？又從何找起呢？還是霍光精明，作為數朝老臣，可謂歷練豐富，稍一動動腦筋，便明白漢宣帝的「舊寶劍」，乃是指其平民之妻許平君。既然明白此節，他索性主動上書奏請冊立許平君為皇后。

這樣，宣帝順理成章地冊立許平

君為皇后，立許氏所生的兒子劉奭為太子，此後絕口不提找尋「舊寶劍」之事。

冊立許平君是宣帝的本意和主張，又兼許皇后為人忠厚本分，受到大家的擁戴。照理說，此事就該到此為止了。實則不然，有一人對此事頗不高興，她就是霍光的夫人霍顯。

霍顯最初僅是霍府的女僕，無名無姓，最終能受霍光所寵，並在霍光正室離世後扶正，可見其不凡之處。

霍成君為霍顯親生，她知道女兒成為皇后，對自己是莫大的好事，雖然當前木已成舟，但她並不甘心，總在想方設法尋覓時機。

許皇后被立不久，又懷了身孕，卻在臨產之前生了病。此事讓霍顯探知，便買通替許皇后治病的御醫淳于衍，令淳于衍謀害許皇后。謀害皇后這樣的大罪，一個普通的御醫是怎麼也擔當不起的，但霍氏在當時的權勢和地位，同樣是淳于衍得罪不起的。在霍顯的威逼利誘之下，淳于衍終究屈服了。可憐平民出身的許平君，並沒有招誰惹誰，只因身處後宮，身陷政治權力的中心，竟然無辜被害。

對許皇后之死，漢宣帝非常傷心，絕非丟失一把寶劍可比，甚至於，他還聽到一些與霍家相關的傳言。但一則並無真憑實據，另則霍氏在朝中樹大根深，只得忍氣吞聲，非但要忍氣吞聲，在許皇后不能復生的情況下，出於政治上的考慮，宣帝不久還如霍顯之願，迎娶霍成君，冊封其為新皇后。

霍成君為皇后，有霍光坐鎮，尚無大的出格行為，唯大家女子奢侈無度的作風，令有窮若往歷的宣帝頗覺不滿。兩年後，霍光壽終，朝廷政治格局有了顯著改變。一方面是霍氏子弟想拚力維持一門把持朝政的野心，另一方面是宣帝想收攏權力的雄心。結果，霍氏子弟並無能力出眾的帶頭之人，眾人形同一盤散沙，難以和宣帝相抗；更有見風使舵之人，適時揭發霍顯當年勾結御醫，謀害許皇后之罪行。宣帝對此大為震怒，索性順籐摸瓜，查實了霍氏子弟諸多罪狀。

至西元前六七年前後，霍氏政要不是被問罪殺頭，就是被革職查辦，就連霍成君也難逃被廢幽禁的命運。

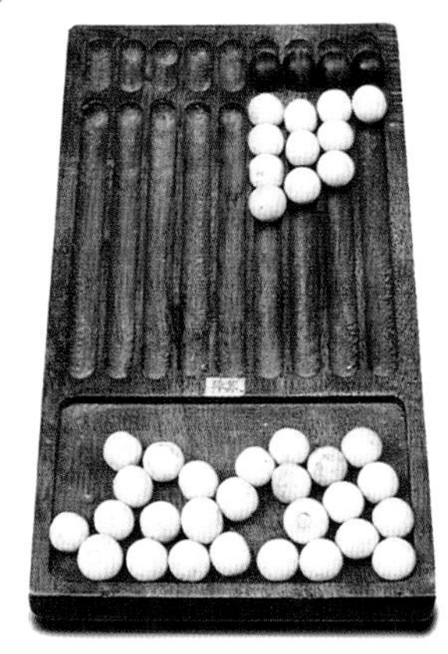

▲遊珠算盤：由不固定遊珠和算盤組成，是珠算的雛形，中國古代的計算工具之一。圖為根據根據漢代徐嶽撰寫的《數學記遺》一書記載而複製的遊珠算盤。

虎豕咬鬥紋金飾牌

◀長13公分，寬10公分。兩件紋飾一樣，都是虎在下，豬在上，各咬著對方的後腿。

六、王政君失策於哪一點？

王政君

▲王政君（前70—13年），魏郡元城（今河北大名東）人，宣帝選為宮女，後為太子劉所幸。劉嗣位為元帝，立政君為皇后，成帝嗣位尊為皇太后，以其兄王鳳為大司馬大將軍領尚書事，位在三公上。外戚王氏專權即以此為肇端。

▲王莽像：王莽（前45—23），字巨君，新皇朝的建立者，在位十五年（9—23）。

西漢王朝在武帝時盛極，但隨之走向衰落，尤其是武帝之後，霍光輔佐年幼的昭帝，忠心耿耿，守成固然有餘，創新卻頗為不足。特別是對王朝多年積留的陳屙和不斷滋生的新病，無良善處置之法，至漢宣帝時，其江河日下已經非常明顯了。

霍光輔政，業績是不可否認的，但其對外過於守成，對內不善治家的弊端，同樣不容忽視。

霍光輔理朝政數朝，威信和聲望之高，已經顯現出負面效應。一方面，就連在位的皇帝都頗為忌憚，另一方面，則是霍光的家庭成員和族人，利用他的權勢和威望影響，違背禮制和法度，為自己謀取私利，由此產生的作用影響，在霍光當政之時，並不為人們所重識，一直到霍光離世，便像火山爆發一樣噴薄而出。

當年，霍光繼任正室霍顯，便有勾通宮廷禦醫謀害宣帝皇后的膽大妄為，此舉直接將其女成君推到宣帝皇后的位置上。而霍氏一門中的霍禹、霍雲、霍山等，隨之榮顯。西元前六八年，霍光壽終，霍禹、霍雲、霍山及霍顯等人，行止更肆無忌憚，引起尚有一些自決能力的漢宣帝的極大不滿。次年，霍禹等人彷彿感覺不妙，想率先發難，製造事端，結果被漢宣帝一網打盡。

霍氏一害雖除，但外戚膨脹的權力模式，卻成為西漢末代揮之不去的政治暗瘡。漢元帝在位，立王政君為皇后，十餘年後，年輕的漢成帝位登大寶，尊母親為皇太后，使其逐漸接近中央政治權力。

後人多不指責王政君擅權，但身處最高權力位置，肥水不流外人田的傾向，是很容易出現的。王氏外戚沿襲前風，近水樓台先得月的可能性，也就無庸置疑。

在王政君被尊為皇太后之後，其兄王鳳登上大司馬大將軍之位，掌握朝政和軍事大權，相當於當年的霍光。不久，王鳳之弟王譚、王商、王立、王根、王逢時先後被漢成帝賜封為平阿侯、成都侯、紅陽侯、曲陽侯、高平侯。王氏外戚滿門榮顯，勢要達到空前程度。

當時，西漢王朝政風的委靡和頹廢之氣已愈來愈嚴重，王氏外戚權傾天下，所思所想的也不是食君之祿、忠君之事，而是一心沉浸於縱欲享樂和撈取更多利益好處，惹得天下人皆怨憤在心，敢怒而不敢言。

放格紋毛織品

▲平紋組織，經、緯均正拈，經密20根/公分，緯密14根/公分，經線投影寬0.2-0.3毫米，緯線投影寬0.2毫米，由棕色和土黃色經緯線間隔排列交織，形成方格紋。

王政君雖出身王氏家門，但作了漢王朝太后，還算忠於本分，視劉氏皇族為本家，多少掛念劉氏江山的安危，即便是重用娘家族人，也想讓他們盡力相助，共輔漢室。因此，當王氏外戚當權者及其子弟，只知享樂歡娛、不為國出力的流弊愈來愈凸顯時，她也開始有了很深的隱憂。

她為漢室安危而產生的隱憂，直到王氏中出了個卓爾不群的侄子，方才得到些許緩解。此子便是王莽。

王莽之父王曼，也是太后王政君的弟弟，只因早逝，未等王氏滿門榮顯，因此，王莽雖然衣食無憂，但和同門的權勢顯貴，有極大的不同。

境遇不同，心性和行為作風，更是迥異。和同門子弟整日聲色犬馬、縱情享樂的行止性情比較起來，王莽的恪守道德禮數、一心向善求學的風格，顯得格外耀眼和突出。

王太后深居後宮，對王莽之行自然是所知甚少。可至西元前二二年，一直被王太后倚重的王鳳病重將逝時，鄭重向她推薦了王莽，並請求作妹妹的王太后，一定要照顧重用王莽。

▲玉熊：整個器物高4.8公分，長8公分。作者用簡練的刀法，雕刻出熊肥胖舉搖的體態和憨厚可愛的神情。

▲四神紋玉鋪首：橫寬36．5公分，灰綠色，下有凸鈕，四角略弧圓，分別碾琢其時流行的青龍、白虎、朱雀、玄武四神形象。器面下方以環鈕為鼻樑，上連粗眉和暴起之雙眼，形成大獸面，下緣則以8條豎紋勾勒出寬大的排牙。圖案化的形象莊嚴凝重，工藝梢湛，線條運用剛柔相濟，一派皇家氣象。如此巨大的玉鋪首為迄今所僅見，代表了漢代最高的攻玉水準。

皇室車馬依仗圖

▲由圖中清晰地看到，皇帝後面已經有了不少的內宦，說明西漢時已經有了發達的宦官機構。

通過王鳳之口，王政君得知，在王鳳病重期間，就算是王鳳的骨肉至親，也只知自我享樂，棄病重在榻的王鳳於不顧，倒是王莽這位未得王鳳任何權勢相助的侄子，不辭辛苦地日夜伺候在側。

不僅如此，王鳳重病不治，很快離世。在其葬禮上，即便是王鳳子孫，也多是表面上有戚然傷心之色，而王莽即出人意料地號啕大哭。王太后看在眼裡，始信王鳳所言不虛，也開始相信外間對王莽的讚譽和肯定。

王鳳葬禮之後，王太后不負兄長生前所托，召王莽入宮，讓他作了專事宮廷內外連接傳達的黃門侍郎。

黃門侍郎非官無品，但直通內宮，凡是深諳朝廷政治之人，皆知得其重要性。尤其是王莽乃王太后侄子，聲名頗佳，就算是朝中文武重臣，無不對王莽極力示好。

許多人在身分地位改變之後，心性和品格均會有大的改變，但王莽顯然不是那種小人得志就忘乎所以的膚淺之徒。他不僅辦事很認真，對所有有求於己的文武大臣，也能恪守本分，禮數極為周到，贏得愈來愈多的稱讚。

西元前一六年，王莽被封新都侯，官拜光祿大夫，正式位列朝臣之中。又過八年，王莽升任大司馬，權傾朝野。這一切和王太后的充分信任和刻意提拔重用，都有著非常直接的因果關係。

王太后提拔重用王莽，並不僅僅是因王莽乃自己娘家侄子。一方面，是王莽無論身居何等官位，都能恪盡

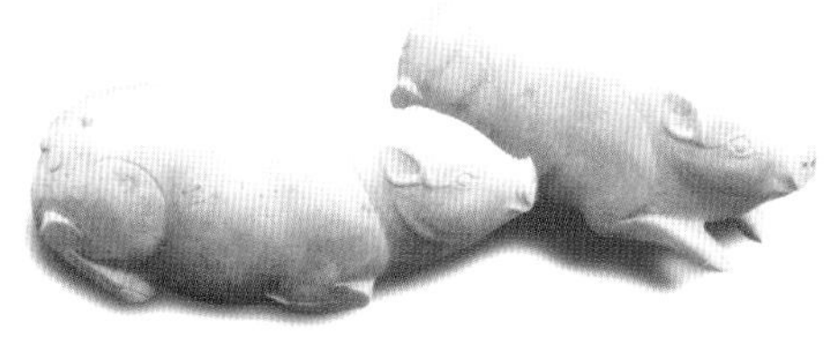

玉 豬

▲高5公分，長13.5公分，西安市南郊山門口村出土。豬作奔跑狀，形態逼真。

職守，認真作事，為朝廷效力，進而贏得了王太后的信任。另一方面，王莽無論身居何職，不管地位權勢變遷，始終保持內斂謙和的為人作風，頗受周圍大臣的擁戴和稱讚。很多次地位權勢的提升，都是其他擁護王莽的文武大臣反覆向皇帝和王太后請命的結果。

但後世刻薄的評論家大多認為，王莽是一位處心積慮的陰謀家，他年輕時的韜光養晦，為官之後的恪盡職守，都是為有朝一日篡奪西漢政權積累政治資本，而王太后，不過是王莽藉以接近和實現權力夢想的一個台階而已。

事實也許正是這樣，王莽完全掌控朝廷實權，王太后對局勢完全失去控制的時侯，她開始有一點隱憂和擔心。而當西元七年，王莽撕下所有偽裝，欺新君年幼力弱，進宮逼王太后交出傳國玉璽時，王太后才真正意識到了自己養虎為患鑄下的大錯。

大錯既然鑄成，追悔和自責都是無用的，老而無力、行將入土的王太后，除了大罵一通王莽的大逆不道、狼子野心之外，的確是無能為力了。

▲新莽．四神瓦當．青龍

▲新莽．四神瓦當．白虎

▲▶圖中展示的是新莽時期的「四神瓦當」。四神紋瓦當在漢代極為流行，它包括四種動物即青龍、白虎、朱雀、玄武，由這幾種動物組合成的一組圖案，又稱「四靈紋」。四神紋在漢代應用極為廣泛，銅鏡、漆器、石刻、磚瓦等各種工藝品的裝飾上都時有出現。漢代將四神視作與避邪求福有關，它又表示季節和方位。青龍的方位是東，代表春季；白虎的方位是西，代表秋季；朱雀的方位是南，代表夏季；玄武的方位是北，代表冬季。

▲新莽．四神瓦當．朱雀

▲新莽．四神瓦當．玄武

七、昭君出塞的眞正原因是什麼？

▲西漢・馬蹄金

王昭君名嬙，是中國四大美女之一，在西漢元帝時出塞遠嫁匈奴。這些皆為國人所熟知，但其出塞前後的事跡和具體情節，因年代久遠，歷來說法不一。

世人瞭解最多、最通行的說法是，王昭君為齊地王襄之女，元帝竟寧元年，十七歲的王照君被選入宮。當時，元帝好色，宮中嬪妃雲集，元帝難以一一垂幸，就令畫工為宮女畫像，自己根據宮女畫像的美醜，來選擇侍寢宮女。

王昭君

▲王昭君，名嬙，中國古代四大美女之一，漢元帝時期宮女，西漢南郡秭歸（今湖北省興山縣）人。雖然其相貌出眾，但因品格高尚，不似他人用各種手段以謀求皇帝的寵愛，於是「入宮數歲，不得見禦，積悲怨」。竟甯元年（前33年），匈奴呼韓邪單于來朝請求和親，昭君自願請求嫁於匈奴，後呼韓邪單于封其「甯胡閼氏」。

被選入宮的宮女，為了接近元帝，想盡辦法地討好畫工，把自己畫得美一些，希望被元帝看中。最有效的方法，是用重金賄賂畫工，少者數萬金，多則十萬金。

王昭君被選入宮，由於初來乍到，不懂宮中規矩，沒有賄賂替自己畫像的著名畫師毛延壽。又有說她自恃貌若天仙，不愁不被元帝所喜而拒絕毛延壽的索賄。總而言之，毛延壽故意把王昭君畫醜，以致她一直被深藏於後宮之中，美貌不為外人所識。

▲玉仙人奔馬：1966年陝西省鹹陽市漢渭陵附近出土。用透明柔潤的白玉雕成。

匈奴呼韓邪單于率大兵來犯漢朝邊境，漢元帝廢於政事，無法抵禦匈奴之兵，遂提議和之請。匈奴王答應議和，但需漢朝獻五名美女為妻。漢元帝不缺美女，隨意點了五位宮女給匈奴王，保得平安。王昭君不幸位列其中。

臨出宮之前，元帝召見被賜婚的五位宮女，頓時被王昭君的美貌所震驚。元帝好色，所歷美女無數，但從未有像王昭君這般美貌動人的，當時立刻後悔，有不將王昭君獻給匈奴王之意，怎奈覆水難收，終究還是忍痛割愛，送王昭君出塞。昭君出塞之後，漢元帝追究其被藏深宮真相，誅殺毛延壽等畫師。

昭君出塞之後，為呼韓邪單于生兒育女，也保證了匈奴和大漢之間的邊境安寧。呼韓邪單于駕崩，王昭君依匈奴之習俗，當嫁繼位單于閼氏。王昭君不從，上書漢朝請求回歸，繼元帝之位的成帝不允。王昭君被迫再嫁閼氏，後服毒自殺。

匈奴處北方大漠之中，荒涼偏僻，難以和繁華富庶的大漢王朝相提並論。昭君出塞，一向被認為是一個不幸的命運結果。長期以來，人們都在追尋製造王昭君不幸的罪魁禍首，雖說法各有不同，但焦點都集中在毛延壽和漢元帝身上。

除前所述，認為毛延壽是導致昭君出塞罪人的，還有元代雜劇《漢宮秋》。該劇所記，毛延壽在為王昭君畫像時，也為王昭君之美所動，但她不依例向自己表示，終究心有不甘，在最後畫昭君雙眼時，便提醒說：「這畫人的傳神之筆，全在於點睛，真可謂一點千金！」不知王昭君是真不懂，還是假裝不懂，對毛延壽的提醒全沒在意。毛延壽由此生恨，把本該點在王昭君畫像眼睛上的丹青，點在了她臉上。王昭君的這張畫像被送到元帝面前，自然難以讓元帝動心。

▼明妃出塞圖

▲玉辟邪：1975年，咸陽市周陵鄉新莊村出土，青白色玉料圓雕而成，辟邪呈半臥半起狀。圓潤流暢的線條，白色的玉料和原有的紫紅色玉皮，增加了玉辟邪的光彩。

▲「單于天降」瓦當：「單于天降」一詞體現了單于對天的崇拜，「單于天降」瓦當，在陰山南麓出土，是呼韓邪單于入塞歸漢後在塞內居住的館驛的建築構件。

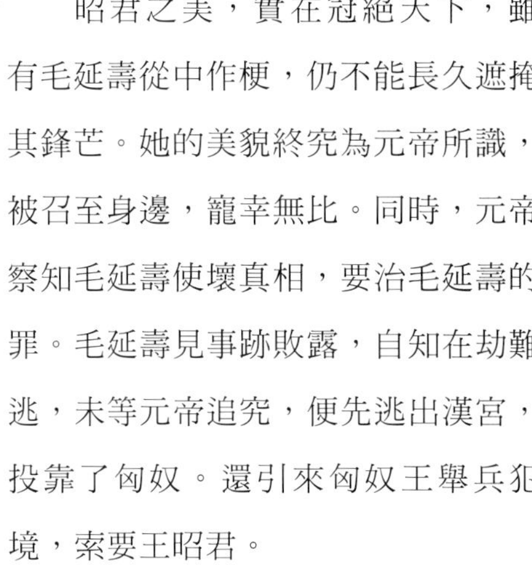

昭君之美，實在冠絕天下，雖有毛延壽從中作梗，仍不能長久遮掩其鋒芒。她的美貌終究為元帝所識，被召至身邊，寵幸無比。同時，元帝察知毛延壽使壞真相，要治毛延壽的罪。毛延壽見事跡敗露，自知在劫難逃，未等元帝追究，便先逃出漢宮，投靠了匈奴。還引來匈奴王舉兵犯境，索要王昭君。

《漢宮秋》劇中，毛延壽先是貪圖錢財的罪人，後又成了投敵叛國的惡賊。而漢元帝，雖政治昏庸，對王昭君還算是有情有意。王昭君則變成了深明大義，勇救國難的女中豪傑。

匈奴呼韓邪單于強索王昭君，自恃有強大的兵力為後盾，漢元帝明知難敵匈奴，但也有不愛江山愛美人的性情帝王本色。只有王昭君深明大義，願意犧牲個人來拯救國家危難，主動請求出塞。另外，王昭君出塞，既助大漢除去奸賊毛延壽，又退匈奴兵，但在到達雙方交界的黑江時，她又自投江中，表現了對漢元帝和大漢王朝的忠貞不二。

與《漢宮秋》褒貶截然不同的，是認為導致昭君出塞的罪人，非毛延壽，而是漢元帝。

持這種觀點的人，認為毛延壽是個出色正直的畫師，並沒有故意醜化

八人樂舞扣飾

▼高9.5公分，寬13公分。1956年晉寧線石寨山古墓出土。通體鎏金。分上下兩層。上層四人井坐，皆戴冕形冠，冠後有長帶下垂，雙手上舉作舞；下層四人奏樂，其中一人擊錞於，一人吹短柄樂器，一人吹直管葫蘆笙，一人吹曲管葫蘆笙。另置一盂形器於兩人之間。

▲昭君紀念館

王昭君，是因為漢元帝好色昏庸，沒有認真去看王照君的畫像，才導致了王昭君深藏宮中。也無匈奴舉兵來犯之情節，而是透過正常的外交途徑向大漢求婚，漢元帝本想以醜女贈予匈奴王，結果弄巧成拙，待見王昭君貌美無雙時，已悔之晚矣。

更有膽大之人，認為毛延壽乃忠誠愛國之士。他見王昭君貌若天仙，害怕漢元帝見到她後，耽於女色而誤國，雖有故意醜化王昭君之行為，但目的是不希望王昭君成為妲己一樣的禍國紅顏，也不希望漢元帝成為像紂王那樣的誤國之君。有人甚至作詩相讚：

延壽丹青本誑君，
和親猶未斂胡塵。
穹盧自恨嬪戎主，
泉壤相逢愧漢臣。
玉骨已消青塚底，
香魂猶繞黑河濱。
愁雲晴鎖天山路，
野花閒草也怨春。

持不同見解的人，對歷史都有自己獨到的見解，見解不同，爭論就不會停歇。但在今天看來，無論王昭君因何種原因出塞，都在客觀上使大漢王朝和匈奴之間得以暫時的安寧無事，於中國歷史而言，是不小的貢獻。

▲「單于和親」瓦當：「單于和親」瓦當反映的是西元前33年，西漢和匈奴和親的這一歷史盛事。

▲漢光武帝劉秀：劉秀（西元前6年～西元57年），字文叔，即漢光武帝，東漢王朝的建立者。傑出的政治家、軍事家、統帥。

▲擊鼓說唱陶俑：說唱表演是漢代民間藝術之一。說唱俑則是這種藝術的傳神寫照，這件陶俑神態詼諧誇張，極富生活氣息。

八、馬皇后是怎樣的一個人？

伏波將軍馬援，不僅是東漢開國勳臣，戰功顯赫，為人品格也堪稱典範，深受光武帝劉秀所器重。他不但對自己的要求甚嚴，就連自己的子女，乃至族中晚輩，也常採取多種方式，進行諄諄教誨。

堆米成山

▲32年，劉秀率軍攻隴至漆縣（今陝西彬縣），馬援用米堆成山丘，做沙盤，標示進攻路線，劉秀大喜說：「虜在吾目中矣！」

西元四九年，年逾古稀的馬援尚掛帥征討作亂的南方動亂，雖然得勝，不辱使命，但也為東漢朝廷耗盡最後的生命能量，於回師途中中暑身亡。劉秀感念馬援對朝廷的貢獻，將其年僅十三歲的幼女接入宮中，作服侍太子的宮女。

馬氏作為馬援的寶貝女兒，自幼被視為掌上明珠，也接受了父親嚴格而又有系統的教育培養，不但知書達理，性情也溫順賢淑。入宮之後，頗得光武帝皇后陰麗華的喜歡，也深得太子劉莊的寵愛。

西元五七年，光武帝駕崩，劉莊即位為漢明帝，議立皇后的事情立刻被提到事宜日程上來。當時，馬氏已經二十二歲，言行舉止和品格性情，均得到一致的認可，照理說，被冊立為皇后應該是順理成章的事情。

唯一的遺憾，也可以說是意外，乃是馬氏侍奉劉莊這麼多年，一直未

曾生養子嗣。這對一個即將要被冊立為皇后的女子來說，要是擺在一般的歷史條件下，將是一個無法逾越的致命傷。幸運的是，馬氏生活的年代，和其他的歷史時期，有著明顯的不同和區別。當時，東漢開國未久，吸取前朝敗亡經驗和教訓，政治較為開明，不拘陳規。

漢明帝鍾意馬氏，是一心想立她作皇后的，只是忌於馬氏無後的現實，就去找母親，也就是太后陰麗華商議。陰麗華輔劉秀開國，頗為賢達，對明帝劉莊說：「遍觀後宮，有誰的才能品格能和馬氏相提並論呢？不立她作皇后，還能立誰？」

得到太后的首肯，昭帝再無顧忌，遂下詔冊立馬氏為皇后。同時，冊立馬氏收養的兒子劉熾為太子。

馬氏被立為皇后，統攝後宮，達到女人權力地位的極致。很多弄權女子，一但位登極至，就會迫不急待地攝取權力，滿足私欲。馬皇后則截然不

馬皇后浴蠶圖

▼史載，東漢時期宦官機構十分發達，宦官與外戚交替掌握國家政權。此圖所繪為馬皇后視察宦官織室丞管理的織室。

同，登至高位，她深感自己責任重大，言行舉止更加小心謹慎。

為了能真正起到統攝後宮，垂範天下的作用，馬皇后非常重視自我素養的提升和完善。原本就很知書識理的她，更加刻苦用功地閱讀鑽研《春秋》、《楚辭》以及西漢儒學大師董仲舒等人的著作，令人感動。

馬皇后更加令人感動，甚至讓人不得不油然而生敬意的是身為皇后的她，居然始終保持著艱苦樸素的生活作風。

在日常的生活起居中，馬皇后都穿著用粗布製成的衣服，而且從不加花邊，就連內宮舉行一些大的活動和儀式，她也照例如此。最初，那些前來拜見她的後宮女性，一個個都打扮得華貴妖豔，見她如此樸素，很是不解，便問內中原因。馬皇后非常坦然地說：「這樣布料的衣服，穿在身上非常舒服，而且染上顏色之後不易褪去。」

也許是懼於馬皇后特殊的身分地位，又或者是其他什麼原因，漸漸地，漢明帝的後宮諸女子，也都開始偏愛這種粗布衣服，蔚然成為風氣。

馬皇后不僅以身示範，對昭帝也極盡職分。經常勸他要節制個人欲望，勤奮治理天下。明帝深得光武帝遺風，對馬皇后的善意規勸，非常感激，不僅在個人生活上和馬皇后婦

▲班超像：班超(32—102年)，字仲升，扶風平陵(今陝西咸陽東北)人，東漢著名的軍事家和外交家。班超是著名史學家班彪的幼子，其長兄班固、妹妹班昭也是著名的史學家。班超為人有大志，不修細節。但內心孝敬恭謹，居家常親事勤苦之役，不恥勞辱。他口齒辯給，博覽群書，能夠權衡輕重，審察事理。

班固像

▲班固（西元32年～西元92年），東漢的歷史學家和文學家，扶風安陵（現在的中國中西部陝西咸陽東北）人。他從小就很聰明，文采出眾。他的父親班彪死後，在回鄉為父親守孝期間，開始整理父親的著作《史記後傳》，決心父親著作的基礎上寫《漢書》。漢明帝很欣賞他的才能，讓他完成他父親的著作。班固堅持了20多年，終於寫成了《漢書》，書中詳細地記載了西漢的歷史。

唱夫隨，就連涉及一些軍國大事，也常徵詢馬皇后意見，和她進行討論。每逢這樣的場景，馬皇后總是知無不言，言無不盡。或許正因如此，明帝在位，東漢社會沿續了光武開國以來蓬勃向上的發展態勢。

七五年，漢昭帝英年早逝，馬皇后養子，即太子劉熾即位，為漢章帝，尊馬皇后為皇太后。

當時，章帝年紀尚輕，馬太后深恐他耽於享樂而誤了治國大事，常常

抽空不厭其煩地為章帝講解善治天下的道理。不僅如此，她還不惜耗費時間和精力，傾注大量心血，寫了一部明帝《起居注》，旨在訓導章帝，希望他能稟承先皇遺風，延續東漢的發展態勢。

章帝雖非馬太后親生兒子，但對馬太后所作的一切，由衷感佩。有一次，他對馬太后說：「自漢以來，封外戚為列侯，就像封皇子為諸王一樣，已然成為慣例，現今我的幾位舅父皆未封侯，我想略盡心意，又不違祖宗禮制，不知……」

不等章帝的話說完，馬太后立即予以堅決駁斥和反對，她說：「高皇帝有約在先，沒有功勞者，絕不能封侯，馬家人沒有大的功勞，怎能封侯呢？」

馬太后不僅不准章帝賜封馬氏外戚，還嚴令京師及地方官員：凡是馬氏中人有違背禮制請托地方官員替其辦私事者，一律嚴懲不怠！

馬氏的通明賢達，有效杜絕了漢朝外戚擅權的慣例，直到她西元七十九年去世，人們都非常敬重她的品格和德性。

▲王充像：王充(27—約100)，字仲任，會稽上虞(今浙江上虞縣)人。東漢時代著名的哲學家和教育家。先輩從北方遷到會稽，主要從事農、商職業。王充自小性格內向，不喜嬉戲，頗好深思。後來，告別老師，離開洛陽，到北方陳留等地任過縣掾功曹、都尉府掾功曹、太守列掾功曹、州從事等職。後因與上司意見不合，辭職回鄉，屏居教授，同時著書立說。所著書有《政務》、《譏俗》、《論衡》、《養性》等書。今存《論衡》一書，30卷，20餘萬言。

銅輦車

▼銅輦車是出行時官吏家眷乘坐的車，由車、馬和一將軍奴組成。

九、竇氏是怎樣亂朝的？

▲鎏金銅羽人：「鎏金銅羽人」是於1987年在河南洛陽市出土的文物。羽人源自道教神仙思想。羽人有「不食五穀，吸風飲露。乘雲氣，馭飛龍，而游乎四海之外」的特點。這件文物反映了當時漢人亦追求神仙的境界。

竇皇后

▲漢章帝皇后，漢和帝時尊為皇太后，臨朝執政。她並無治國之能，卻權慾薰心，長期把持朝政，是東漢衰落的主要禍首。

權力之欲，猶如鴉片毒品，不僅能使得一個人成癮成疾，難以自拔，而且能夠在周圍群體中迅速蔓延擴散，成為社會的一顆惡瘤。

整個漢朝，外戚弄權的現象，不時發生。雖有霍光這樣忠心輔國的良臣，但更多的，是像呂雉那樣危及劉氏江山社稷的夢魘。

東漢開國，吸取西漢經驗教訓。最初對遏止外戚擅權，是頗有成效的，特別是光武帝皇后陰氏和明帝皇后馬氏的通明賢達，自覺約束族人，堪稱典範。

然而，好景不長，至章帝皇后竇氏，歷史輪回，不幸再度上演。

明帝崩，章帝繼位，議立皇后，最有可能雄踞此位的人有三位。最終，竇氏力壓馬太后外祖母的內侄孫女宋貴人，褒親湣侯梁竦的女兒梁貴人，得以冊立。

竇皇后雖然統攝後宮，但卻一直未曾生養子嗣，宋貴人和梁貴人卻各自替章帝生了一個兒子。依照舊時體制，竇太后收養梁貴人的兒子劉肇作自己的兒子。這樣的事體，其實並不鮮見，章帝劉炟，其實就是馬太后所收養的，並非親生。但所謂君子坦蕩蕩，小人常戚戚，竇皇后的胸襟氣度和才能品格，都無法與當年的馬太后相提並論。她一直為此耿耿於懷，最

▲白玉蟬：玉蟬以羊脂玉琢成，正反兩面都以陰線刻飾。此物是作為「琀」放入死者的口中。

為擔心的，則是梁貴人或宋貴人有朝一日會取代自己的皇后之位。

為此，她不惜採取一勞永逸的處置方法。她先和娘家兄弟竇憲、竇篤等人合謀，暗中謀害了養子劉肇的生母宋貴人。緊接著，利用漢章帝對自己的寵愛，花言巧語，令章帝廢了太子劉慶，改立自己的養子劉肇為太子。所謂母以子貴，儘管劉慶太子之位被廢，但竇皇后仍覺不安全，便處心積慮，又利用娘家兄弟，巧設機關，誣告梁貴人的父親褒親滑侯梁竦謀反。也怪章帝色令智昏，對竇皇后的陰謀絲毫不察，竟然將褒親滑侯梁竦問罪下獄，連同梁貴人也被牽連受害。

先後害死潛在的可能競爭對手宋貴人和梁貴人，竇皇后沒了顧忌，開始利用自己的地位，大肆重用自己的族人。竇憲居虎賁中郎將，竇篤、竇景、竇環也都身居要職，東漢沿用西漢末年外戚擅權的路數，由此開始。

竇氏外戚勢力的塵囂直上，使他們的權力欲望和個人貪婪之欲膨脹上升，而不為國家，這就變得非常可怕了。尤其是竇氏核心人物的竇憲，手中有權，腹無才學，只會利用自己的身分地位和權勢，為自己撈取好處。

▲牛耕圖

▲撫琴畫像石

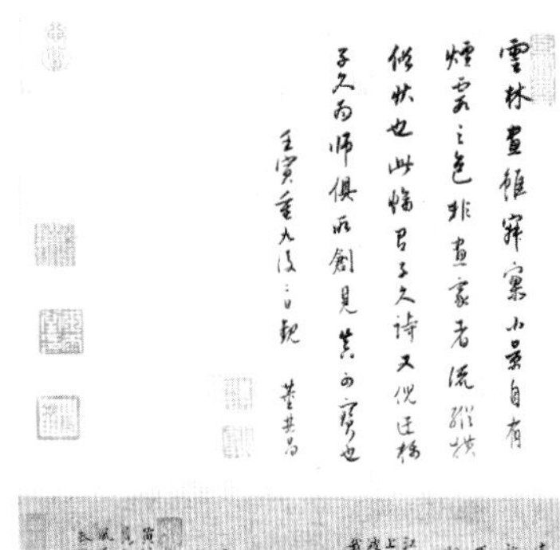

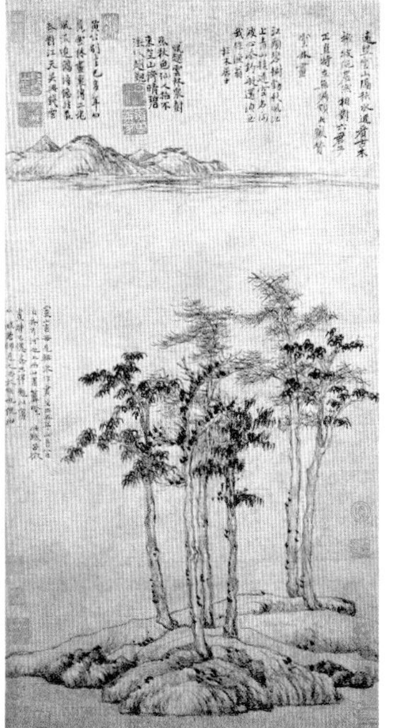

有一次，迷信的竇憲聽信一位風水先生的胡言亂語，相中京城附近的一塊土地，可惜這塊地是章帝妹妹沁水公主家的。竇憲不敢強上，就去商議購買。沁水公主乃皇室貴胄，當然不肯輕易就範。竇憲非常惱火，居然

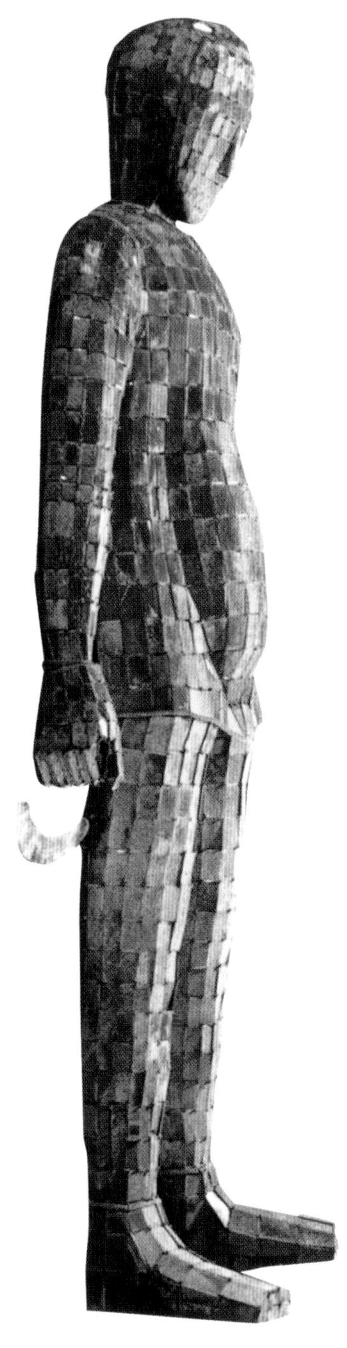

▲金縷玉衣：河北滿城中山劉勝墓出土。共用了二千四百九十八片玉片綴編而成，且以黃金細縷為編線。

採取下三濫的手段，叫一幫流氓無賴前去沁水公主家騷擾。沁水公主自顧身分，不願攪入這樣的無聊紛爭，居然委屈自己，將那塊地賤賣給竇憲，圖個清靜安寧。

這件小事，因雙方當事人的特殊身分，居然在京城鬧得沸沸揚揚，以致讓章帝也知道了。常言道，內外有別，竇憲不過是竇皇后的兄長，沁水公主卻是章帝的妹妹，再說，凡事皆應講個道理，竇憲的強橫無理，實在讓章帝難以忍受。所以，聞聽之後，立即召妹妹入宮詢問實情。

沁水公主滿肚子的委屈，在皇帝哥哥面前，總算有了抒發的空間，自然不會白白浪費此次機會，甚而不惜添油加醋。

章帝忍無可忍，急命人捉拿竇憲，欲予重處。竇皇后當然不肯輕易失去最有力的幫手，聞訊後，忙不迭地跑來跪在章帝面前，一個勁兒地替兄長求情。

竇皇后的軟求硬磨，保住了竇憲的一條小命，而章帝雖然作了讓步，但也就此下了一道詔令，將竇憲的官爵悉數削去，終身不得任用。從此，有章帝在位，竇氏外戚的跋扈之勢被有效遏止。

出乎預料的是，西元八八年，年僅三十三歲的章帝駕崩，劉肇即位為漢和帝。竇皇后被尊皇太后，地位更進一步，她利用和帝年幼孤弱，攝取更多權力，甚而不顧章帝遺命，啟用竇憲為侍中，釋竇篤為虎賁中郎將，竇景、竇環皆為中常侍。竇氏勢力，達到極至。

一心弄權者，不知善治國家、造福民眾，手中權力愈大，為害也就愈大，弄得天怒人怨。

但古語有云：多行不義必自斃。至西元九二年，已經年滿十四歲的漢和帝，暗中重用丁鴻、任槐等大臣，將作惡多端的竇氏外戚一網打盡。

竇憲、竇篤、竇景等人先後伏法受死，竇太后雖因身分特殊，得免一死，但也只能在深宮的青燈孤影中了卻殘生，再也不能為惡天下了。

▲四神空心磚（朱雀紋）

十、漢末宦官和外戚之爭是怎麼回事？

漢和帝

▲漢和帝劉肇（79年－106年2月13日），東漢第四位皇帝（89年－105年在位），在位17年，享年27歲，他是章帝次子，死後諡號為孝和皇帝，廟號穆宗，葬於慎陵。

封建社會，有兩種人是被排斥在政治權力範圍之外的，一種是後宮女人，另一種是宦官。

但排斥歸排斥，因為這兩種人都圍繞在帝王的身邊，離政治權力如此之近，只要有誰稍不安分，就算有人想拚力阻攔，也只能是徒勞。

後宮參政的事例漢初便有，且屢見不鮮。宦官亂政在秦朝就有了，趙高指鹿為馬，無人不知，後世各朝，也不鮮見。但後宮和宦官交互出現，相互作亂，此起彼伏，則是東漢後期的特殊景觀。

漢和帝剪除竇氏表現出非凡的膽略和智慧，只可惜壽延太短，二十七歲就去世，政治上無大的作為。更為尷尬的是和帝死時，唯一的兒子劉隆僅是剛滿百日的嬰兒，勉強被扶上帝位，不出數月又告夭折，後世稱漢殤帝。清河王劉慶的兒子劉祜被推上帝位，即漢安帝。

漢安帝登位時也只是個十三歲的孩子，難以處理國家大事，諸大臣就請和帝的皇后鄧氏，亦即現在的鄧太后臨朝執政。

鄧太后出身名門，很有才能，為人也很好，由其臨朝執政，朝廷採取了許多緩和社會矛盾，發展社會經濟的政策措施，效果卓著。

鄧太后還能知人善任。楊震是當時著名的儒學大師，在政治上也極為幹練，職位由荊州刺史到東萊太守，再到朝中的太僕、太常、司徒等，都有非常傑出的表現。

和鄧太后比較起來，漢安帝就是一個十足的無用昏君。他幼年登位

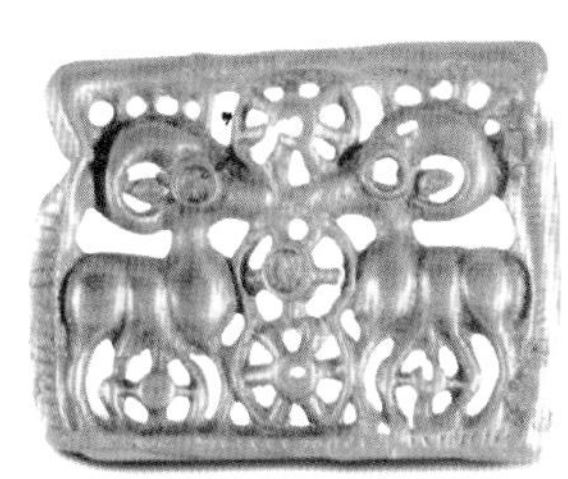

▲雙羊紋金飾牌：腰帶裝飾品，金質，透雕。雙羊對立，大眼彎角，身體肥碩。兩羊之間和羊腿間有5個輪狀裝飾，邊框飾陰線紋。羊眼和正中輪心原有鑲嵌物，已經脫落。造型飽滿，形體渾厚，彎角大眼的適度誇張，更加顯得生動可愛。

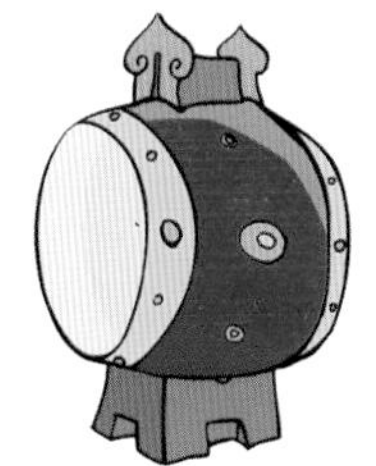

▲許慎：許慎（約58—約147），東漢經學家、文字學家，汝南召陵（屬今河南郾城）人，字叔重。師事賈逵，曾任太尉、南閣祭酒等職。性情淳篤，博通經籍，馬融常推敬之，有「五經無雙許叔重」之譽。精文字訓古，歷經21年著成《說文解字》十五卷，收單9353個，異體字1163個，均按540個部首排列，我國第一部說解文字原始形體結構及考究字源的文字學專著。推究六經之義，分部類從，至為精密。唐以後，科舉考試規定要考《說文解字》。另有《五經異義》、《淮南鴻烈解詁》等書，已佚。

▲造紙生產過程示意圖

作皇帝，隨著年齡的增長，治理國家的才能和智慧沒有增長，倒是吃喝玩樂的欲望愈來愈強。這一傾向在鄧太后執政時，有楊震等名臣鼎力輔佐，還未見其害，西元一二一年鄧太后仙逝，漢安帝獨立掌權，所有的毛病和問題很快都暴露出來。

漢安帝先是聽信親近小人的讒言，將並無過錯的鄧氏一門外戚悉數打壓法辦，陸續提拔一些無能之輩來接替鄧太后生前重用的賢臣。楊震對此非常著急，大膽進諫不但未見效果，還令其心生不滿，儘管楊震功勳甚大，暫且不敢將其怎樣，卻為日後災禍埋下了隱憂。

過了幾年，楊震的表現仍無差錯，沒給安帝什麼把柄，但安帝還是免去楊震司徒之職，降用為太尉。

西元一二四年，被安帝重用的宦官樊豐、周廣、謝惲有越軌犯法行為，楊震上書告發，奏章反而落入這些宦官手中。樊豐等人倒打一耙，捏造楊震犯罪，安帝順水推舟，罷免楊震官職，遣送回老家華陰。

楊震忠心為國竟落得如此結局，深痛江山社稷傾危自己卻無能為力，滿懷憂憤，當著送行門生和忠臣之面，自盡於京城郊外。楊震之死，標誌著東漢真正進入皇帝昏庸、大臣無力、宦官和外戚相互混戰的時期。

楊震死後，樊豐等宦官夥同沒有生養的閻皇后，將李妃所生的太子劉保廢掉，改封濟陰王。第二年漢安帝攜樊豐、閻皇后等南遊，暴猝於南陽。

閻皇后和樊豐為各自利益考慮，封鎖了安帝暴猝的消息。倉促回京之後，閻皇后置安帝唯一的兒子劉保於不顧，擁立年幼的北鄉侯劉懿為新帝，緊跟著又憑藉自己皇太后臨朝執政的便利，將曾與自己狼狽為奸的樊豐等宦官除掉，重用自己本家的閻顯、閻景等人。

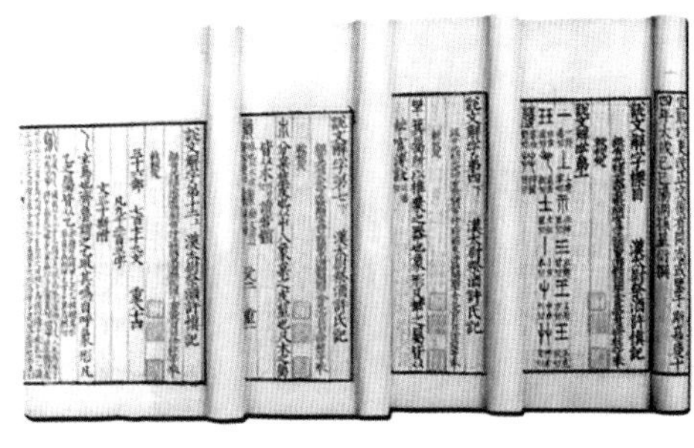

《說文解字》書影

▲《說文解字》是中國古代第一部系統分析字形和考證字源的字書，簡稱《說文》，作者是東漢時期的許慎，他在建光元年（西元121年）完成了這部中國古代字書的奠基之作。該書原有十四篇，敘目一篇。

閻皇后表面上雖然風光，實則她入主皇宮不久，而安帝執政以來對政事無力，即便是皇宮內院，眾人各懷鬼胎的現象仍很嚴重。閻皇后擁立劉懿不到一年，劉懿生了一場大病，宮裡一位頗有野心的太監孫程認為有機可乘，就跑去和一位與前太子劉保交情甚厚的大臣那，與其商議說：「濟陰王是先帝嫡長子，無辜被廢，若北鄉侯一命嗚呼，咱們先制住閻顯等人，再立濟陰王為帝，一定能成功。」

兩人商議已定，孫程又聯絡王康、王國等十八位宦官，結成聯盟，決定伺機起事。

不出所料，劉懿果真死了。閻顯等人正準備擁立其他人作傀儡皇帝，孫程一夥人已先發制人。他們先把閻太后、閻顯等人圍困在深宮，接著說動眾多對閻太后不滿的官員，擁立劉保為帝，即漢順帝。

劉保雖作了皇帝，但年紀不過十一歲，一切政令皆出自孫程等宦官之手。待剷除閻太后及其爪牙，孫程、王康、王國等十九位宦官都封了侯，這便是傳之後世的「宦官十九侯」。

十九個宦官同時封侯，在中國歷

▲閻皇后：漢安帝皇后。漢安帝十三歲時意外得以繼承帝位，但卻一直受到臨朝稱制的鄧太后所壓制，直到一二一年鄧太后駕崩才得以親政。安帝親政之後，立即排擠打擊鄧太后重用的鄧氏外戚和楊震等人，重用閻氏外戚及親近太監。閻皇后並無特別的才能，在此系列的政治動盪中，幾乎是完全被動地承受著所有的榮辱得失。她的存在，一度讓閻氏外戚榮顯無比，但最終還是免不了為掌權太監所算計的命運。

鄧太后

◀鄧太后，名鄧綏（西元81～121年），南陽新野（今河南省新野縣南）人。漢和帝劉肇皇后。漢和帝死後，先後扶立兩位皇帝，以太后身份臨朝聽政，執政16年。她明辨是非、親斷冤獄、釋放宮女，關心人民疾苦、重視教化，在東漢外戚和宦宮交替專政時期，她的執政還是比較清明的，當時社會也比較安定。

史上是絕無僅有的。孫程等人以宦官身分戰勝閻后及外戚的事例也不多見，但這僅僅是一個開始，東漢後期宦官與外戚的爭鬥，才剛拉開序幕。

孫程等宦官儘管擁立順帝有功，被封侯很是風光，但在政治上並無特殊之能。不久，朝政大權又落入順帝皇后梁氏及父兄梁商、梁冀之手。

順帝也很短命，三十歲便死了，由兩歲的兒子劉炳繼位，即漢沖帝，梁氏升任皇太后臨朝執政。不出半年，沖帝又夭折，梁太后和梁冀立八歲的延平侯劉纘為帝，即漢質帝。

漢質帝年幼不懂事，有一次竟當著大家之面，稱梁冀為「跋扈將軍」，沒多久被梁冀下毒害死。梁太后立蠡吾侯為帝，即漢桓帝。

桓帝十五歲繼位，十九歲時梁太后死，朝政大權仍由梁冀掌握。桓帝對大權旁落不甘心，私下聯絡唐衡、單超、徐横、具瑗、左倌等宦官，以突然襲擊的方式逼死了梁冀。唐衡、單超、徐璜、具瑗、左倌等人因為此功，皆被封侯，又稱「宦官五侯」，宦官勢力再次壓倒外戚。

西元一六八年三十六歲的桓帝駕崩，沒有兒子，十二歲的河間王劉宏被擁立為帝，即漢靈帝。靈帝在位，宦官的勢力仍很龐大，張讓、趙忠等人為了自己的眼前利益，唆使靈帝横征暴斂、標價賣官，使已經昏暗的政治形勢更加腐朽不堪，老百姓陷入水深火熱的悲慘境地。

以張角為首的農民起義爆發，敲響了東漢腐朽政權的喪鐘。雖然起義最終被鎮壓，但以外戚何進為代表的

▲神人騎辟邪銅插座：此器是漢代道術活動昌盛的反映。

朝臣勢力，在一定程度上削弱了宦官的勢力，使漢王朝的根基澈底動搖。朝廷之內，外戚何進和宦官勢力水火不相容，虎視眈眈地想伺機剷除對方；朝廷之外，地方勢力借鎮壓黃巾起義大肆招兵買馬，從而割據一方，不受朝廷節制。

西元一八九年靈帝駕崩。不久，何進為了對付宦官，引前將軍董卓率兵入京，沒想到董卓狼子野心，宦官雖除，但權力盡落董卓之手。漢王朝名存實亡，中國歷史正式進入魏晉南北朝時期。

石獸

▲這件石獸出土於陝西省咸陽市。它又稱為「天祿」，是祥瑞動物之一。這種異獸一般作為陵墓雕刻，用來辟邪驅惡。石獸張口露齒，雙耳豎立，頭部高昂，頸上長須成束伏垂到胸前。它的軀幹勁瘦挺拔，四肢粗壯有力，跨步欲前行，四爪堅定著地，威武遒勁，蘊含著勃發的力量和生機。

▲蔡倫像：蔡倫（62～121），桂陽（今湖南郴州）人，和帝時為中常侍，曾任主觀御用器物的尚方令。

地動儀

◀順帝陽嘉元年（132），東漢科學家張衡發明瞭地動儀。地動儀內部結構精巧，遇有地震，立於中央的「都柱」偏側觸動龍頭的杠杆，使該方位的龍嘴張開，銅球落入蟾蜍口中，發出聲響，用以報警。

第三章

魏晉南北朝

合久必分，分久必合是天下大勢。對中國歷史來說，合是長久穩定的必然趨勢，分則往往是短暫的歷史磨合期。像魏晉南北朝這樣長期處於分裂割據狀態，算是一個特例。

這一時期社會動盪，各種勢力競相爭雄，也引發了人們思想觀念和行為方式有某些微妙變化。

一、賈南風是怎樣烏鴉變鳳凰？

▼司馬炎：晉武帝司馬炎（236～290），字安世，河內溫縣人，晉朝建立者，並於280年滅掉東吳，是歷史進入一個短暫統一的時期。

東漢末年，群雄並起，政治鬥爭和軍事鬥爭形勢犬牙交錯，有志者莫不希望一統天下。混戰結果，終無人能夠獨占鰲頭，最終由魏、蜀、吳三分天下，也就是歷史上所說的三國時期。

在三國之中，由曹操奠基，由其子曹丕建立的魏國，領地最大，實力最強。這與一代傑出的政治家曹操不拘一格、廣泛納賢，有著非常直接的因果關係。然而，正是由於廣納賢才、重用大臣，曹魏宗室勢力的孤弱，是一直存在的政治隱憂，最終被司馬氏政權所輕易取代也就不足為怪了。

司馬氏建立晉朝政權，吸取曹魏經驗，在強化宗室勢力的同時，思想也漸趨於保守。最明顯的例子，莫過是惠帝司馬衷的繼位和立賈南風為惠帝皇后。

西晉的開國之君晉武帝司馬炎，應該稱得上是一位有卓越貢獻的明君。在時機成熟的情況下，兵不血刃，順利取腐朽沒落的曹魏政權而代之，後又率領新生

的西晉政權，吞併東吳，實現全國的統一，都是不容辯駁的明證。而在全國統一之後，晉武帝採取一系列鞏固政權，發展經濟，緩和矛盾的措施，均取得了顯著效果。但就是這樣一位頗有作為的明君，因為太過依循禮制，在皇位傳承方面，犯了一個致命的錯誤，以致於種下了無窮後患。

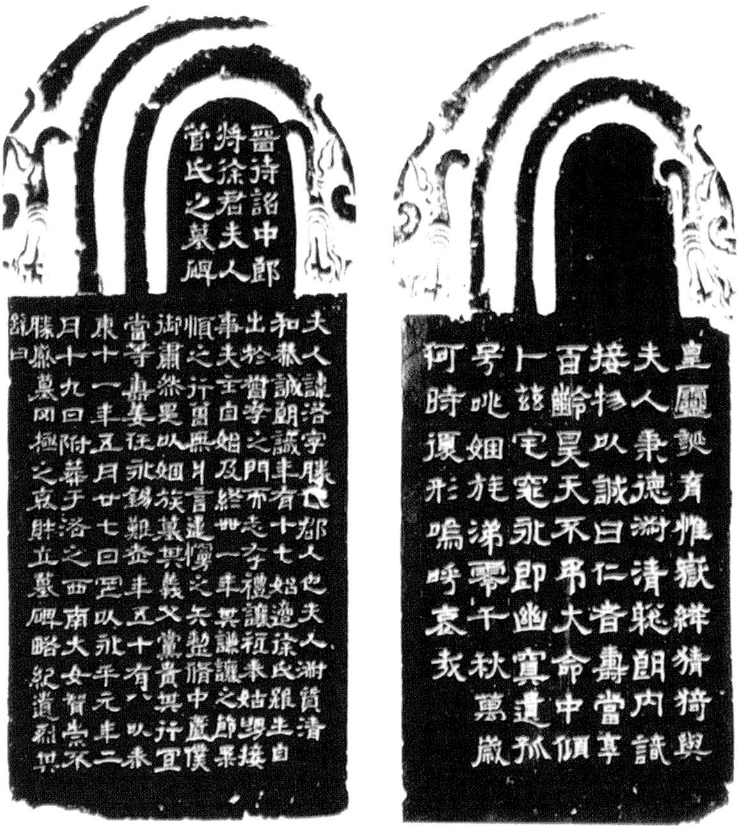

晉武帝盛年登基，在位二十六年，生有二十餘子，其中不乏有才有德、精明能幹的。但他在冊立太子時，不顧司馬衷自身的實際情況，僅因司馬衷為嫡長子，就拘於陳規，將其立為太子。

司馬衷被立為太子，身繫西晉江山社稷，替其選妃，同樣非常重要。當時，名門世族衛瓘有一個女兒，不僅長得漂亮美麗，而且溫順嫻淑，知書識理，是上乘人選。然而，武帝卻置如此上乘人選於不顧，替太子司馬衷選擇了重臣賈充的女兒賈南風。理由則是賈充在自己取代曹魏過程中立有大功，之後又身居要職，是朝廷必須倚重之臣。

管氏夫人墓碑

▼碑陽並陰都刻隸書文字。碑頭雕成圓首形，上面刻有三條弧暈線，邊暈下端刻有簡單的螭首形狀。

賈南風和衛氏女子，兩者類型截然不同。

首先是容貌方面。賈南風不僅身材矮壯，五官醜陋，皮膚還粗糙、黝黑，就連普通平民子弟都瞧不上眼的，卻因為父親在朝廷中特殊的政治地位而勝出，實在令人歎息。

其次是她的性格。她的性格承襲於母親郭槐。郭槐原本只是賈充的次

▲歸義氏王金印：「歸義」就是歸順的意思。此印為晉室賜予歸順於晉的氐族部落酋長之印。

▼鴨行玻璃注：此器重心在前，只有腹部充至水半時，因後身加重，才得以平穩。

妻，正室李氏，曹魏時父親因罪被放逐，李氏被牽連，也被放逐。司馬氏取代曹魏，李氏被赦，武帝特准賈充置二夫人，但郭槐善妒，不依不饒。因此，賈充始終不敢迎回李氏。郭槐悍妒的名聲，亦廣為人知。賈南風稟承母親心性，再加上容貌其醜無比，心靈被嚴重扭曲，其嫉妒成狂，更是超乎常人想像。

賈南風善妒，在武帝時便顯端倪。有一次，她聽說有位宮女懷了司馬衷的孩子，妒火中燒，居然不顧一切，膽大妄為地命人將那宮女逮到自己面前，隨手操起一把短戟，朝那宮女肚子上直刺而去。結果，宮女身死，腹中胎兒自然不再對她構成威脅。

此事驚動了武帝，武帝對賈南風的蠻橫和殘暴深感憤怨，責成皇后楊芷對賈南風進行嚴厲的斥責和教育。也虧賈南風還算有點頭腦，知事態嚴重，至少在表面上裝出真誠悔罪的樣子，才最終獲取諒解，保住了太子妃的位置。

西元二九〇年，晉武帝司馬炎駕崩，傻太子司馬衷依例接替了皇位。由於頭腦不清，處理朝政大事的權力，很容易就被皇后身分的賈南風所竊取。

賈南風容貌醜陋，又嫁了一個白癡丈夫，實屬正常女子能遭遇的雙重不幸。 由此導致其心態的扭曲和變態，因其身處政治權力的核心，全都集中體現在對權欲的貪婪上面。

青瓷獸形尊

▼胎灰色，釉青色微泛灰。盤口短頸，斜肩圓腹，腹壁堆塑獸形，嘴含圓珠，雙目突出，其兩側飾繩狀物，下垂近底作爪形，似伏地蹲坐。

賈南風熱衷權力，但在後宮之中，已升格為皇太后的楊芷，地位尚在自己之上，使她一直倍感不舒服。為此，她不惜指使心腹，誣告時任太傅的楊芷之父楊駿謀反。結果，楊駿被害身亡，楊芷受牽連，失去皇太后的尊位，竟被賈南風幽禁，斷絕飯食和飲水供給，致使其饑渴而死。

賈南風被立為皇后，卻一直未曾替白癡皇帝生養兒子，倒是司馬衷在作太子時，謝夫人替其生一子名司馬遹。

司馬衷一介白癡，兒子司馬遹卻頗為聰明。賈南風悍妒，當然有除而後快之心，怎奈當時武帝對此子頗為喜歡，吩咐宮中妥善照顧，才使其無可乘之機。如此一來，惠帝即位，司馬遹漸長，被立為惠帝太子，也就順理成章。

雖然無法改變既定的事實，但賈南風也不是束手待斃的無能之輩。她利用自己皇后的特殊身分，常把幼年的司馬遹召到身邊，又讓心腹太監和宮女，專門訓導太子作尋歡作樂、聲色犬馬之事，企圖借此敗壞太子名聲，伺機廢掉其位。

事也湊巧，西元二九九年，賈南風居然自己生了個兒子。這樣一來，司馬遹在賈南風眼裡，就必須除去，才有利於己。

西元二九九年臘月，賈南風詐稱惠帝患病，騙太子司馬遹入宮探視。太子入宮之後，賈南風即命親信賜給棗和酒，將其灌醉，誘其照抄了一封事先準備好的有明顯謀反作亂、大逆不道內容的書信。結果，司馬遹因此被廢太子之位。

太子被廢，在普通人看來，是證據確鑿，罪有應得。但在深諳政治權謀之術和賈南風心性的人看來，一切又都是不言自明。以致各種流言蜚語迅速傳播，鬧得世人皆知。

恰好趙王司馬倫乃是一位頗有政治野心的諸王，他借機起兵，很快攻入京城。賈南風雖一時弄權專橫，但在司馬倫強大的軍事打擊面前，簡直一籌莫展。

司馬倫攻陷京師，直逼後宮而來。賈南風伏首就擒，她甚至來不及利用皇后的身分為自己開脫辯解，就被趙王司馬倫強迫喝下毒酒而喪命。

▲雙龍紋心形玉佩：青色，微有粉白斑。器上部為一長方孔。下為心信，中部為大圓孔，孔下一面細刻獸面紋飾。孔兩邊各透雕成一龍形。正反兩面均刻細卷雲紋。

◀西晉．騎馬儀仗俑：高23.5公分，長17公分。1958年湖南長沙金盆嶺出土。此俑是死者的儀仗隊隨葬。

二、燕宮幾多清涼事？

淝水之戰

▲苻堅的輕敵和自負，使得晉軍在淝水之戰中大獲全勝，而前秦經過這一戰後卻一蹶不振。

東晉賈南風為趙王司馬倫所除，但危機並未消除。因為司馬倫同樣懷有私心，別人同樣不服，隨之而來的，是對晉政權帶來毀滅性打擊的八王之亂。天下在經歷短暫的統一穩定之後，又一次陷入四分五裂，競相攻伐的深淵。

晉政權衰落混亂之時，北方諸州郡的匈奴、羯、氐、鮮卑、羌等少數民族乘機崛起，之後建立起多個政權，史稱五胡十六國。

燕是五胡十六國中由鮮卑慕容氏建立的政權，分為前燕和後燕。前燕由前秦苻堅所滅，慕容垂趁秦內亂，重建燕政權，稱後燕。

慕容垂有個孫子叫慕容盛，聰明能幹，有膽有識，深得慕容垂喜歡。在他的主持下，慕容盛得娶鮮卑貴族蘭汗的女兒為妻。蘭汗是慕容垂的舅父，依普通的倫理觀念慕容盛和妻子差著兩輩，有亂倫之嫌，但鮮卑乃北方少數民族，禮儀不如漢人。再說即使是漢人，凡是皇族成員的婚姻，首

▲虎犬紋金飾牌：飾牌上是一隻伏虎和一隻狗。虎身上鑄有兩個馬頭。這種由虎、犬、馬組合在一塊的飾牌，是鮮卑人吸收了匈奴文化後的產物。

先要考慮的是政治利益，其他因素就很少考慮。

蘭氏是一位非常漂亮的女子，也很賢慧，溫柔有禮，嫁給慕容盛，可說極為般配，讓人羡慕。慕容盛生母早逝，由伯母丁夫人撫養長大，一直都將丁夫人當作生母來孝敬奉養。蘭氏嫁過來後，對待丁夫人也很恭敬，關係處得非常融洽和順。

慕容垂逝後，慕容盛的父親慕容寶繼位為後燕國君。當時，形勢仍很複雜混亂，慕容寶並無應對複雜局勢的能力，對國家的治理不力，還在別人的唆使之下，親自掛帥，興兵攻打北魏。

慕容寶出兵北魏不能奏功，時間一久，軍中將士漸生不滿，留守京師的蘭汗野心膨脹。蘭汗是慕容盛岳父，相處日久，對其心性和欲望有所了解。他隨父出征北魏無果，軍中還起了叛亂，父子二人僥倖不死準備逃回京中，慕容盛提醒父親說：「他日我們為主，現下蘭汗主事京都，如果這樣冒險回去，若蘭汗存有二心，結果實難想。」

慕容寶不聽兒子勸諫，率親隨回京，果然被蘭汗所害。慕容盛則因遲一步入城而倖免於難。

慕容盛得知父親被害，悲痛欲絕，決意入京報仇。親近之人都勸他，認為蘭汗敢犯下殺君的彌天大罪，足見是個兇殘狠毒之人，如今他大權在握，慕容盛若就此入京，無疑是白白送死。

慕容盛報仇心切，同時認為岳母和夫人待自己很好，不會見自己白白送命。蘭汗雖有野心，但卻愚蠢淺薄，只要自己有足夠的時間，肯定能報大仇。

慕容盛心意已決，單騎馳入京城。岳母和妻子待慕容盛果然是情深

▼北周· 薩埵那太子本生

▲後秦鳩摩羅什舍利塔：後秦崇佛，401年迎接印度裔西域名僧鳩摩羅什到長安，待以國師之禮。

▲石棺：後燕皇帝慕容熙的皇后苻氏去世時，慕容熙彷彿死了親生父母一樣悲痛欲絕，抱著苻後的屍首哭得死去活來。剛收斂完屍首，慕容熙捨不得，又命令把棺材打開，跳進去與皇后的屍體交合。

苻堅像

▲苻堅（338～385年），字永固，今甘肅秦安東南氐族人，前秦開國君主苻洪的孫子，苻雄的兒子。其祖先世代為西戎酋長。在後趙石虎進攻關中時，苻洪率族歸服，並遷徙到現在的河北臨漳一帶。後又投靠東晉，被任為征北大將軍，不久自稱秦王。

義重，事發以來，都在盼望著慕容盛的消息。旋即，消息傳來了，連人也活生生地站在她們母女面前，反倒讓她們有點驚惶失措。

接下來，蘭汗兩位心腸狠毒的兄弟蘭堤、蘭加難力勸蘭汗斬草除根、殺掉慕容盛。然而心地善良、重情重義的蘭氏母女則苦苦哀求蘭汗，希望饒過慕容盛。蘭汗最終被母女的眼淚打動，沒有殺害慕容盛，封他官職，相待如初。

慕容盛保住了性命，心便放寬下來，報殺父大仇的計畫卻一刻也沒有停止。他發現蘭汗的兩位兄弟蘭堤、蘭加難都是權欲薰心、庸碌無能之輩，便以此為突破口，無故挑起事端，讓蘭汗殺掉蘭堤。

蘭堤之死，在蘭汗族人親信中引起極大震盪，有的兄弟、侄兒甚而興兵作亂、背叛蘭汗，大大削弱了蘭汗的勢力。

蘭穆是蘭汗的兒子中唯一有點頭腦之人，他知道這都是慕容盛在搗亂，也意識到不除去慕容盛的嚴重後果。於是向父親進言，希望父親能避開蘭氏母女，下決心殺掉慕容盛。

蘭汗自負甚高，眼光不如兒子，對蘭穆所說的半信半疑。他下不了殺慕容盛的決心，只是把女兒叫來，狠狠地訓斥一番，並命令她嚴密監視慕容盛的一舉一動。

蘭氏正直善良，深愛自己的丈夫，一直都在努力調和父親和丈夫的關係。這次領父親之命，對丈夫的安

危更加牽掛、憂心，她不惜背叛父親，將真相全都告訴了慕容盛，並囑咐他一切都要小心謹慎。

慕容盛得到妻子的提醒，行為舉止更加小心謹慎，實施復仇計畫更加周密保險。蘭汗派人監視慕容盛一段時間，一無所獲，漸漸放鬆了警惕。慕容盛則暗遣幾位心腹，投身到蘭穆麾下，並逐漸得到蘭穆的信任和重用。

萬事齊備，慕容盛趁著蘭汗舉行宴會之機迅猛出擊，終於殺死了蘭汗、蘭穆父子，報了大仇。

慕容盛能保住性命還實現了報仇夙願，全賴妻子的幾次捨命相助。她幫丈夫，當然也不希望父親被殺，讓她更加料想不到的是，慕容盛報了大仇，居然又提劍來殺自己。

慕容盛的母親丁氏同樣是位深明大義的女人，她能在動盪中保住性命，是兒媳蘭氏拚力保護的結果。慕容盛提劍衝著蘭氏而來，恰巧被她瞧見，自然容不得兒子忘恩負義。

在丁氏的斥責之下，慕容盛沒有殺蘭氏。後來他登基作了後燕皇帝，丁氏為皇太后，要求他立蘭氏為皇后，他非但沒有，還與蘭氏的關係日漸疏遠，致使蘭氏在愧疚和自責中早早地抑鬱而終。

如果說慕容盛對蘭氏的薄情寡義，有報殺父大仇和應對激烈權勢

▲莫高窟壁畫

鬥爭的成分在內，因此尚在可理解和原諒的範圍的話，繼他之後為後燕帝王的慕容熙的行為，只會讓人感到噁心。

慕容盛在位僅三年，死於侍衛叛亂。當時，太子慕容定年齡太小，丁太后和群臣都提議擁立一位年長一點的皇帝，方能保證江山的長久穩定。所不同的是，群臣想擁立的是慕容盛的弟弟慕容元，丁太后想立的是慕容盛的叔叔慕容熙。結果，丁太后占了

▼敦煌莫高窟

上風，慕容熙得立。

慕容熙雖是慕容盛的叔叔，但兩人年齡相差無多，和丁太后也不過十幾歲的差距而已，而且兩人自幼都由丁太后照看撫養，形同母子，感情很深。

慕容熙和丁氏畢竟是叔嫂關係，隨著年齡的增長，慕容熙變成一位魁偉瀟灑、英俊風流的男子漢，年輕守寡的丁太后居然對他產生了不該有的男女情愫。慕容熙恰巧是喜歡尋歡作樂，舉止輕浮浪蕩之人，就這樣，兩人的關係在表面上像是母子、叔嫂，暗中又像是夫妻。

對慕容熙來說，他和丁氏在一起只是為了滿足一時的欲望，而對丁氏來說，慕容熙則成了她最大的生命支柱。慕容盛死後，丁太后得知眾臣欲立慕容元，便搶先一步，先將慕容熙祕密迎入宮中，待朝議之時，未等群臣張口就推出慕容熙，並表明自己的主張。群臣見生米已經煮成熟飯，紛紛見風轉舵，成全了丁太后和慕容熙。

慕容熙作了皇帝，先藉故殺掉可能威脅到自己的慕容元和慕容定，其凶狠殘忍，讓很多人頗感失望。

對慕容熙的行為表現，丁氏也很失望，無奈自己深陷錯誤的情感私欲之中難以自拔，對他仍舊一如既往地關心愛護。

▲西林寺古塔：慧遠到廬山後，初居龍泉精舍及西林寺，後因弟子日漸增多，才建了東林寺居住。

月亮與西王母

▲高145公分，甘肅省酒泉丁家閘5號墓前室西壁上方。

讓丁氏想不到的是，慕容熙權位未穩時，尚能對她虛情假意，同食同宿，但骨子裡早已經對丁氏有了厭倦之心。特別是她的人老色衰，是他難以坦然面對的。

慕容熙開始有意疏遠丁氏，丁氏對此無怨無悔，只要有幸見到對方一面，她就很滿足了。可惜愈是後來，她這可憐至極的願望，也愈來愈不能滿足。

更加可悲的是，慕容熙後來得到兩位美貌妖豔的女子符娀娥、符訓英，在她們的唆使之下，下令賜死扶自己登上帝位的丁氏。

三、禿髮皇后是怎樣的人？

中國北方的政治形勢，從來沒有像南北朝時期那麼混亂和複雜，史學上又稱當時的北方為五胡十六國時期。那時的中國北方，有五個少數民族建立的十六個政權並存，相互之間的利益爭奪之激烈，不難想見。

南涼是鮮卑族乞伏氏建立的政權，禿髮褥檀在位時，好動干戈，連年征戰，勞民傷財，以致國內民眾怨恨紛紛。特別是與赫連勃勃一戰，遭致慘敗。但他非但不汲取教訓，又逆勢而為，很快出兵攻擊實力極弱的乙弗。

乙弗國小，乞伏褥檀這一次難得取勝一回，心情極為高興，乃至自我無限膨脹，有種飄飄然的感覺。然而，他的得意並未存續太長時間，很快就陷入萬劫不復的沉重打擊之中。

原來，他多年的窮兵黷武，才能平庸，漸為世人所熟知，實力本來就稍勝的西秦國，正是看準禿髮褥檀傾巢出動的良機，突襲南涼。結果，面對西秦大軍，南涼連稍作抵抗都不能。西秦國主乞伏熾盤很容易就攻占南涼京城，將南涼滅亡，掠走了禿髮氏王室成員。

▲敦煌莫高窟前的雙塔

◀佛教群像的排列，有嚴格的主從序列。位於第45窟西壁龕內主尊釋迦牟尼左側依次為弟子迦葉尊者、觀世音菩薩和天王。

▲麥積山石窟：麥積山石窟（在今甘肅天水東南45裡）始鑿於後秦姚興時（394～416），當時「千崖萬象，轉崖為閣，乃秦州勝境。

▲第39窟西壁龕頂飛天

因西征乙弗而獲小勝的禿髮褥檀，突然得到這個天塌地陷的消息，一下變得六神無主，而他營中的軍士和將領，更是樹倒猢猻散，全都啾空逃離。以致在極短時間裡，禿髮褥檀便名副其實地成了孤家寡人。

就在禿髮褥檀孤身一人徘徊在大漠荒野，不知何去何從時，西秦國主乞伏熾盤派來的使者，卻不辭辛苦找到了他。

原來，乞伏熾盤掠回南涼禿髮氏王室成員，回到自己的京城，居然被被俘人群中的一位美貌少女所吸引。這女子便是禿髮褥檀的小女兒，後來的禿髮皇后。

在當時，乞狀熾盤堪稱一位有才能、有作為的君王，而十六七歲的禿髮氏，縱然再美貌無比，也不過是乞伏熾盤的俘虜和戰利品。依理而論，乞伏熾盤的願望是很容易實現的，而禿髮氏則應該毫無選擇的順從。然而，現實超越常理的事時有發生，這一次也不例外。

禿髮氏雖然是一位年紀輕輕的弱質女流，卻生具一股傲然之氣。當乞伏熾盤自認占有她，應該是她莫大榮幸之時，她卻表現出不屑和不屈的冷漠。乞伏熾盤一時未能遂意，同樣激發了一位征服者的凌然傲氣。作為一位男性，表現其傲氣的方式，當然是獨特的。其獨特之處，便是雍容與平和。

禿髮氏的冷漠，徹底激發了乞伏熾盤對她的由衷愛意，也激發了他想要真正從心靈上征服禿髮氏的欲望。這樣，他對禿髮氏非但不強求，反倒是溫柔體貼起來，在生活的細節上給她更多的照顧，又從政治的角度暗示兩人結好對禿髮氏的諸多好處。

禿髮氏出身於帝王之家，對眼前的政治形勢和自己的處境，當然會有起碼的認知和判斷。她知道，自己就算是抱定寧為玉碎、不為瓦全的決心，對自己國家的命運，是起不了任何作用的。而在她和乞伏熾盤相處日子久了，對這位年輕有才的君王有更多瞭解之後，特別是從乞伏熾盤處得到承諾：只要自己和對方結好，對自己的父母家人有莫大的好處和幫助後，她順從了乞伏熾盤之意。

乞伏熾盤為了兌現自己的諾言，當然更是為了討得禿髮氏的歡心，這才不惜派遣使者前來茫茫荒漠之中，尋找禿髮褥檀。

禿髮褥檀由一國之主，突然變成乞伏熾盤的座上之賓，雖然境況不可同日而語，但事已至此，他多少還算冷靜識相，只是默默地承受和接受這一切。所幸的是，乞伏熾盤對其父女和被俘而來的南涼禿髮氏王室，非常優待，特別是不久又冊封其女兒作了西秦皇后，使其倍感寬慰。

禿髮氏並沒有太多的政治權力欲望，之所以答應乞伏熾盤，一方面是被他的真誠態度和委婉行事風格所打動，更重要的是為了謀求父母及其族人的安寧和周全。能有今日之地位，也很滿足。

雖然禿髮皇后再無更高的權力欲求，但身處政治權力的核心和漩渦中間，「人無傷虎意，虎有害人心」的場景還是屢屢上演、層出不窮的。嫉妒禿髮皇后權力地位，在暗中起算計之心的，竟然同是來自前南涼，同姓禿髮的女子，這倒是令人始料未及。

乞伏熾盤少年時，曾被本國送至南涼作人質，當時南涼在位的君王禿髮利鹿孤，還算是一位極為理智、仁愛的君王，很器重乞伏熾盤，還把宗室一女子嫁給了他，史稱大禿髮氏。

大禿髮氏有很強的政治權力欲

▲司馬道子：司馬道子（364～402），出生東晉皇族。河內溫縣（今河南溫縣西）人，父為簡文帝司馬昱，與孝武帝司馬曜是同母親兄弟。10歲封琅玡王，後遷驃騎將軍。

▼貴婦出行圖畫像磚：描繪貴族婦女盛妝出行的情景。此圖能集中體現當時婦女的精神面貌和文化生活，流露出自然、瀟灑、高貴的風姿。

▲嘎仙洞遺址：嘎仙洞位於呼倫貝爾盟鄂倫春自治旗大興安嶺一處高百米的峭壁上，洞口向西南，洞深92米，高27米，由3個相連的洞廳組成，十分神秘而幽靜。洞內石刻的內容證明嘎仙洞附近是拓拔鮮卑的發祥地。

望，比小禿髮氏先一步侍奉乞伏熾盤，卻讓小禿髮氏後來居上，頗為不甘。她一方面利用自己的身分，巧妙騙取胸無城府的小禿髮氏的信任，另一方面，卻又想方設法搜羅和杜撰不利於小禿髮氏的證據。目的只有一個，就是謀奪皇后之位，取小禿髮氏而代之。

所謂明槍易躲，暗箭難防。全無防備的小禿髮氏身處險境而不自知，還被大禿髮氏的偽裝友善所欺騙，將其引以為宮裡難得的知己，有任何心事都對大禿髮氏和盤托出。結果，大禿髮氏就是從中捕捉到了陷害禿髮皇后的所謂證據。先是禿髮皇后的父親禿髮褥檀被乞伏熾盤誤會，被逼服毒自殺，而禿髮皇后更是因父親的枉死而失去理智，出言頂撞而被處死。

一位沒有權力野心的後宮女人之死，對有頗高政治抱負的乞伏熾盤而言，其實只算是雞毛小事，可以完全被忽略。以致禿髮皇后的屈死，直到乞伏熾盤死後多年，因大禿髮氏的惡行被昭示天下，才得以讓更多的人知曉，更添加了其不幸的濃郁色彩。

法顯著書圖

▲法顯，俗姓龔，平陽武陽（今山西沁縣東南）人。法顯在416年撰寫成《佛國記》一書，詳細記述了西行求法的經過，為中國古代以親身經歷介紹印度和斯里蘭卡等地情況的第一部旅行記，是後人瞭解當時沿途佛教情況的重要文獻。

▶伎樂飛天：麥積山第4窟

四、賀氏如何助子興國？

中國歷史上，凡是分裂割據，南北對立，占據繁華富庶南方之地的漢人政權，大多有一力守成、不思進取的通病，而北方由少數民族建立的政權，則積極進取，少有自束手腳的現象。受此影響，特別在武力對抗方面，北強南弱的趨勢，便一直沿續。

南北朝時期，和南方晉政權的不思進取、一片死寂比較起來，中國北方的形勢變化頗大，不斷有風流人物湧現。除前秦苻堅一度強盛，險些併吞天下之外，稍後的北魏政權，成為當時上升勢頭最強勁、實力最盛、後世影響最大的政權。

由鮮卑貴族拓跋氏建立的北魏政權，源於代國。其開國之君拓跋珪，乃當時少有的文武兼備、功勳卓著的君王。這些事蹟，因後世史書的言之鑿鑿而廣為人知。人們有所不知的是，在他十六歲開國之前，倍受艱辛，有此一日，全靠母親賀氏的全力扶助。

賀氏是代王什翼犍時期東部大人賀野幹之女，因美貌、聰敏賢慧被選為世子拓跋實之妻。她入宮後，很快表現出與尋常女子大不相同的特質，進而深受器重。然而，就在她剛懷上身孕，對未來生活充滿無限美好的憧憬之時，變亂發生了。

當年，代國西部的劉衛辰部發動叛亂，什翼犍攜世子拓跋實一道西征平叛。可就在行軍途中　，部將只孫斤趁勢作亂，率部眾直闖什翼犍營中。在全無防範的情況下，拓跋實拚

炳靈寺石窟

▼炳靈寺石窟現存兩個西秦時代的洞窟。其中169窟有西秦建弘元年（420）題記，是中國現存最早的石窟紀年。

▲拓拔珪：道武帝拓跋珪（371～409），在位23年。道武帝拓跋珪，鮮卑族人。383年，前秦經淝水之戰後，國力日弱，386年16歲的拓跋珪複國，稱代王，同年改稱「魏」，史稱「北魏」，死於409年，時年39歲。

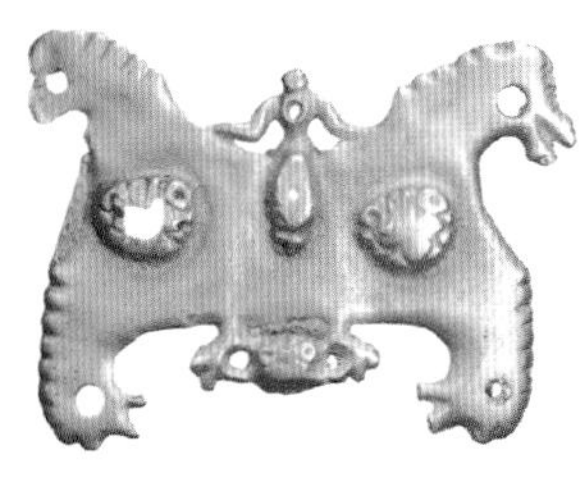

▲四獸紋金飾件：飾件長8.9公分，寬6.3公分。「四獸分佈於四個角，中間騎坐了一個人形紋，飾牌的左右兩側與下邊又各有一個獸面紋。」

盡全力保護父親，為平定叛亂爭取到了足夠寶貴的時間，但自己卻身受重傷而失去了年輕的生命。

對丈夫之死，賀氏一度傷心欲絕，幸虧不久產下遺腹子拓跋珪，使她重新看到了生活的希望 。她全力教育培養兒子，非常盡責，成效也日漸顯現。

對拓跋實之死深感難過的還有心地仁慈的代王什翼犍。一方面，兒子是為了保護自己受傷而亡，另一方面，拓跋實作為代王世子，承載代國未來的前途和希望。也幸虧不久拓跋珪出生，並在賀氏的精心培育下，日漸顯現出卓爾不凡的特質，讓什翼犍欣賞之餘，略為寬慰和安心。因此，他也沒有考慮在子輩中另立世子。

代王不立世子，欲將此位留給拓跋實之子的意圖，愈來愈明顯，這在什翼犍和普通良善之人看來，是無可厚非的。但對那些利益攸關、且心懷異志的人看來，就明顯是無法接受的殘酷結果。

什翼犍有一子拓跋孤，拓跋孤之子為拓跋斤。拓跋孤死後拓跋斤因德才不具而未被什翼犍所用，拓跋斤因此懷恨，存有異心。什翼犍又有一子拓跋寔君，在拓跋實死後，年齡最長，卻因生性愚鈍，性格粗暴，而不得什翼犍喜歡。拓跋斤為洩一己私憤，認真考慮後，覺得拓跋寔君可以利用，便唆使他直闖內宮，竟然得手殺死了什翼犍。

拓跋寔君弒父自立，暫時取得了代王之位。在此變亂中，頭腦聰明的賀氏深知，拓跋寔君得勢，最想急於除之而後快的，必定是自己母子。幸虧她見機得早，剛一得到消息，便急忙帶著兒子，投靠自己的娘家賀蘭部。

在此事變中，頗有政治才華的前秦苻堅見可資利用，打著討伐逆臣賊

▼北齊校書圖（局部）

子的旗號，率軍侵入代國。作惡者被苻堅處以五馬分屍之刑，代國卻就此名存實亡，處於前秦的附庸和羽翼之下。

射獵圖

▲高句麗（西元4世紀中葉），位於吉林集安洞溝舞俑墓主室右壁，約高100公分，寬130公分。

苻堅懲罰拓跋蹇君等人，為自己撈取了政治聲譽，同時又頗講究政治策略和手段。將代國一分之二，分別由敵對的劉庫仁部和劉衛辰部統治，並從賀蘭部接回拓跋珪母子，交由劉庫仁部照顧。

劉庫仁是什翼犍外甥，為人極講忠信仁義，照顧拓跋珪母子非常周全和恭順。而賀氏因為有了稍微平和的環境，教育培養兒子更加盡心盡力，不敢有絲毫懈怠。同時，倍嘗離亂艱辛之苦的賀氏，也警惕著身邊的每一絲風吹草動，準備隨時應對可能發生的意外事變。

果然，不出數年，劉庫仁死於戰中，其弟劉頭眷暫攝本部。隨即，劉庫仁子劉顯，又殺了劉頭眷自立。從這一連串的突變中，人們不難看出，劉顯連自己的叔叔也不放過，對前代國的嫡系宗室拓跋珪也是務必要除去的。

賀氏聰明，對劉顯所想，也知

▼馬群：彩繪磚，位於甘肅嘉峪關魏晉7號墓。長36.5公分，寬17.5公分。

道得很清楚。但她也知道，劉顯顧忌政治影響，不敢公然謀害自己母子，便不等劉顯採取暗殺手段，便悄悄將兒子送離劉顯部，去投靠自己的娘家賀蘭部。更加難得的是，為了確保兒子能逃出劉顯的勢力範圍，她並未隨兒子一同出逃，而是冒險孤身留了下來，與劉顯拖延周旋。此招非常奏效，不僅兒子順利逃出，自己很快又機智地從劉顯處脫身，至賀蘭部與兒子會合。

賀蘭部雖是賀氏娘家，但值此政治風雲變化萬端之際，拓跋珪特殊的身分地位，也很容易成為別人攻擊的目標對象。特別是當時賀野幹已故，掌權的是賀氏同輩的賀訥和賀染幹，賀氏母子的處境就變得非常微妙了。

正是由於賀氏的小心防範和不懈努力，自己和兒子才得以在並不平順的環境中爭取到生存的空間，也是因為她的不懈努力和積極謀劃，讓成長中的兒子日漸嶄露過人的才華和號召力，並使得諸多忠心於代國的舊臣，不斷聞風前來投靠。

西元三八六年正月，年僅十六歲的拓跋珪，終於在母親賀氏的謀劃中，和眾多忠直之士的擁戴下，登上了王位，由此開始了自己的波瀾壯闊的政治人生。而賀氏在北魏政權上的地位和作用影響，也必將被人們深銘於心。

▼公牛與神獸圖：位於山西太原王郭村婁叡墓，殘高約80公分。

五、劉夫人爲何被害？

▲高句麗壁畫‧舞樂侍從圖

在紛爭不斷的亂世，一個強盛政權的出現，絕不是偶然現象。北魏由過去弱小的代國演化而來，一躍成為南北朝時期最負盛名的強大政權，和它歷任最高統治者的雄才偉略和勵精圖治，是密不可分的。

北魏開國之君拓跋珪，尊號道武帝，其雄才偉略是舉世公認的，但在個人生活方面，卻難免留有遺憾。

道武帝尚未出生，父親拓跋實便離開了人世，由母親賀氏教育撫養長大。後來，國家出現重大變故，少年時代的他，更是一度依賴於貴族大將軍劉庫仁的照拂和庇護。劉庫仁為人忠信仁厚，待拓跋珪恭敬又周到，甚至將自己的侄女嫁作其妻。

劉夫人早年嫁給拓跋珪，隨其顛沛流離，吃了不少苦頭，對道武帝的開國和事業發展，也給予不小的幫助，深得道武帝的喜愛，也為眾文武大臣所敬重。不僅如此，劉夫人還為道武帝生有一子，名拓跋嗣，極其聰明睿智，受道武帝鍾愛，一切都顯得完美無比。

照理說，道武帝開國，到該考慮

▲玉辟邪：玉辟邪白中透出黃色，屬圓雕。玉辟邪呈蹲狀，昂首，雙角後垂，瞋目，張口，頷下長須齊胸，細頸，挺胸，身有兩翼。

▲青瓷雙流雞首壺：盤口外侈，束腰，長頸，圓肩，深腹，底部略凹。肩前端向上直伸，並排兩個長頸雞首形流，雞首頂部有高冠，圓目凸起，作昂首啼雞狀，後端為並排兩個曲圓形柄。

五百強盜成佛、作戰壁畫

▲壁畫取自於佛經故事。

冊立皇后和太子時，劉夫人及兒子拓跋嗣，理應是無可爭議的最佳人選。事實也是如此，道武帝的確是要冊立劉夫人作皇后的，只是依照拓跋氏祖先遺下的規矩和傳統，被立為后者，必須親手澆鑄一個銅人。若是澆鑄成功，證明此為天命所托，理當被立；否則，如果澆鑄銅人不成功，將被視為不祥，不宜冊立。

澆鑄銅人，既是傳統規矩，也就必須要履行，不能輕易廢止和忽略的。同時，澆鑄銅人，也是一種儀式，是冊立為后者，必需完成的一個儀式。除了必須要親手去完成之外，旁邊還有一些專業的輔助者，幫助完成相應的工作。然而，說來也巧，到

高句麗歌舞壁畫

▲此畫反映了高句麗民族的能歌善舞，畫風樸拙，是高句麗壁畫的代表作。

劉夫人舉行澆鑄銅人的那天，也不知是什麼原因，無論她作出多麼大的努力，都未能將銅人澆鑄成功。

不能成功澆鑄銅人，被立為后的事，就此暫擱。因為皇后地位尊崇，關乎江山社稷，此事還在某些政治權勢人物的心裡投下了不小的陰影。

劉夫人雖然未能被冊立，但在此後的一段時間裡，她的威望和地位，並未受到絲毫的影響。可沒過多久，北魏道武帝出征平定後燕，並擄得後燕君主慕容寶之女。慕容氏年少，容貌秀麗、性情溫柔和淑，很快得到道武帝的特別寵愛，並被確定為冊立皇后的人選。

同樣是依照鮮卑拓跋氏和祖傳規矩，慕容氏也要履行澆鑄銅人的儀式。可她運氣很好，澆鑄銅人順利成功，因而後來居上，被冊立為道武帝皇后。

慕容氏的後來居上，也就等於劉夫人最高理想位置的落空。不過因她多年累積起來的威望，身邊定然是少不了許多忠心的擁護者和追隨者，他們的失落甚至比劉夫人自己還要嚴重得多。想出一口惡氣的流言蜚語，很自然地宮內宮外傳揚著。

▼北魏石刻畫像

▲青瓷托盞：南朝茶具，江西南昌墓出土。通高11.5公分，口徑7.7公分，底徑6.6公分，這件器物由上部的碗盞和下部的託盤組成。

拓跋珪雖然免不了功勳帝王喜好美色的習性，但絕不至於到色令智昏或喜新厭舊的程度。在冊立皇后之後，緊跟著是冊立太子，道武帝出於江山社稷長期繁榮興盛的需要，害怕最鍾愛的拓跋嗣被立為太子，日後繼承帝位，其生母劉夫人難免會以母以子貴權勢地位超越現在的皇后慕容氏。他甚至擔心，劉夫人絕不是那種寬容無城府的女人，因皇后之位旁落已心懷芥蒂，如果以後借助權勢地位為禍後宮，乃至亂朝，將無法遏止。

為了避免悲劇上演，道武帝既然已經預見到了，就不會任其出現和發展。為此，他竟然出人意料地頒布了一道聖旨，賜死劉夫人，冊立拓跋嗣為太子。

這個近乎殘酷，甚至殘暴的決定，立即引起朝野的巨大反彈，就連被冊立太子的拓跋嗣，也不願因自己的被立而導致母親喪命，針鋒相對地向道武帝提出：如果能保住母親之命，自己不惜放棄太子之位。

當然，在封建專制社會裡，君權神聖，凡是君王決定的，別人就算是百般不情願，也很難改變既定的事實。最終，拓跋嗣還是被立，劉夫人還是被賜自盡。而凡冊立太子，必先賜死其生母的規定，也儼然成為法度規矩，像冊立為后者必履行澆鑄銅人儀式一樣，在北魏政權中長期傳承著。

▼北魏．太子校射浮雕

六、馮太后為何獨眠方山之巔？

雲岡20窟大佛

▲北魏時造，高13.7米。拓拔鮮卑入主中國北方後，建都平城，崇尚佛教，建造廟宇，開鑿石窟造佛像。佛教藝術得到高度發展。在北魏佛教藝術中，以山西的雲岡石窟最出名，這尊大佛是雲岡造像中最大的一尊。

中國歷史上參與政事的後宮不少，但受到廣泛讚譽的並不多。南北朝時期，北方少數民族政權崛起，也許是因為這一地區的民風淳樸，受正宗禮教傳統的影響較少，男女之間的差別意識薄弱，後宮女子參與政事的人數也就多了起來。像賀氏助子興國，不過是其中的典型代表罷了。

道武帝拓跋珪登基之後，整飭內政，拓展外交，皆有非凡成就，其中當然少了被尊為皇太后的賀氏的一份功勞。在他們母子之後，北魏政權又出了一位更具改革進取精神的帝王，即孝文帝元宏。

北魏開國，自道武帝拓跋珪，到明元帝拓跋嗣、太武帝拓跋燾、文成帝拓跋濬都是振作有雄心的君主，北魏在此數十年間，一直呈蓬勃向上的發展情勢。

文成帝拓跋濬重用賢才，整飭內務，發展經濟，是一位有遠見的皇帝，可惜在二十六歲時英年早逝，由太子拓跋弘繼位，即獻文帝。

當時，獻文帝年僅十二歲，沒有能力治理朝政，由文成帝皇后、現皇太后馮氏臨朝稱制。

馮太后的經歷極為坎坷，她系出名門，父親曾官拜秦州和雍州刺史，一位姑姑在太武帝時入選後宮，封左昭儀。童年之時，父親獲罪被朝廷處死，家眷被分賜給諸王公大臣。馮太后當時年紀雖幼，但卻因為長得端莊秀麗，儀容大方，被收入皇宮之中。

▲延興五年釋迦牟尼像：通高35.2公分，1967年河北滿城孟村出土。延興五年，即是475年。

▲北魏．彩繪騎士陶俑：高30.5公分。戴黑帽，穿短袖黑襦，上有十五枚桃形飾，白褲，烏靴，草原風情盎然在目。

北魏孝文帝遷都洛陽

▲北魏孝文帝力排眾議遷都洛陽，促進了北方少數民族與漢族的融合，加快了北方少數民族封建化的進程。

入宮之後，在姑姑的照顧下，馮太后讀書學禮，獲益良多，後被當時的皇孫拓跋濬看中。

拓跋濬繼位，馮太后被封為貴人，繼而冊立為皇后。可以看出，馮太后雖家門慘遭不幸，卻能使自己的身分地位不斷提升，一定有其內在的必然原因。

在世人的腦子裡，皇太后幾乎等同於老太婆。其實，馮太后臨朝稱制時不過二十出頭。雖然年輕，但才能卻非常人能及。她最大的長處在於全面統籌的能力，凡事站在最高處，兼顧各方面的利益，使整個國家政治、

社會均衡發展，全面進步。其次，馮太后經歷坎坷，善與人相處，能團結各階層力量，能安撫各方面人士，使朝野團結奮進。再次，馮太后在朝中威望頗高，也與她作風果敢，勇於決策有關。

馮太后臨朝執政的前半期，北魏社會穩定，經濟發展，民心安穩，應該是卓有績效的。

隨著時光的流逝，獻文帝拓跋弘在一天天長大，到十四、五歲時，馮太后逐步放權予他，分擔處理朝政，也沒什麼大事發生。

然而，不容忽視的是，馮太后雖然竭力為了政事而日理萬機，但畢竟是一個二十四、五歲的青春女人，政事再忙，也有閒下來的時候。獨處後宮，其寂寞難奈，非尋常人能想像。

鮮卑後宮，禮防遠不如漢人後宮森嚴，馮太后大權在握，發生一點風流韻事也可以理解。對此，年齡漸長的獻文帝卻不能接受，他明裡不敢直接詢問馮太后，就派人暗中調查，查證確實之後，一怒之下，將馮太后相好之人殺掉。

馮太后和獻文帝對此事彼此心照不宣，因不利張揚，心中難免有些嫌隙。

據後人推測，獻文帝也許是認為自己此舉對馮太后太過絕情，心中慚愧，居然在十九歲時就把皇位讓給兒子拓跋宏，亦即後來的孝文帝。從而以太上皇的身分，常年率兵在外對付南朝劉宋政權，以盡量減少與馮太后

◀蕭道成(427～482年)，字紹伯，小名鬥將。南蘭陵(今江蘇常州西北)人，為南朝齊高帝。蕭道成在位期間，限制諸王營立私邸，提倡節儉自奉，又設校籍官，嚴令整頓戶籍，但因弊端百出，激起人民反抗，蕭齊政權一開始就處於不穩定之中，是南朝中持續時間最短的一個政權。

▲北魏．孝文帝：孝文帝拓跋宏是北魏獻文帝拓跋弘的長子，北魏的第6位國君。年幼的拓跋宏由祖母撫養並代為攝政。西元490年，24歲的拓跋宏開始親政，他開始大刀闊斧地進行漢化改革。

▲北朝．陶馬俑：這匹馬高大威武，低首長嘶，整裝待發。

見面的尷尬。

獻文帝有悔意，並不代表馮太后能澈底原諒他。因為凡是在政治上有傑出成就的人物，大多都有唯我獨尊的心態，容不得別人的蔑視和侵犯。在當了太上皇六年之後，獻文帝離世。據說是中毒身亡，又說此毒是馮太后下的。

獻文帝雖死，北魏尚有孝文帝作為政權標識，還有精明能幹的太皇太后馮氏主政，一切仍按部就班地朝前發展。不僅如此，馮太皇太后還進一步改革弊端，推行具有創新意識的俸祿、均田、三長之制，使北魏政權更加穩固，政治、經濟、文化得以長足發展，為日後孝文帝改革，奠定了非常堅實的基礎。

孝文帝太和十四年，亦即西元四九〇年，馮太后壽終正寢。

她生前目光遠大，胸襟寬廣，理政之餘，常有登山遠眺的嗜好。有一次，她在孝文帝的陪同下，登上京都方山之頂，顧盼遠近山川，由衷感慨道：「當年虞舜喪蒼梧，娥皇、女英並未陪葬。並非葬於皇陵才能顯示高貴，我看這裡風景挺好，我死之後，也不必送回祖陵，就葬於此山之頂吧！」

她死之時，孝文帝已經在政治上取得巨大成功，頗能領會她當初那番話語的真諦，也就遵照她的遺願，沒有將她送回祖陵，而是在方山頂上修築寢陵安葬。

▶北魏．騎馬武士俑：1953年陝西省西安市草廠坡出土。陶俑造型簡潔，神采奕奕。人和馬都披著鎧甲，是威風八面的北方鮮卑拓跋部騎士的真實寫照。

七、胡太后是否亂政？

▲十三和尚救唐王壁畫

世界三大宗教之一的佛教，原始於印度，但在中國卻得到非常大的發展和宏揚。佛教最早傳入中國的歷史，已無資料可查，但至少在北魏孝文帝時，佛教非常盛行，則是不爭的事實。當時，佛教不僅深入民間，就連在皇宮內院，也蔚然成為風氣，不僅一些道行高深、名聲響亮的僧侶尼姑被邀入宮宣講佛法，就連孝文帝本人，也不時親自現身，宣讀弘揚。

京都洛陽城內，一位姓胡的尼姑，精於佛道，口才更佳，常被邀請進宮宣揚佛法，一來二去，和宮裡上下之人，混得日漸熟絡起來。而胡氏尼姑，雖是佛門中人，但並非四大皆空。或許因為長期與權力之巔的皇室打交道，也被權力所誘惑和傳染，想和皇室拉近關係。

恰好胡氏尼姑有一位侄女，不僅長得非常秀美漂亮可愛，性格也頗為乖巧大方，她認為侄女會給自己帶來好運，出入皇宮之際，又不惜添油加醋地把侄女吹噓一番，以致時日一長，胡氏女子漸成宮中人盡皆知的神祕人物。

終有一天，元恪宣召胡氏。見面之後，果然被其美貌打動，留滯身邊。元恪繼位為帝，先後立了兩位皇后，也都各自生養了一個兒子，但這兩個孩子也都先後夭折了。至胡氏懷孕，宣武帝元恪已年近三十，對沒

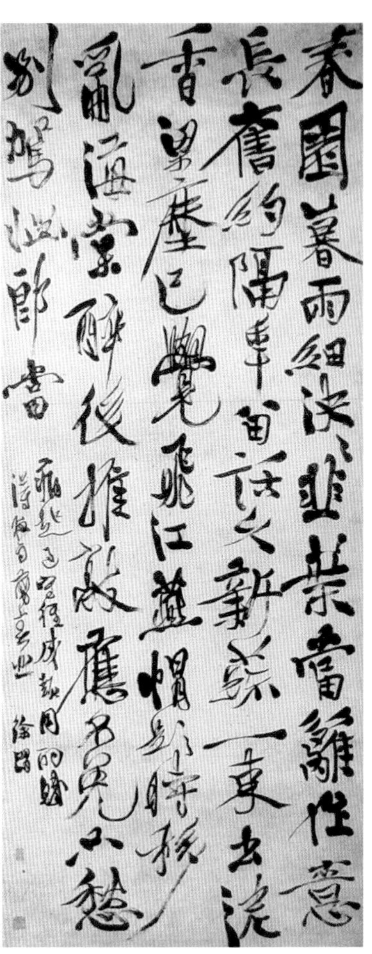

▲北齊．青瓷劃紋六系罐：此器造型大方，施釉均勻典雅，是南北朝瓷器中的精品。

▲菩薩交腳像

▲菩薩坐石像

有子嗣牽掛非常。

當時的北魏宮中，雖然立太子即賜死生母的規矩，在孝文帝時就被明令廢止，但其潛在的威懾力，遠未消除。以致常有後宮女子，一旦懷孕，禁不住默默禱告，但求生女，不求生子。 出身卑微的胡氏，一反常理，自懷孕以來，總是祈禱說：「天子目下無子，如果上蒼能賜我兒子，就算身死，我也無憾無悔！」

也許是純屬偶然，胡氏果真產下一子，名為元詡，但她求子心切的種種行為表現著實讓宣武帝元恪頗為感動，在冊立元詡為太子時，也就網開一面，沒有賜死胡氏。

西元五一五年，年僅三十三歲的元恪又早逝，五歲的元詡被推上君位，胡氏則母以子貴，被尊為皇太后。

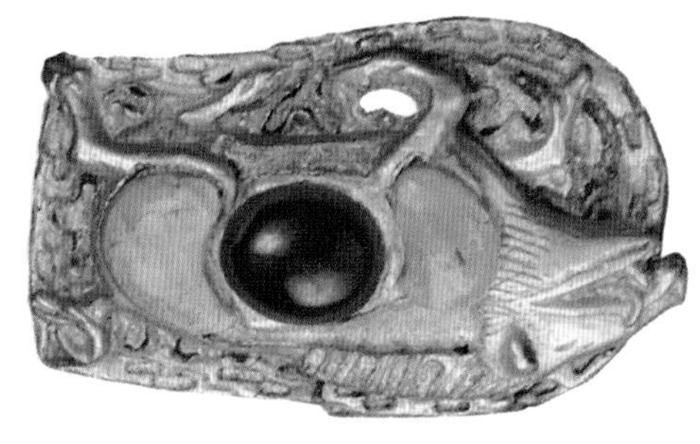

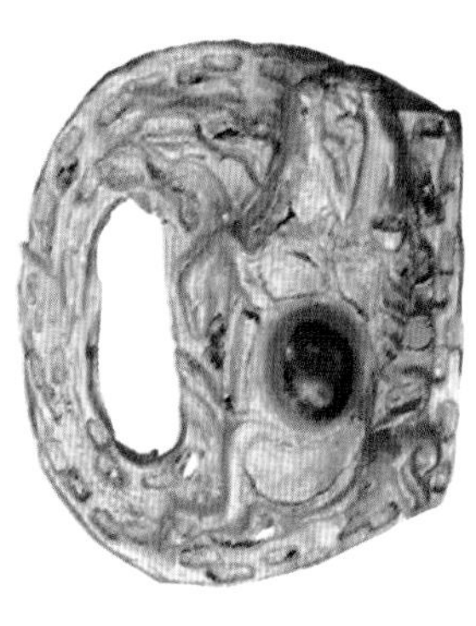

嵌寶石金豬帶飾

▲帶飾長10.8公分，寬5-5.6公分。以嵌寶石的半浮雕金豬作主體圖案。金豬形象生動逼真，紋飾精美。

元恪崩前，身居皇后之位的，乃是高氏，元詡登位，也依禮制尊太后位。從權力地位上講，高太后和胡太后相匹，權力也應相當，但兩人心性不同，出身高貴的高太后頗為自重也很溫柔內斂，而出身貧賤的胡太后，頗有心計，野心不小，很快攝取了最高政治權力。

身處政治權力爭鬥的漩渦中心，一個人的沉浮，往往是身不由己的，不進則退，更是自然之理。原本地位相當的胡太后和高太后，因為性格特徵和價值目標的不同，很快形成巨大

南朝．越窯褐斑蓮瓣紋瓷碟

▼碟高3公分，口徑11.1公分。碟底下陷，刻有蓮瓣紋。施青黃釉，間飾褐斑。

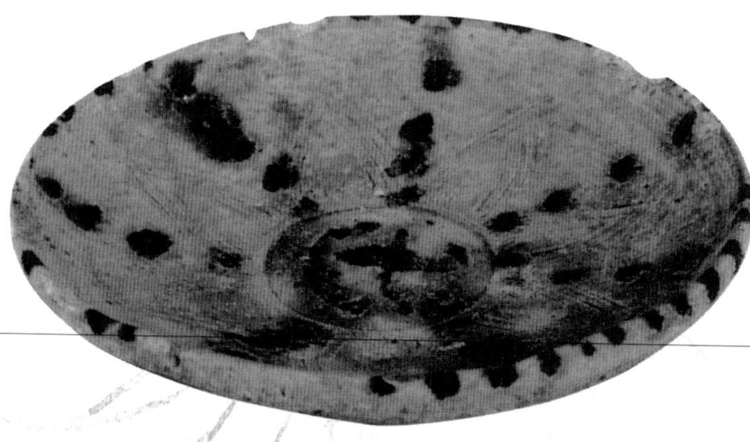

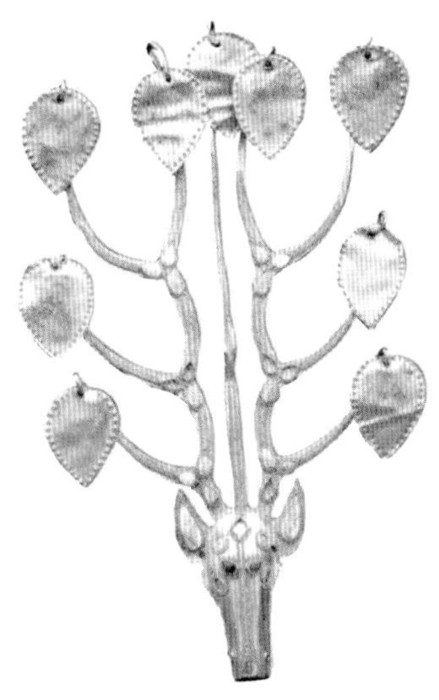

馬頭鹿角金飾、牛頭鹿角金冠飾

▲這種冠是鮮卑貴族婦女戴的步搖冠，當頭部搖動時，葉片隨之顫動。

的反差，而占盡優勢的胡太后，壓根兒沒有見好就收的意思，反在三年之後，更輕易地假以罪名，置高太后於死地。

除去自己權力道路上的最大威脅，胡太后的自我膨脹立刻顯露無遺。初掌權時，百官奏事，稱其為殿下，由其發布的指示，稱之為令。除了高太后之後，她竟改令為詔，改殿下為陛下，自稱為朕，完全把自己當成了皇帝。

胡太后自己的權力欲望在無限的惡性劇增，但其治國能力，卻無真才實學，更難與前輩的馮太后相提並論，而且個人的生活作風，在其大權在握後，也極為腐化墮落。

所謂多行不義必自斃。西元五二八年，胡太后毒死已十九歲的孝明帝元詡，想長期把持朝政，激起天下人怨憤。對此，大將爾朱榮借機起兵，攻入京城洛陽，將胡太后沉入水中淹死。

胡太后亂政，雖然得到了應有的報應，可是北魏也因此大傷元氣，一蹶不振。

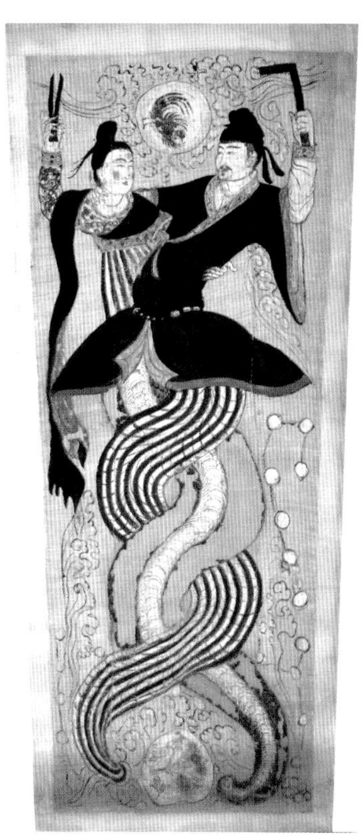

獸面、飛天與門衛

▲這是北魏元羽墓墓門上的壁畫，門券中央繪貌之獸面，獸嘴銜物（此系東晉南朝民間用於辟邪的某種法器）。獸面之下，兩旁各畫了一位飛仙。門洞的兩側各畫了一個門衛，都戴著小帽，身穿紅衫白褲，手拿儀劍，相向而立，形神俱佳。

▲撫劍武士俑

八、婁氏看中高歡什麼？

▲高洋濫用酷刑

北魏末年，懷朔鎮上有一戶姓婁的人家在附近很有名聲，一方面得益於家庭的富足，資產萬貫；另一方面是家中有女，不僅貌美非常，而且秀外慧中，才智卓越，被世人誇讚為女中豪傑。

俗話說得好，一家有女百家求，

▲北齊・百釉綠彩長頸瓶

普通女子到了談婚論嫁之年，也會出現八方媒人踏斷門檻的現象，更何況是婁家這麼富裕，女兒如此出色呢？婁氏女子的名聞遐邇，還在於上門提親之人無數，男方不是家財豐盈的富戶，就是位尊權重的豪門，但都被一一給拒絕了。她對人們說，她一定要嫁給一位能成就非凡事業的大英雄。否則，寧可終身不嫁。

好事多磨，婁氏終於看上一位如意郎君，準備嫁人了。讓人們驚訝和納悶的，是她相中之人既不是富家子弟，也不是權貴之後，而是一位窮得冒酸水的普通守城士兵。人們不禁要問：是她左挑右選過了頭，生怕嫁不出去，隨便抓了個窮小子充數嗎？

當然不是這麼回事。婁氏選中的如意郎君叫高歡，祖上也曾作過北魏高官，只是到他這一輩時，家道敗落。儘管很窮，身分卑微，但高歡秉承了先輩不凡的風度和氣質，長得相

▼北魏敦煌壁畫．供養菩薩

▲賈思勰像：賈思勰，青州（今山東壽平縣）人，生平不詳，曾任高陽太守。

▲北齊・常平五銖：常平五銖是北齊最主要的流通貨幣，代表了北齊的鑄幣水準。

貌威武，還很深沉大度，胸懷壯志。婁氏有一次出城遊玩，瞧見守城的高歡，雖是衣衫寒傖，仍掩不住勃勃英氣，竟然一見鍾情，不能忘懷。動心之餘，她曾採取多種方法和管道來了解高歡，結果非常滿意。於是主動出擊，叫貼身侍女前去知會高歡，表明心意。

婁氏遠近聞名，高歡當然是知曉的，但介於家境身分的懸殊，他從來也沒有動過要娶其為妻的非分之想。婁氏侍女突然前來傳遞訊息，的確令他感到萬分驚奇。

高歡果然非同凡響，雖然心中驚奇，但也不至於得意忘形，甚而望之卻步。他非常平靜地認真思考了一番，決定登門向婁氏提親。

高歡和婁氏的婚姻雖經歷一些波折，最終還是很圓滿。婚後，在婁氏的資助下，高歡拓展了自己的交際範圍，地位得到不斷的擢升，其領導才能也得到愈來愈寬廣的施展空間，被愈來愈多人認可和擁護。高歡在軍中地位的上升，使其視野得以拓展，對當前的時局有更深刻的認識，從而堅定了自己的未來方向和事業目標。婁氏則為他充當著幕後策劃者的角色，對其提供最大限度的幫助和支持。

高歡對人講，他有一次路過建興時，一路上雲霧繚繞，雷聲隆隆，自己走到哪裡，雷聲就跟到哪裡。他還說，自己夜裡常常作夢，都踩著星星行走。高歡平時對部下非常關心愛護，人緣極佳，再加上這些神奇的渲染，懷朔鎮漸漸形成一股龐大的、擁立高歡為主的力量。

在婁氏的竭力幫助下，高歡果然在爾朱榮作亂之後迅速崛起，東征西討，成為當時政權北魏的第一功臣，被授大丞相，太師的最高位。

西元五三四年，高歡讓魏孝武帝

▼禮佛圖局部

諸天神像壁畫

▲此壁畫作於西魏大統四、五年（538、539），位於敦煌市莫高窟第285窟內西壁正龕南側。此圖上繪毗瑟紐天，三頭六臂，手持各種法器，下面為二力士。

元修遷都長安，繼而廢孝武帝，另立孝靜帝元善見，史稱東魏。真正執掌東魏軍政大權的，一直都是被封為渤海王的高歡。

高歡和婁氏夫妻二人在大事未成之前，夫妻感情一直很好，彼此尊重，彼此扶持，反倒是高歡作了渤海王，婁氏作了王妃之後，兩人的情感一度出現危機。

在古代，美女配英雄，成功的英雄，可以隨意占有自己喜歡或需要的女性。高歡堪稱英雄，也很好色，成就大業之後，身邊美女雲集，除婁氏之外，著名的還有前魏孝莊皇后、建明皇后、白城馮王妃、城陽李王妃、廣平鄭王妃等等。

廣平鄭王妃很美也很風流，頗得高歡寵愛。有一次，高歡率軍遠征，鄭王妃耐不住寂寞，勾引高歡世子高澄。高澄年少，經不住誘惑，和鄭王妃行了苟且之事。高歡回來，有人告發此事，他大為惱火，對高澄一陣責打並幽禁起來。婁氏因是高澄生母，也被高歡假以管教不嚴罪名，受到懲罰。

高歡有一位叫司馬子如的朋友，曾一同出生入死，並肩作戰，有過命的交情。得知此事，司馬子如急急前來拜見高歡，說明其中利害。他先用婁氏對高歡的種種幫助和扶持打動高

▲北周‧「天元皇太后」金印：這個金印呈正方形，以伏臥狀天祿作紐，印面篆書陽文「天元皇太后璽」六字，章法獨特。

歡，又為其詳細分析當前形勢，認為高歡就此對待婁氏和高澄母子，甚至就此廢去高澄世子之位，必然會引起高家內亂。而高家一亂，整個東魏政權，也將面臨滅頂之災。

真是一語點醒夢中人，高歡終於從兒女私情中擺脫出來，將原本就不宜張揚的家醜輕輕掩過，對婁氏母子和好如初。

此後十數年，高歡無不念及婁氏對自己的深厚情誼，一家人和樂美滿。東魏也在高歡的精心治理下，呈現出政局穩定、社會繁榮的大好局面。

隨著強大北魏政權的衰落和土崩瓦解，北方出現了很多新的政權，其中，新興的柔然發展迅猛，並且與西魏交好，成為東魏愈來愈大的潛在威脅。

為消除這一隱患，高歡決定以和親的方式與柔然交好，於是派遣使臣前往柔然國，為世子高澄向柔然公主求親。柔然可汗的答覆是：「如若是高王娶妻，我自當把女兒嫁給。」言下之意，若是世子高澄，一切免談。

高歡此時已經年逾花甲，風流不復往日，對婁氏也更加愛惜，不忍再娶一位年輕妻子。正值高歡為難之際，婁氏挺身而出，勸說高歡要以國家利益為重。高歡非常感動，答應娶柔然公主。

迎娶之日，婁氏再次跑來對高歡說：「你娶柔然公主，為的是兩國交好，永保安寧。凡事皆應從大局著想，為此，妾身願意搬往別室，讓柔然為正。」

歷史上，後宮女子爭風吃醋，為邀寵而不擇手段的實例很多，婁氏當時雖不是名正言順的後宮，但這種主動避讓的風範，亦可堪稱典範。

高歡對婁氏的博大胸襟無比欽敬，有生之年，待婁氏既敬又愛。

高歡死後，高澄代替執掌東魏政權，不久又廢元善見，自立為帝，建立北齊政權，史稱北齊文襄皇帝。婁氏被尊為皇太后。

西元五六二年，婁太后病逝宮中，享年六十三歲。

▼蕭繹．職貢圖卷：梁元帝蕭繹（508～554）任荊州辭史時於大同六年前後所作的《職貢圖》，真實地描繪了當時外族的人物形象與風土人情，在藝術史上具有重要的價值。

九、為何北朝有眾多後宮嬪妃出家為尼？

釋迦立像龕

▲此像龕承續四川漢代雕刻傳統，雕刻精細，其作風與長江下游一脈相通，瀟灑秀麗。

自從佛教傳入中國，就不乏忠實的信徒，又因為佛教的教義，符合封建統治者對臣民施以統治的需要，佛教得朝廷倡導，在中國的發展，極為迅速。然而，佛教教義中的清靜平和，和中國封建社會殘酷激烈的政治權力鬥爭，明顯存有強烈的矛盾衝突。倘若普通老百姓，試圖在佛教營造的虛無世界中尋找精神寄託，或許還說得過去，到南北朝時，竟然在短短數十年的時間裡，有十七位帝后出家為尼，就讓人有些莫名其妙了。

無論是被冊封的皇后，還是受帝王寵幸的嬪妃，就地位而言，均達到了當時社會條件許可的極至。在皇宮內院，錦衣玉食，榮華富貴，自不用說，還因她們攀附於擁有至高權力的帝王，就連王公貴族，權勢豪門，也要對她們恭敬有禮，一旦出家為尼，就要甘守清貧和淡泊，她們又何以能夠自持呢？

一直以來，很多人都把北朝眾多後宮嬪妃遁入空門、出家為尼，歸究於信佛，即對佛教的虔誠皈依，但也有很多人對此提出異議。

佛教的繁榮，在南北朝時期，達到極至，上至帝王將相，下至黎民百姓，對佛教的奉行，的確超越了任何時代。眾所周知的梁武帝蕭衍，就曾四次捨身出家為僧，又四次被群臣所勸回。

▲彩繪石雕菩薩立像：石灰岩質圓雕立像，下端有榫。菩薩高髻，束冠，巾上貼金，頸佩帶金色項圈和瓔珞，披帛順肩下垂，雙腕戴釧，左手輕提披帛，右臂半舉於胸前。彩繪保留完整，色彩鮮豔。

▲釋迦千佛碑

北朝· 銅馬車

▲這套牛車由牛、軛、長轅雙輪車廂組合而成。拉車的黃牛身軀壯碩，頭上套有絡具，頸上有軛，軛兩側各有半圓形環扣接車轅。車廂呈長方形，後開門，前廂板上鑄出直欞窗格。廂頂覆篷蓋，前後出簷於車廂。

▲南朝·青釉蓮瓣紋蓋罐：此罐腹部和蓋面剔刻雙重蓮瓣紋，蓮瓣上覆下仰。此蓋罐為越窯系產品。

有人還指出，在南北朝時期，由於統治者的大力倡導，門閥士族的積極參與，佛教僧侶，實際上已形成一個特殊的社會階層。他們搜刮四方錢財，不用向朝廷繳納任何賦稅，以致財力雄厚，寺院的高級僧侶，在政治上享有許多連門閥士族都為之眼紅的特權。眾多帝后的出家為尼，應該與此相關。

南北朝時期佛教的繁榮興盛，固然是不容忽視的，但人們認為僅憑這一點，不足以解釋眾多帝后的先後出家。除非把帝后生活的特殊環境結合起來，把宮廷政治和佛教興盛相結合。

最終，人們得出較客觀的結論，認為北朝帝后出家的背景各不相同，具體可劃分為下列幾種基本類型。

其一是健康原因。長期深居皇宮內院的帝后嬪妃，很容易染上一些特殊病症，而寺院的特殊環境和生活方式，有利於某些病症的康復，從而吸引了部分帝后嬪妃出家為尼。

其二是失寵被逐。後宮嬪妃之間的爭寵角逐，並不一定都是殘暴和血腥，獲勝者有時也會給失敗者一條生路，讓她們在青燈孤影中斷絕塵念。

其三是皇位更迭。先王去世，其眾多的後宮嬪妃，需要安頓，寺院成為她們一個較為理想的選擇。後

世武則天原為太宗妃，太宗駕崩後就曾在尼庵安身。

其四是幼主嗣位。與前者有類似之處，但主要是指地位並列的先王後宮，為爭奪太后的正位，失敗者大多放棄宮廷生活，選擇在寺院棲身。

北魏．鎮墓陶俑

▲這兩座陶俑是模擬武士的形象塑造而成的，陶俑身穿盔甲，面目猙獰，雙手作驅鬼狀。

如此看來，佛門清靜之地，其實成了帝后嬪妃們最佳的政治避難所。儘管當時佛教在中國非常昌盛，但除了宣武靈皇后胡氏一人自稱出家為尼是與佛法相關之外，其他的十六位後宮嬪妃的出家，都是另有原因的。

需要特別強調的是，由於佛教在南北朝時期的特殊地位，御立寺庵的窮極奢麗，遠非常人能夠想像，即使出家為尼，生活的優裕，也很明顯。比那些被打入冷宮者，不知要好出多少倍。

這可能才是吸引後宮嬪妃出家為尼的最根本原因。

▼化生龕楣：西魏壁畫敦煌285號窟。

第四章

隋唐

天下大勢，合久必分，分久必合。在經歷了魏晉南北朝長達三百餘年的分裂動盪，終於在隋唐時期開啟了了嶄新的大一統局面，同時也迎接了中國封建政治、經濟、文化的巔峰時期。

隋唐時期對封建政治、經濟、文化的高度發展，也衍生了在這段時期中，中國女性參與政治及權力鬥爭時的獨特與美麗。

一、獨孤氏是妒婦嗎？

▲楊堅像：隋文帝楊堅（541年～604年），隋朝開國皇帝，諡號文帝，廟號高祖，在位24年，後為次子楊廣所弒。

▲銅虎符：隋朝調發府兵的憑證。

隋文帝祈雨圖

▲從這幅圖壁描繪的隋盛景象，似能體悟到「開皇之治」的氣氛。

隋文帝——楊堅，是中國歷史上少見的功勳帝王。首先，他建立隋朝、統一天下，結束了中國長期以來的分裂割據情勢，也為唐朝中國封建政治、經濟、文化的全面鼎盛時期，奠定了堅實基礎；其次，隋朝開國後，實施了地方行省制度和中央三省六部制度，是中央封建王朝最完備的政治制度，一直被後世延用，影響深遠；最後，隋朝創科舉制度，確立新的、有規畫的人才選拔考核體制，同樣被後世各朝所延用，成為中國封建社會的一項根本制度，在意義上和影響上都非常深遠。

對於隋文帝楊堅所取得的歷史功績，很多評論家眾口一詞地認定獨孤皇后的確占了一部分的功勞。

楊堅在北周的為官之路，一直都非常順暢。出身於名將世家的他，從十四歲時就開始做官，十五歲時被授予車騎大將軍的職位，十六歲時又封為驃騎大將軍，開始領軍征戰，因他的建功而不斷升遷。至北周武帝宇文邕在位，楊堅先後出任左小官伯，晉位大將軍、隨州刺史等。在此期間，獨孤氏總是在旁提醒楊堅要保持頭腦清醒，不可樹敵太多，以免引來不測。而楊堅正是聽信了妻子的勸告，有好幾次都化險為夷。

此後，楊堅和獨孤氏生有一女，楊堅承襲了隋國公爵位後，又將女兒許配給武帝太子為妃，為自己的政治前程埋下了極為重要的一個伏筆。武帝崩逝後，年幼的太子宇文贇即位為宣帝，楊堅之女被立為皇后。楊堅也先後出任大司馬、太后丞、右司武、大前疑等職位，為人臣之最，亦即真正的無冕之王。

直至楊堅取代北周建立隋朝前，楊堅不斷地在為自己積蓄問鼎天下的實力，而北周宗室大臣們則拚命想遏止他的勢力膨脹。在雙方輪番的明爭暗鬥中，獨孤氏同樣扮演了非常重要的角色。因此，隋朝開國，一統天下，楊堅隨即冊封獨孤氏為統理後宮的皇后，也是理所當然的。

身為皇后的獨孤氏，不僅統理後宮，而且對國家朝政大事，也常能幫隋文帝提供一些極具建設性的意見，幫助隋文帝解決很多難以決斷的棘手事件，因此受到楊堅的尊重和禮遇。獨孤皇后參與朝政，都是以符合封建傳統禮儀規範的方式進行的，多是在楊堅退朝和她獨處時，才以自己獨有的方式對隋文帝施加影響，從不在朝堂上指手畫腳。久而久之，就連朝中重臣們，也對獨孤皇后恪守禮制的德性由衷敬佩。

獨孤皇后的守禮，甚至到了每日送隋文帝上朝至內閣大門，然後在自己宮門外恭迎隋文帝退朝的地步。照理說，隋文帝乃著名的有為君王，對獨孤皇后的幫助應該由衷感激，對獨孤皇后的守禮關懷也該心懷敬意才對。事實上，楊堅對獨孤皇后的幫助，當然是由衷感激的，可對獨孤皇后的守禮關懷，卻有有如芒刺在背的感覺。這又是怎麼一回事呢？

據說，獨孤皇后在嫁給楊堅的初

▲青瓷雞首螭把壺：高25.7公分，口徑6.7公分，底徑7公分，盤口沿較高微侈，長頸，圓肩，長圓腹，腹壁下斂，底邊外張，平底。肩部向上伸出一雞首流，高冠圓目，小口前伸，壺後有一螭形把手，螭首緊連口沿，下部與間相接。肩部左右有橋形紐各二。頸部飾平行凸弦紋兩周，肩、腹飾印花。

隋文帝頒佈《開皇律》

▲隋文帝建國後在政治、經濟上的一系列政策對後世產生了重大影響。

▲淮南起照神獸銅鏡：隋此鏡半球形鈕，八角形鈕座，其邊棱皆雙線，八個凸起的方塊上各鐫一字。內區飾東王公、西王母、四神及神獸，以雙線相隔。外區飾銘文一周及十二生肖等圖案。邊緣飾纏枝紋一周。此鏡紋飾繁複，製作精良。

▲白釉武士俑：隋朝武士俑，此俑直立於覆蓮座上，頭戴盔，上身著甲，下著褲褶，腰束革帶，足蹬靴，右手平握，左手扶腰帶。通體施白釉。該俑雙眉倒豎，雙目圓瞪，鬍子上撇，氣勢雄猛，是隋代雕塑藝術中的珍品。

▲富麗堂皇的帝王之車

夜，曾敬了楊堅三杯酒，也向楊堅提出了三點要求。第一個要求，便是無論楊堅日後的官階地位如何，都不能再喜歡除了自己以外的女人。楊堅為了得到出身高貴、才貌甚佳的獨孤氏的歡心與幫助，便欣然允諾了她所提出的三個要求，也喝下了她敬上的三杯酒。從此，獨孤氏的守禮關懷，其實是變相地對楊堅的嚴加監管。而隋文帝雖貴為帝王，卻因當初所許下的諾言，從此背負著沉重的十字架，難以開脫。

獨孤皇后善妒，就連隋文帝也頗為忌憚，很難接觸到除了她以外的其他女性。有一次，獨孤皇后染病，不能侍奉隋文帝，隋文帝退朝之後，偶爾閒逛，得遇宮中一位美貌秀麗、文雅脫俗的女子，禁不住誘惑，在此女住處留宿了數日。等獨孤皇后病體康復後，很快地察知此事，立即派了心腹之人，杖殺了此女。

楊堅的在長期隱忍下，好不容易才遇到一個可人兒，卻這麼快就遭到皇后的毒手，他愈想愈覺得委屈、愈想愈覺得惱恨，最後竟騎馬出宮躲到深山裡。

國不可一日無主，楊堅的憤而離宮，讓獨孤皇后感覺到事態的嚴重性，這才出面命令二位重臣楊素和高穎去尋找和勸說楊堅回宮。楊素和高穎好不容易找到隋文帝，可隋文帝竟然當著兩位臣子的面，開始掩面而泣，說什麼也不肯回宮。在楊素和高穎一番好說歹說之下，最後隋文帝總算答應回宮，回宮之後，獨孤氏也真誠地自我檢討了一番，這件事才算結束。

話雖如此，直到獨孤皇后於西元六〇二年八月離世前，心存畏懼的隋文帝，還是無法輕易接觸到其他的後宮佳麗。

二、賢妃開國有何祕訣？

眾所周知，唐朝是繼西漢之後中國封建政治、經濟、文化發展的另一波高峰，而開創和奠定此一繁盛局面最關鍵的人物，則是唐太宗李世民。

現代人常把一句話掛在嘴邊，認為在一個成功男人的背後，一定有一位偉大的女性支持著。這在觀念開放、男女平等的現代社會裡，應該是少有爭議的事實，倘若要用在李世民建功立業的隋唐時代，是否也能同樣無疑呢？

根據歷史所記載的，李世民的父親李淵，是個胸無大志、只知道貪圖安逸享樂的平庸之輩，時值隋末天下風起雲湧之際，李淵並無反隋之心，是李世民趕鴨子上架，李淵因騎虎難下、逼不得已，這才聽從了李世民的意見，高樹反隋大旗。

俗語說：「開弓沒有回頭箭。」意思不難理解，但要放置於反叛朝廷、謀奪天下這樣具體的現實環境中，李淵和李世民父子當年所要克服的諸多難題，所要戰勝的艱難險阻，又不是一般人所能夠想像的。

無論過程是多麼艱辛坎坷，李氏父子也只能硬著頭皮支撐下去。西元六一八年，李淵在長安稱帝，改國號為唐，長子李建成封為太子。居次子之位的李世民，則封為秦王。

李唐政權建立後，想獲得充分的

▲李世民像：李世民（599－649），即唐太宗。李淵次子，西元626～649年在位。推行均田制、租庸調法和府兵制，發展科舉制度，較能任賢納諫，社會經濟得到恢復和發展，史稱「貞觀之治」。

玄武門之變

▲西元六二七年七月二日，唐朝都城長安刀光劍影，喋血百步，唐高祖次子秦王李世民在宮中發動政變，殺其長兄李建成、四弟李元吉及其家屬數百人，史稱玄武門之變。

▲李淵：李淵(618-626)唐代開國的君主，姓李，名淵，字叔德，隴西成紀（今甘肅省秦安縣北）人。在位九年，傳位於子世民，自稱太上皇。貞觀九年崩，死後廟號高祖。

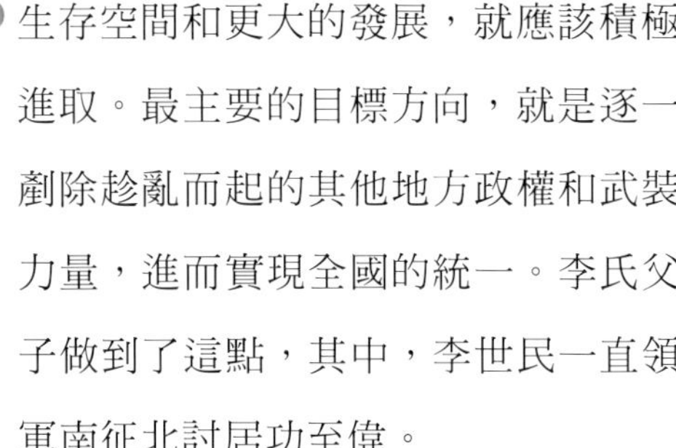

生存空間和更大的發展，就應該積極進取。最主要的目標方向，就是逐一剷除趁亂而起的其他地方政權和武裝力量，進而實現全國的統一。李氏父子做到了這點，其中，李世民一直領軍南征北討居功至偉。

長期的領兵作戰，使得李世民戰功顯赫，身邊也聚攏了大批忠誠的擁護者，政治野心也逐漸膨脹。而李建成雖名正言順地坐上太子之位，卻不甘心屬於自己的權力利益被弟弟搶去，因此兩人之間的關係開始變得非常微妙，也緊張異常。

平庸無能的李淵全靠著李世民的雄才偉略，才得以過足至尊帝王的癮。但在封建道統觀念的籠罩下，像李淵這樣的人，是從不會考慮自己今日的權力是如何得來，反而因為有了至高無上的權力，就盡情地享用它。他依長幼之序冊立李建成為太子，在一定程度上暗示世人：假如李建成和李世民兄弟為權力反目的話，李淵必定是站在太子李建成這邊的。

長孫皇后的聰明不凡，首先在於對丈夫所處的環境有比較清楚的認知，她知道丈夫的功勳，儼然成為李建成的心頭之患，也知道假如李建成想要除去丈夫的話，自己和丈夫的處境將會變得非常危險。意識到這點之後，長孫氏在雙方矛盾尚未表面化的時候，總是想方設法，不惜委屈自己，對父皇李淵異常恭敬孝順，甚至面對李建成時，也總是裝扮出一副溫馴恭敬的笑臉。不過此舉真的益處不少，也避免了李世民在羽翼未豐時，就被過早剷除掉的可能性。

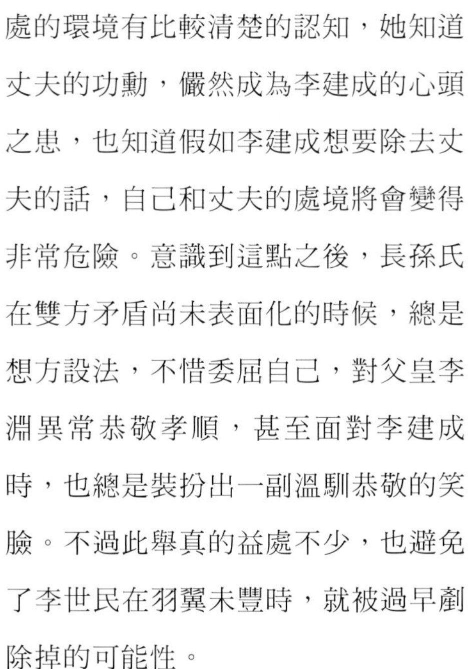

六二六年六月四日，玄武門之變，李世民率領心腹大將長孫無忌、尉遲恭、程咬金等人，殺死了太子李建成和齊王李元吉。第二天，當李淵知道一切都不可能逆轉時，索性退位

玄奘西行取經

▼貞觀三年（629）八月，玄奘獨自一人由長安出發，經數年艱難跋涉，終於到達印度。在印度研習經文10餘年。

作太上皇，把皇位讓給了李世民。

從唐太宗李世民的例子來看，世人不禁要感歎，在歷史的長河裡，以什麼方式獲取權力並不是最重要的，重要的是獲取權力之後，如何充分發揮實權的作用價值之外，還須為推進社會的發展進步、改善民眾的生存狀態作出應有的貢獻才是。

唐太宗在位二十二年，史稱「貞觀之治」，所取得的功績是舉世公認的。輔佐他開創此一盛世的名臣，如魏徵、房玄齡、杜如晦，同樣深受國人敬重。其實，在李世民治理天下的過程中，長孫皇后同樣也厥功至偉。

唐太宗為帝時，長孫皇后統理後宮，堪稱中國古代後宮女性道德和行為的標本與典範。不僅是她本身的言行舉止中規中矩，為人稱讚，她還不惜耗費大量的心血，自撰《女則》一書，成為後世經典之作。

長孫皇后以女性獨有的溫和懷柔風格，對唐太宗的政治行為施以影響，向唐太宗提出自己獨特的政治見解和因應策略，使太宗有了更充裕的思維可供參考，進而確保治國的卓越成效。

有一次，以直諫著稱的諍臣魏徵，因太宗嫁女這件看起來像是帝王家事的事情，竟在朝堂之上冒犯太宗，使得個性好強的太宗十分難堪也很惱怒，甚至在退朝回宮後，嘴上仍是喋喋不休的唸著，揚言要殺了魏徵。長孫皇后得知此事，在瞭解實情後，溫言相勸道：「大臣敢於犯顏直諫，證明在位的君王是位明君，你難道想做小肚雞腸的昏君嗎？」

真可謂一語驚醒夢中人，如醍醐灌頂的太宗立即省思，非但沒有報復魏徵，還連夜趕去魏徵府上真誠道歉。長孫皇后此舉，使得大唐中明君和忠臣的佳話永久傳承。

長孫皇后的兄長長孫無忌，協助大唐開國有功，也幫助太宗奪取天下，再加上與李世民有特殊的姻親關係，一直受到重用。特別是後期，這種倚重和恩寵，甚至蔭及長孫氏全族人。長孫皇后對此卻不以為然，她有意地講述歷史上外戚弄權誤國的實例給太宗聽，提醒太宗。但太宗不聽，依舊重用長孫無忌。長孫皇后還是沒有放棄希望，轉而向兄長講述外戚榮辱得失的故事，希望兄長能保有一顆平常心。

遺憾的是，太宗和長孫無忌都對長孫皇后的遠見並加以未重視。結果，長孫無忌利用太宗的對他的信任、重用，一力促成性格儒弱的李治即太宗之位，非但危及大唐江山，最後還把自己的性命葬送在武則天的手上。

長孫皇后於西元六三六年六月因病早逝，年僅三十六歲。

▲魏徵：魏徵（580～643年），字玄成，巨鹿下曲陽（今河北省晉縣西）人，後遷居到相州內黃（今河南省內黃縣）。他是唐代初期傑出的政治家和歷史學家，更以剛直不阿、敢於進諫聞名於世。

▲開元通寶：武德四年（621）唐鑄開元錢，開元通寶是唐代流行時間最長、最重要的貨幣，在中國貨幣史上也有特殊的重要性。

三、武則天是怎樣登上帝位的？

▲武則天：武則天（624～705年），並州文水人，唐高宗李治的皇后，唐代女政治家。中華帝國唯一的女皇帝。傑出的女人，有絕頂的才能和超人的智慧，心狠手辣。在她再位間任用酷吏以強硬的手段統治她的王朝。取李唐江山而代之，她的王朝號(周)。

武則天稱帝

▲天授元年（690）九月，武則天登基稱帝，改唐為周。

武則天是中國幾千年文明史上最難以一語評定的女人。在現今陝西省西安市北方的幹縣深山，武則天的陵墓前，矗立著一塊巨大的石碑，卻不著一字。有人推測，這是武則天生前授意，意在功過是非，由後人評說。但即使在今天，要評價這位中國歷史上唯一的女皇帝，仍舊是件勞神費力卻不一定能討好的苦差事。

作為由後宮女子而染指最高政治權力者，武則天的權力之路和眾多類似的後宮人物，有很多類似之處。

後宮女性染指最高權力，大多都擁有美麗的容貌這項共同特徵，武則天也不例外。天生麗質的她，十四歲就被太宗選中入宮，可是直到西元六四九年太宗駕崩，武則天都一直未被寵幸過。地位僅列為後宮中第五等的才人，所以鬱悶至極。

追究其原因，有人認為，武則天的父親雖然官至工部尚書，但出身僅為木材商人，這層障礙限制了武則天的前途與發展。可是，抱持這種說法的人畢竟少之又少，更多人認為，是武則天的性格太過剛烈、好勝的緣故，所以才不被太宗賞識的。

武則天入宮後不久，有一次太宗

攜眾嬪妃同遊，興之所至，前去馬廄馴馬，恰好西域新獻寶馬一匹，性烈剛強，一直沒有被真正馴服。半生戎馬的太宗，竟然詢問眾嬪妃馴服這匹馬的方法。當時的後宮女子，不是整日耽於音律舞蹈，就是思量著該怎樣邀寵，對於馴服烈馬，自然是一竅不通。

就在眾嬪妃面面相覷、無法回應時，武則天竟越眾而來，朗聲說道：「妾能馴服陛下的這匹烈馬，但須三件器物。」

眾人聽了是一陣驚慌莫名，武則天則說：「一是鐵鞭，二是鐵檛，三是匕首。我先用鐵鞭抽牠，如果不服，再用鐵檛擊牠的頭，再不服，就用匕首割斷牠的喉嚨。」

這一番話，雖然是針對馴馬，但武則天果斷剛強、殘酷無情，為達目的而不擇手段的性格，已表露無遺了。太宗作為一位傑出的明君，平生以征服天下為目標。但喜歡的女人，仍是像長孫皇后那樣溫婉有禮、恪守道統的女子，而不是像武則天這種果敢自決的剛強類型。因此，武則天儘管再美麗嫵媚，卻不為晚年的唐太宗所賞識，完全是在預料之中。

▲彩繪騎馬武士木俑

▼武后步輦圖

▲鎏金仙人駕鶴紋壺門座茶羅子

有人甚至指出太宗睿智非常，透過這件事已明確知道，倘若讓武則天這樣的女人在宮中得勢將會無法扼制，甚至可能會危及李唐江山。因此，臨終之際，還特別授意繼位的李治和心腹大臣長孫無忌等，一定要嚴密防範武則天。不過，這種說法至今尚無確切證據，很難讓人信服。

總之，美貌無比的武則天就這樣在太宗的後宮鬱悶地待了一、兩年，未能被賞識寵幸。至太宗駕崩，自然是依當時的禮制，要和所有未曾生育的後宮女子一樣，被送入京城外的感業寺出家當尼姑。

美麗的容貌是上天賜予女人藉以成功的資本之一。直到現在也是如此，舊時封建帝王的後宮女人，更是如此。無論武則天有多麼強烈的政治野心，無論她的性格是多麼的剛強獨立，出家為尼的命運都是莫大的浩劫和桎梏。在她陷入如此的困境中，而且年近三十的她，沒有人相信她還會在政治上有什麼偉大的作為。

然而，奇蹟終究還是發生在她身上。西元六五四年，在武則天出家後第五年，已是三十一歲的時候，居然被太宗第九子，繼位的高宗李治接入宮中，而且疼愛有加。

對此，有人歸咎於高宗李治的貪淫好色，偶見美貌無比風韻猶存的武則天，便不顧她曾經是自己父親的女人，因而置傳統的禮義道德和廉恥於不顧，將武則天接入自己的後宮當中。也有人說，武則天有極強的野心和權力欲望，在太宗時未受重用，便轉為目標改立為太子李治的主意。其

▼長安二年（702），武周設置北庭都護府，管轄天山以北的西域地區。

鎏鴻雁流雲紋銀茶碾子

▲中國人自漢代開始飲茶，到唐代飲茶之風尤為盛行。唐人飲茶有一整套程式，如烹煮、點茶、碾羅、貯茶、貯鹽等。

年，她自認時機成熟，便強逼李治把自己重新迎入宮中。

無論事實的真相為何，再度入宮對武則天的政治前程是至關重要的，沒有此一機會，就沒有後來的成功霸業。

機會，是成功的必備條件，但擁有機會和取得成功之間，還需善用智慧和努力實踐作為橋梁。

當時，高宗皇后姓王，若武則天想在政治權力上擁有更大的作為，就必須逾越這道屏障。幸虧王皇后是個熱衷權力卻極其蠢笨的女人。

王皇后雖然出身名門，被立為皇后，但一直未曾生養子嗣。宮裡有位蕭妃，相貌十分漂亮，平常就很得李治歡喜，如今又懷有身孕，此事對王皇后的權力地位構成巨大的威脅。武則天入宮之後，對統攝後宮的王皇后畢恭畢敬，想方設法地討好她。王皇后見她得李治喜愛，對自己又這樣恭順乖巧，便認為武則天是自己結為同盟以打擊蕭妃的最佳搭檔。於是便和武則天兩人共同剷除敵人，兩人合作無間。

王皇后借助武則天之力打敗了蕭妃，心情完全放鬆，警戒心也減少了許多。卻不料武則天的槍口早就瞄準了她。武則天為了陷害王皇后不惜親手掐死自己的親生女兒，嫁禍給她。李治欲令智昏，真假莫辨，因而廢了王皇后，於西元六五五年正式冊立武則天為皇后。

登上皇后的高位，母儀天下的武則天，想從懦弱無能的李治手裡奪取愈來愈多的實權已經不再是難事。在奪權的過程中，她遇人阻殺人、遇佛擋殺佛。雖然落下了殘酷無情、心狠手辣的惡名，但最終她還是成功登上了帝位，也在史冊中留下了重要的一席之位。在殘酷激烈的競爭環境裡，成功者是不應該受到過多指責的。更何況，武則天執政前後長達五十年，對當時社會政治、經濟、文化的持續發展，同樣作出了不可磨滅的偉大貢獻。

▲三彩駱駝及騎駱駝者俑

四、武則天是怎樣的一個女人？

對任何事物的評價，不同的人，會有不同的感情傾向，所得結果，也會各不相同。評價人物，比評價普通的事物要困難得多，而要評價中國歷史上唯一的女皇帝，更是難上加難。

武則天出生於西元六二四年，壽終於西元七〇五年，享年八十二歲。在這八十多年的時間裡，她經歷了由一位普通官宦小姐到一代帝王的巨大轉變，做了許多永遠記載於史冊上的大事情，任何簡單考核下的評價，都會有失偏頗。

中國盛行儒家中庸之道，為人多喜內斂、保守、含蓄，但在評價武則天的問題上，仍有人走上極端之道。喜歡她的人，把她頌揚成功高德大的一位聖君，不喜歡她的人，把她貶抑為惡毒無恥的壞女人。客觀地講，兩者皆有不妥。

首先，武則天是個女人，自然會被人們用自古沿襲成習慣的女性審美標準去審視評價。

在容貌方面，武則天能在十四歲時入選進宮，應該是稱得上貌美的。雖然在唐太宗時不見寵幸，主要原因，應該是唐太宗勤於政事，疏於女色所致，當然，年紀過大，也是重要原因之一。而在高宗眼裡，武則天縱然無傾國傾城之色、閉月羞花之貌，也足以到了冠絕後宮的地步，否則，也不可能讓她一步一步登上皇后寶座。

在性格方面，身為女人的武則天，無疑是存有缺陷的，這也是她最遭人非議的地方。為了打敗王皇后，她不惜親手掐死了自己的女兒，栽贓於王皇后；為了達到長期操縱朝政的目的，她又毒死了長子李弘，次子被廢帝位，流放於巴州，武則天還不放心，索性派人前去殺害次子。這些行為，都顯示著武則天沒有作為母親的愛憐之心。別人說她殘暴毒辣，不是沒有道理。

還有人罵武則天無恥，主要是指她本是唐太宗之妃，卻與其子李治私通，甚至於明目張膽地成了李治的妃子、皇后。李治死後，武則天大權在握，特別是正式登上帝位之後，又比照男性帝王的作風，寵幸張昌宗、張易之兄弟。倘若用同期長孫皇后《女則》的女性行為規範來要求，武則天也的確夠荒淫無恥了。

但歷史上的武則天，除了不可改變的女性身分之外，更重要的是她的帝王身分。作為一位成功的、有卓越影響的政治家，對其綜合評價，應該

▲《茶經》書影：《茶經》，唐代陸羽所著。分3卷10冊，7000餘字，系統總結了唐代以前種茶經驗，包括茶的起源、種類、特性、制法、烹煎、茶具、水的品第、飲紗風俗、名茶產地以及有關茶的典故，是第一部關於茶葉的專著。

更側重於她在政治上的偉大貢獻。在政治上，武則天的人生，可分為兩個截然不同的時期，大權在握之前受制於人，大權在握之後制人。

古語云：「成大事者，不唯有超世之才，亦有堅韌不拔之志。」武則天能夠在封建禮制對女性的重重封鎖和包圍中沖天而起，成為最後的勝利者，必定兼具了這兩方面的可貴特質。

如果沒有遠大的志向，即使她入感業寺被贖回皇宮，最多也只能是懦弱皇帝李治的一位寵妃，一旦人老色衰，就會像無數受寵妃子那樣被紅塵湮沒。甚至在此之前，就會落得像蕭淑妃一樣的下場。而她處心積慮扳倒王皇后，既是為了攀登更高的目標地位，也是為了自保。

扳倒已經高高在上的皇后並不容易，要長期操持朝政，更不容易。武則天別無選擇，只能用掐死女兒，毒死兒子的手段，武則天固然凶殘毒

▲三彩罐：這件三彩罐粉色陶胎，掛釉以綠色為主，堆塑紋飾施以黃、白、藍等色。體表厚重，色彩鮮豔勻淨，在唐三彩中屬於上品。

鬥茶圖

▼圖為宋代《鬥茶圖》所反映鬥茶的情景。唐代陸羽著《茶經》問世後，對茶的品質、採製、烹飲等方法所述甚詳，因此到宋代茶道頗為盛行。

▲無字碑：無字碑是按照武則天臨死遺言而立的。遺言說：己之功過，由後人來評，故不刻文字。碑高630公分，寬210公分，厚1490公分。宋、金以後，一些遊人在上面題字，「無字碑」變成了「有字碑」。

辣，但政治權力之爭，向來都是這樣殘酷無情。遠的姑且不說，同朝的唐太宗，在玄武門之變前，也應該有過選擇和考慮。但唐太宗的手足相殘，指責的人就少，為何人們只指責武則天呢？

如果目標是遠大崇高的，實現目標所採取的手段，就沒有高尚和卑劣之別，只有成功和失敗之別。所有成就大事之人，都必須具備全局觀念和當機立斷的意志。李世民如果過於沉湎於手足情誼，他和李建成的命運就會掉轉過來；武則天如果過於沉湎於兒女之情，命運結果同樣如此。成功者是不應該受到指責的，要怪也只能怪政治權力之爭的殘酷無情。

自古以來能成功登臨政治

權力的巔峰，和能否成功地利用手中權力，治理好天下，並不一定成為正比。要客觀公正地評價武則天，就必須考察她施政期間的利弊得失。

武則天在西元六九〇年正式稱帝，至西元七〇五年底病死，在位時間十五年。如果從她被冊封為皇后，參予朝政開始算起，武則天施政的時間，長達四、五十年。在此期間，武則天是卓有政績的。

首先，在隋唐之前，中國一直處於四分五裂的割據狀態，建立統一的中央集權帝國，是隋朝和唐初的重要任務。唐太宗時，出兵回紇，送文成公主入藏和親，都有利於邊境的安寧

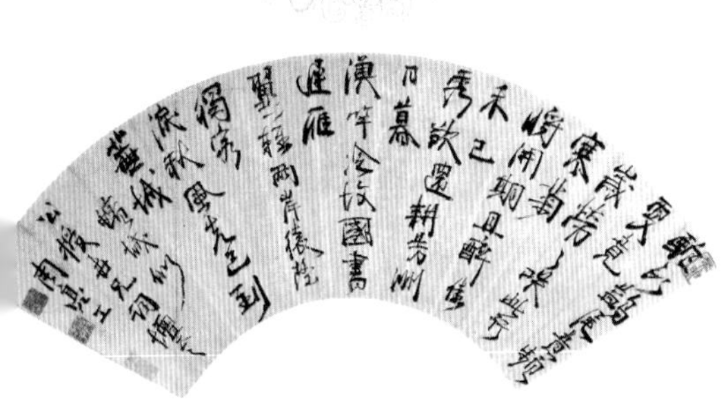

慈母洗嬰圖

▶皇帝三千佳麗，必然會導致宮中女性心理的畸形發展。權力與這種畸形心理的結合，導致了武則天做出了滅絕人性的、違背天理的殺子之事。

唐・光明砂

▲西安何家村出土的唐代人服食的煉丹材。

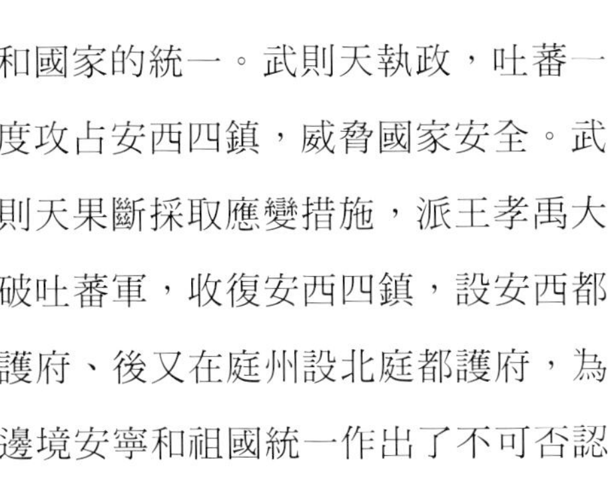

和國家的統一。武則天執政，吐蕃一度攻占安西四鎮，威脅國家安全。武則天果斷採取應變措施，派王孝禹大破吐蕃軍，收復安西四鎮，設安西都護府、後又在庭州設北庭都護府，為邊境安寧和祖國統一作出了不可否認的貢獻。

其次，在隋朝以前，門閥士族壟斷政治權力，寒門出身的賢能之士得不到重用，是中國政治上的嚴重問題。隋朝開國之後，楊堅設科舉制度，打破了傳統囿限，但成效並不顯著。唐代李世民和李建成之爭，支持李建成的多是根深蒂固的權門豪族，支持李世民的多是出身平凡的有功將士，李世民的貞觀之治，沿續了隋代科舉制度，不拘一格選拔人才，中國政治趨於開明。武則天執政，沿續了此一盛世，進一步完善科舉制度，大膽重用出身寒微，但有真才實學的狄仁傑、姚崇等人，對維持社會政治、經濟的持續發展，同樣具有積極而正面的意義。

再次，唐開國之前，長期的戰亂，對社會經濟的破壞嚴重，唐太宗貞觀之治，對社會經濟的恢復發展，功不可沒。武則天執政，同樣沿續這個成果，進一步興修水利，獎勵農桑，減輕傜役，整頓均田制度，使社會經濟繼續發展，具有不可磨滅的歷史功績。

武則天執政，也有值得非議的地方。首先，是對異己勢力的堅決打擊，以致律法過於嚴厲，導致了社會的不滿情緒；其次是寵愛親信，如武氏家族中的武承嗣、武三思等，既無卓越之才能，又無顯赫之功勳，卻把持重要的國家權力地位，對此民怨甚大；再次是迷信佛教，窮奢極欲，特別是在晚期，政局惡化，社會矛盾加劇，隱患甚大。

但總歸來說，武則天當政的數十年，社會穩定，經濟持續發展，成為自「貞觀之治」至「開元之治」中間重要的組成和連接部分，為締造中國

▲楓葉紋描金藍色玻璃盤：高2.1公分，外口徑15.8公分，內腹徑12.5公分，邊沿寬16公分。此盤出土於陝西扶風，原產自地中海地區，被唐人用為禮佛。

▲乾陵：乾陵是唐朝第三代皇帝李治和女皇武則天的合葬陵，位於陝西乾縣城北6公里的梁山上。

封建社會的最高峰，作出了傑出的貢獻。所有的非議和過失，都瑕不掩瑜。

▲登科升平爾舞圖

武則天稱帝後，立原睿宗李旦為太子，賜名武旦。

西元六九八年，武則天將李顯秘密接回了京城洛陽，當時的太子李旦聰明地請求退出，讓母親立哥哥為太子。

西元七〇四年年末，武則天病倒在床上，幾個月也不召見宰相，只有張氏兄弟倆侍奉左右，左右朝政大事，這使大臣們六神無主。宰相張柬之經過周密部署，在西元七〇五年的正月裡發動了兵變，把張氏兄弟殺死，迫使病中的武則天讓位，由中宗即李顯復位，重建唐朝。

西元七〇五年正月二十五這天，武則天不情願地離開了她做了十五年女皇的宮殿，搬到了洛陽宮城西南的上陽宮。中宗給她上了尊號「則天大聖皇帝」。但失去帝位的武則天心情很差，精神的支柱沒有了，本來就年老的身體很快垮了下來，在西元七〇五年的十一月初二，八十二虛歲的武則天死於上陽宮的仙居殿。

臨終時她異常清醒，立下了遺囑，包括去掉帝號，稱則天大聖皇后，葬在乾陵，和高宗合葬。只許為她立碑，不許立傳，這就是其墓前見一無字墓碑來歷。還有赦免王皇后、蕭淑妃以及褚遂良等人的家屬。其他被酷吏迫害的人則早在她被迫下臺前已經赦免。西元七〇六年的正月，武則天的靈柩運回了長安，和高宗合葬在乾陵。

武則天死後，她的謚號變過幾次，但兒孫們的尊敬態度沒有變。睿宗第二次即位後，改稱為「天后」，後來又先後改為「大聖天后」，尊為「天后皇帝」，改為「聖後」。唐玄宗即位後，改為「則天皇后」，比較客觀。到了西元七四九年，最後把武則天的謚號定為「則天順聖皇后」。

五、韋氏母女是否亂政？

在男尊女卑價值觀念暢行無阻的中國封建社會，女性的權力之道，顯得異常艱辛。就算是智慧冠絕，才華無雙的一代女帝武則天，也有許多耐人尋味的心酸。

高宗李治無能，卻又不甘心大權完全落入武則天之手，西元六七五年，想禪位給太子李弘，武則天想保住權勢地位，不惜毒殺自己的這個親生兒子。次子李賢被立為太子，李治想讓李賢監國，武則天又廢李賢，立李顯為太子。西元六八三年，唐高宗駕崩，李顯繼位為帝，即唐中宗。但是第二年，武則天又廢李顯為廬陵王，立第四子李旦為唐睿宗。

李顯初即位，權力完全由母親武則天把持，他形同虛設的傀儡，處境堪慮。被廢之後，擁有諸王身分而離京赴任，雖然遠離了武則天的勢力範圍，並不一定就是壞事，但只要聯想到前太子李賢被廢，最終被武則天祕密處死，廬陵王李顯當時的處境，仍是不能令人安心。

據傳聞，李顯離京赴巴州廬陵，處境非常淒涼，除了車夫僕從之外，就只有髮妻韋氏相隨。且在途中，身懷六甲的韋氏因動了胎氣，早產生下一女，情急之下竟然無包裹之物，李顯只好自行脫衣包裹住此女娃。此女也因此有了「裹兒」的乳名。如此看來，

▲鑲螺鈿琵琶

孫思邈診脈圖

▲孫思邈（581～682），京兆華原（今陝西耀縣）人，後人稱他為「藥王」。他在幾十年的醫學臨床實踐中，博採眾長，精心刪減，於652年撰成醫書《備急千金要方》，總結了唐代以前的醫學成就。30年後，他又在總結半生醫學經驗的基礎上，集成《千金翼方》。

▲戴面紗女騎俑

▲牛首瑪瑙杯：從這只杯的造型來看，是來自中亞一帶的器物。

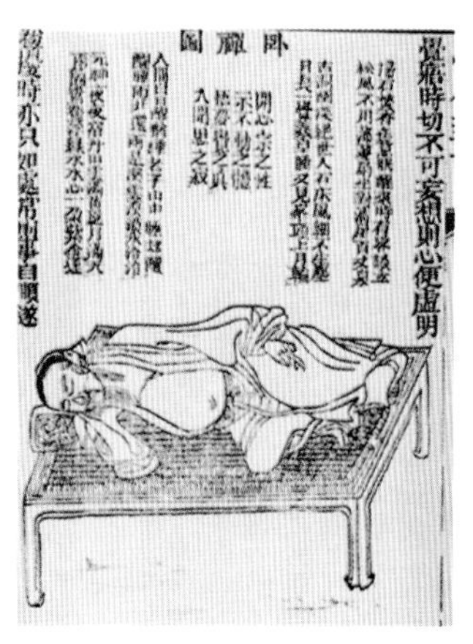

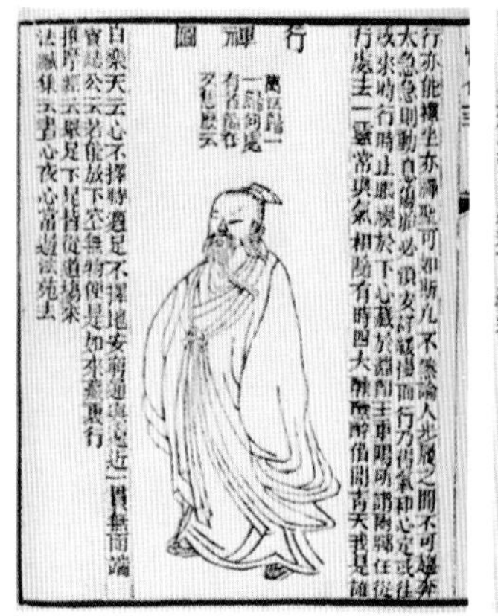

修禪圖

▲「修禪」是佛教禪宗的基本修行活動。修禪的基本姿勢有5種，主要為坐式，通常稱「做禪」，其餘有臥式、行走式、立式和隨意式。以下3幅圖分別為：臥禪圖；行禪圖和坐禪圖。

處境實在可憐。

就算是到達廬陵，李顯夫婦的生活，同樣灰暗無比。尤其是李顯，出身疼然這樣的高貴，前途卻沒有任何方向、黯淡無光。李顯日漸失落乃至絕望的心不難想像。韋氏人很聰明，性格也比較堅強，知道自己夫婦倆目前無法超越現實，也就不去多想，在丈夫失意之時，常常在身旁出言鼓勵勸勉他。她的鼓勵、支持也成為李顯當時最大的精神力量。

武則天晚年，無法超越女性帝王固有的性別缺失，考慮帝位傳承時，不得不在與自己姓氏相異的兒子中選擇。而忠直大臣如狄仁傑、李德昭等，體會聖意，主動將李顯夫婦，從廬陵迎回京中。西元七〇五年正月，武則天被鳳閣侍郎張東之等所逼，退還帝位，李顯被擁立，仍稱唐中宗。

世間任何東西，失而復得之後，都會讓當事人倍感珍惜。李顯經歷那麼多的艱難，才重新登上至尊的帝位，而且是完全沒有拘束，自由享受權力的心情也格外不同。

李顯在政治上並無特殊的才能，卻也算是性情中人，有感於逆境中韋氏的患難與共和悉心照顧，即位後，立即冊封韋氏為皇后，回饋以無限的關愛與嬌寵，這似乎也算是順理成章。

韋皇后在李顯落魄時能表現出超乎常人的冷靜和平淡，確實有其過人之處、登上皇后高位後，利用中宗的放任寵愛，暗地裡拚命攝取權力也是很自然的事情。

當時，武則天雖去逝了，但其生前重用的侄子武三思，權勢仍然不可輕忽。於是韋皇后將自己的女兒，亦即乳名「裹兒」的安樂公主，嫁作武三思的兒媳，兩人私下相互勾結，行為愈來愈肆無忌憚，權勢發展也更加沒有約束。

韋皇后，和武三思雖然權傾天下，但卻都沒有政治才能，更無政治功績，特別是在眾多忠誠於李唐王朝的人眼裡，韋皇后和武三思儼然成為天下大害。

作為武三思和韋皇后關係連結樞紐的安樂公主，同樣是一位具有極盛權力欲望的女子。她的目標願望甚至更加簡單：就是要母親韋皇后取代父親中宗，成為第二個女皇帝，然後立自己為皇太女，以後可以接替母親掌管國家，過過皇帝癮。

簡單的想法，自然會誘發簡單的行為方式。皇后母女的露骨行為，率先引發了中宗太子李重俊的不滿。西元七〇七年七月，太子李重俊聯合禁宮將領率領數百位御林軍，發動政變。雖然襲擊殺害了武三思父子，卻在攻擊玄武門，欲除去韋皇后母女的戰鬥中失敗，最終逃出京城，但卻不幸被部下謀殺而亡。

太子李重俊的失利，更加助長了韋皇后和安樂公主的囂張跋扈，竟然在西元七〇九年狠心毒死了中宗李顯。之後，韋皇后立年少的李重茂為少帝，準備伺機取而代之。

然而，韋皇后空有政治野心，才能卻與武則天相去甚遠。正當她沉浸在女帝夢想中不知所以時，才能卓越的李隆基在另一位皇室成員太平公主的支持下，於西元七一〇年奮起一擊，輕易地剷除了韋皇后和安樂公主母女。

▼唐代宮樂圖

▲內人雙路圖：該圖中的「內人」就是指宮中的人，「雙陸」是一種始於魏晉南北朝，盛行於唐代的棋類活動。

六、馬嵬驛可曾葬香魂？

▲郭子儀：郭子儀（697～781），唐朝傑出將領。唐代華州鄭縣（今陝西華縣）人。郭子儀出身一個中層官吏家庭，通過武舉考試而走上政治舞臺。天寶八載（749），為橫塞野軍使，天寶十三載（754），為天德軍（合內蒙烏拉特前旗北）使，兼九原（今內蒙烏拉特前旗西）太守與朔方節度使右兵馬使。天寶十四載（755）安祿山叛亂初起，郭子儀即調任朔方節度使（駐靈武，在今寧夏靈武西），並奉命率軍東討叛軍。

唐玄宗李隆基享國四十三年，是唐朝在位時間最長的帝王。一直以來，人們對他的評價毀譽參半，一方面他在位前期勵精圖治，改革弊政，發展經濟，沿續了唐朝太宗、武則天以來的發展情勢，至開元年間達到鼎盛；另一方面則是後期的昏庸懈怠，讓高力士、楊國忠、安祿山等人有機可乘，並最終引發長達八年的安史之亂，使李唐江山就此衰落。

唐玄宗像

▲唐玄宗李隆基，是唐睿宗李旦第三子，西元712年受禪即位，年號先天、開元、天寶。

當然，論及李隆基，就不能不提楊貴妃。她不但名列中國古代四大美女之一，而且長期以來，一直有人把她說成是禍國殃民的紅顏禍水，也有人把她當作至真純美愛情的化身。無論褒貶如何，都是非常被重視的焦點人物。

應該承認，單純從政治上來講，唐玄宗並不缺乏與女人相處的經驗。二十歲前，一直是祖母武則天執政，他既感受到了武則天作為一位女性君王在政治上的雄才大略，也親眼目睹了武則天為鞏固自己地位，對異己勢力的排擠和打擊，特別是對李氏皇族的打擊和抑制。

武則天逝世，伯父李顯在位，父親睿宗李旦廢帝號改封相王。繼之而起的，是韋氏母女的擅權誤國。而他本人，也是在聯絡姑母太平公主之後，一舉翦滅韋氏母女，從而一步一步逼近帝王寶座的。

西元七一二年，以禪讓的方式，李隆基從父親睿宗李旦手裡接過帝位。之所以如此， 一方面是因為他的才能得到李旦的認可，另一方面則是因為他在翦除韋氏母女的過程中居功厥偉，睿宗全拜此所賜才能重登帝王之位。

在翦滅韋氏母女過程中同樣立有大功的，還有李隆基的姑母——太平公主。太平公主是高宗李治和武則天的幼女，自幼非常聰明，深受武則天所器重，而她不但美貌如母親一般，智慧謀略也因深受武則天薰陶而出類拔萃。從武則天稱帝到韋氏臨朝稱制，李氏皇宮的權力爭鬥風起雲湧，許多人因此榮辱互易，簡直是司空見慣，唯太平公主在這一連串的鬥爭中獨善其身，無災無難。足以表明她的圓滑周到，未雨綢繆。

由於才智卓越，善與人相處，太平公主的身邊向來都不缺乏追隨者和擁護者。也因如此，才使得她能夠在翦滅韋氏的鬥爭中，扮演極為重要的角色。

太平公主是玄宗姑母，不論是輩分還是才智，都足可贏得玄宗的尊敬，特別是同為翦除韋氏的主力，玄宗繼位之初，太平公主的威望和地位都迅速飆升。雖然沒有任何名義上的職權，但在朝廷中的影響力，就連公卿重臣都難望其項背。

政治權力的引誘出現在面前，人性很容易扭曲變形。太平公主在處境艱難之時，但求自保，一切都還頗為順利和成功，可到了玄宗之時，權勢威望愈高，渴望得到的東西反倒是愈來愈多，發展到後來，朝中宰相七人，有五人與之關係密切，她內結將相，外聯王公，還三不五時地對朝政比手畫腳。這些玄宗都極力容忍了，玄宗萬萬不能忍受的，是太平公主竟然在西元七一三年七月三日，邀集尚書左僕射竇懷貞、侍中岑羲、中書令蕭至忠、崔提、雍州長史李晉、左羽林大將軍常元楷、右羽將軍李慈等黨朋，至自己府上密謀，想發動政變，再作第二位女皇帝。

結果，太平公主的陰謀被玄宗及

▲楊貴妃：楊貴妃名玉環，本是唐玄宗之子、壽王李瑁的妃子，後被唐玄宗看中，招入宮中，入居南宮，賜號太真。南宮改名太真宮。後她離開太真宮，封為貴妃。享受與皇后同等的待遇。時年，唐玄宗56歲，楊玉環22歲。

◀一行求學：一行曾經慕名向國清寺內一位算術高超的老僧求學，為他以後編制《大衍曆》打下了良好的數學基礎。

▲鑒真坐像：此像是鑒真笛子忍基等人按其真容製作。此像至今供奉在唐招提寺開山堂內，被視為日本的國寶。

▲迎接鑒真：鑒真到了日本後，受到隆重歡迎，成為日本律宗的開山祖師。

時粉碎，玄宗掌控時局的超凡能力，再一次得到證明。

有人認為，唐玄宗前半生時，對後宮女性擅權誤國感受頗深，自己又是一位英明有主見的帝王，絕不可能讓楊貴妃輕易干預朝政，楊貴妃也不該背負紅顏誤國的罪名。

楊貴妃是在玄宗開元二十四年，亦即西元七三六年被選入宮的，父親楊玄琰曾是蜀州司戶，此時已經病逝。楊貴妃因此故，恰好在道觀之中帶髮修行，還取了一個道號叫太真，人稱楊太真。楊太真共有姊妹四人，盡貌若天仙，遠近馳名。這並不重要，重要的是西元七三六年，玄宗原來最寵愛的後宮武惠妃因病早逝。玄宗對武惠妃的早逝非常痛若，一度情緒低落，親信之人為安慰玄宗，遍尋美女，這才引出楊太真入宮。

楊貴妃到底有多貌美呢？史籍並無確實的記錄，現在僅能從流傳的文藝和繪畫作品窺其一斑。白居易《長恨歌》有「六宮粉黛無顏色」，還說其入宮受寵，「從此君王不早朝」，其美貌是肯定無疑的。再說，史籍上也有記載的是，楊貴妃入宮後受到玄宗寵愛，連帶她的三位姊妹也都被召入宮，分別被冊封為韓國夫人、虢國夫人、秦國夫人。此三人在後世少有人知，但在當時能享如此殊譽，足見作為四姊妹翹楚的楊貴妃，的確美麗至極。

美則美矣，唐玄宗是否因為楊貴妃的美貌，就神魂顛倒，任由其擺布，從而禍國殃民呢？顯然還不至於。

據史書所記載，楊貴妃入宮之後的確榮寵無比，連帶另外三位姊妹受寵，早逝的父親被追封為太尉、齊國公，叔父楊玄珪授光祿卿，從兄楊銛，楊錡皆有官職。然而，西元七四六年七月，楊貴妃被遣送回從兄楊銛家中，足以說明在兩人之間掌握絕對主動權的並非楊貴妃，而是唐玄宗。雖然這次危機很快便化解，楊貴妃又被召入宮中，但僅過四年，楊貴妃二度被遣出宮。再度召回，兩人再沒發生過什麼矛盾，直到馬嵬驛之變。

可以推測，楊貴妃第三次入宮之時，唐玄宗已經是古稀老人，而楊貴妃也是人到中年。維繫兩人關係的，

不僅僅是容貌、私欲等浮濫的東西，更重要的是情感和精神的需求。

貶斥楊貴妃的人都會把安史之亂置於最前頭。因為安史之亂爆發的兩位主要人物——楊國忠和安祿山，都和楊貴妃有著非常直接而緊密的關係。

楊國忠本名楊釗，是楊貴妃的堂兄。世人都說他是奸佞小人，靠著玄宗對楊貴妃的寵信才躡居高位。其實，楊國忠最初僅是蜀地一個負責屯田的低級軍官，因為屯田成績出色，提升為新都尉，繼而為金吾衛兵曹參軍、劍南節度使賓佐、監察御史、太府卿事。可謂一步一個腳印，沒沾楊貴妃多大光彩。

不可否認，楊國忠最後位居宰相、兼吏部尚書、集賢殿大學士、太清、太微宮使、判度支、劍南節度使、山南西道採訪使、兩京出納租庸鑄錢使等，可謂顯赫至極，權傾天下。但這些都是玄宗給他的，不是楊貴妃給他的。僅憑由原來的楊釗，自己改名為楊國忠，足見其確有一些小聰明，能逗玄宗開心，能騙取玄宗的信任。

安祿山為胡人，邊地悍將，對朝廷的確有過功勞，受玄宗賞識重用，無可厚非。雖然他曾拜比自己還小的楊貴妃為「乾娘」，不也拜玄宗為「乾爹」嗎？他之所以最後兼任平盧、范陽、河東節度使，也是拜玄宗所賜。至於他最後舉兵反叛，純粹是野心膨脹的結果，打出清君側、翦除楊氏兄妹的旗號，也不過是個幌子而已。要不然，為什麼楊氏兄妹命喪馬嵬驛後，安祿山不主動罷兵，還要自稱皇帝呢？

▲鑒真第六次東渡圖：鑒真大師五次東渡失敗後，於唐天寶十二年（753）十一月十日，從揚州登船第六次東渡日本。圖為日本《東征繪傳》中描寫鑒真和尚準備登船的情景。

沿著這條線索，楊貴妃最後香魂葬馬嵬驛，就應是莫大的冤枉。冤枉之一，是她並無干預政事之過，只是成了眾將士擁戴肅宗代替玄宗的一個藉口和犧牲品。冤枉之二，是她與玄宗盛情甚篤，玄宗儘管貴為天子，在此特殊情勢下，連心愛之人的性命也無法保全，豈不悲哉！

也許正因如此，世間盛傳楊貴

楊貴妃之死

▲楊貴妃（719～756），唐玄宗李隆基的寵妃。小字玉環。道號太真。蒲州永樂（今山西永濟）人。在將士們的威脅下，唐玄宗不得不狠心下令，命高力士縊殺了楊貴妃。

妃並未死於馬嵬驛，而是被玄宗暗渡陳倉，以普通宮女代替受死，讓她遠渡至鄰國日本。位於日本山口縣油谷町的二尊院，院內有楊貴妃的墳墓，並藏有兩本古文書記載著當地關於楊貴妃的傳說，內容是這樣寫的：唐天寶十五年七月，一艘船漂流到向津具半島西側的渡口，這艘船似乎漂流了很久，而船上有位氣質出眾的美女躺著，隨侍在側的侍女表示這位是唐朝天子，玄宗皇帝的愛妃楊貴妃。原本因為安祿山之亂而要被處死，但皇帝不忍心而命令近衛隊長秘密地做了手腳，讓楊貴妃坐船逃走，因而漂流到這裡。

之後，救了楊貴妃的當地居民細心照料楊貴妃，但還是回天乏術。當地人將她葬在可看見海的久津丘上，而這個墳墓就是位於當今二尊院內的五輪塔。

但願這不僅僅是一個瑰麗卻又虛無的傳說。

▼馬嵬坡楊貴妃墓：楊貴妃墓在陝西興平縣馬嵬坡。墓為一個陵園，面積3000平方公尺，墓磚砌圓形，立「楊貴妃之墓」碑，大門橫書「唐楊氏貴妃之墓」七個字，墓園內有歷代名人題詠碑刻。

七、楊玉環與安祿山之間有風流韻事嗎？

楊玉環即楊貴妃，她與唐玄宗李隆基的故事，因唐代白居易的長詩《長恨歌》和明朝洪昇的《長生殿》而被流傳千古，人們甚至因此把他倆看成是中國古代的第一有情人。另外民間卻有一種傳聞，聲稱楊玉環與安祿山之間存有風流韻事，不知真相為何？

從當時的情形來看，兩人生活於盛唐，當時的政治清明、經濟繁榮、民風開放，儼然一派太平盛世的景象，女性在社會上的地位，也相對活躍。照理說，一個美貌女子和一個驍勇大將之間，發生一些情感或情感以外的曖昧，不值得大驚小怪，但要發生在楊玉環和安祿山之間，的確令人難以置信。

首先，必須排除被逼無奈之可能。雖然女性在古代中國的地位非常低下，而安祿山身兼平盧、範陽、河東三個節度使，擁有數十萬大軍兵權，占據大唐半壁江山，其權勢地位可以令其為所欲為。但楊玉環是唐玄宗的寵妃，在唐玄宗和安祿山之間，根本沒有可供比較的空間。安祿山之所以可以獲得這一切權勢，全都是拜唐玄宗和楊玉環之賜，他再膽大妄為，又豈有因小失大，而甘冒得罪「衣食父母」之理？

其次，用現代人的眼光審視，除了被迫的情形外，男女之間還存有兩情相悅之可能。但在楊玉環和安祿山之間，這種可能性也幾乎為零。

世間萬事萬物，凡存在的，皆有其道理，楊玉環根本沒有主動親近安祿山的理由。論權勢，唐玄宗貴為

▲安祿山：安祿山（703～757）營州（今遼寧朝陽）人。其父可能是康姓胡人，母阿史德氏是個突厥巫婆。相傳，其母多年不生育，便去祈禱粲舉山（突厥尊粲舉山為戰鬥之神），遂於長安三年（703）正月初一感應生子，故名粲舉山。其父死得早，他從小隨母在突厥部族生活。後其母改嫁於突厥將軍安波注之兄延偃。開元初年，其族破落離散，他與將軍安道買之子孝節，安波注子思順、文貞一起逃離突厥，遂與安思順等約為兄弟，從此即冒姓安氏，名祿山。

▼貴妃出浴圖

▲三彩陶天王俑：唐三彩俑，此俑站於臥牛上，頭戴鶡冠，面目猙獰，身穿鎧甲戰袍，雙肩覆膊，右臂高舉握拳，左手叉腰。牛下方為長方形台座。通體施綠、黃、白等彩釉。此俑形體高大，體魄健壯，氣勢威武，三彩釉色鮮豔，彩繪精細。

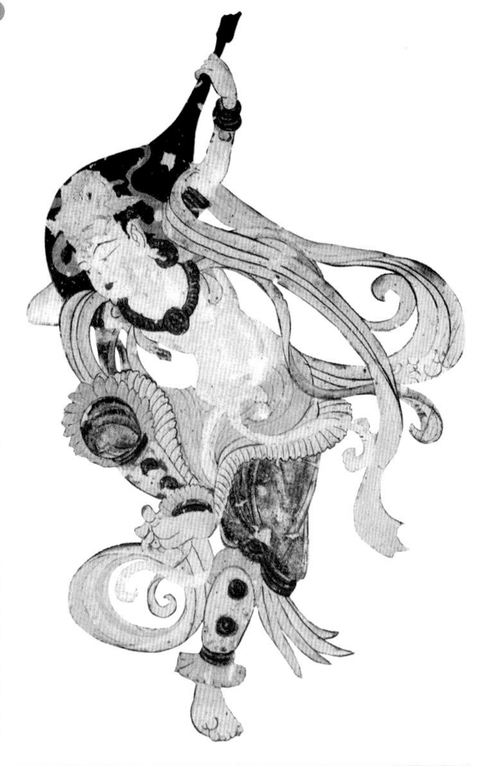

反彈琵琶

▲此圖是阿彌陀經變壁畫下部舞樂場面中心的舞伎。敦煌壁畫中抱著琵琶載彈載舞的比比皆是，其以反彈的難度最高，堪稱絕技。

天子，其他人不能給她的，他都能給她；安祿山不過是一名鎮邊大將，處處還是受制於唐玄宗，而且安祿山的地位不斷攀升，都是唐玄宗主動授予的，楊玉環絕不會為籠絡安祿山而有犧牲自己的可能。

論個人才學，早年的唐玄宗風流倜儻，才華橫溢，文治武功都堪稱歷代君王之中的佼佼者，尤善音律，並專為楊貴妃譜了《霓裳羽衣曲》，傳唱於後世。安祿山不過是胡人武將，哪有漢族文人的優雅溫情？再說，傳言安祿山身材矮小，腰圓如桶，其貌甚是醜陋，楊玉環又哪有捨近求遠，棄珠玉而就頑石的道理？

再來是當時的環境，不允許楊玉環和安祿山有任何私情。楊玉環入宮之後，以其絕世美貌，令「六宮粉黛無顏色」，又讓「天子從此不早朝」，應該不會缺乏自信，也不可能有受冷落的怨婦心態才對。

楊玉環受唐玄宗的專寵，威儀直逼皇后，中國傳統的禮儀道德規範，始終是高懸其頭頂的利劍，她根本沒有冒險僭越之必要。

安史之亂前，安祿山竭力討好唐玄宗和楊玉環，甚至拜年齡比自己小的楊玉環為母，以此換取唐玄宗和楊玉環手中的權力封賞。等到決定舉兵叛亂時，打出的旗幟之一，就是清君

▼法門寺銀鍍金舍利棺

側，矛頭直接指向楊玉環和其族兄楊國忠，列舉了楊氏兄妹的許多罪狀，這似乎也可證明他和楊玉環之間的「清白」。

由以上所述，雖然都是理念上的推論，缺乏確鑿的證據，但相對於他倆有私情的說法，又顯得說服力十足。

既然如此，就不能不論及世人無中生有的原因所在。大家之所以會猜測安祿山和楊玉環有私情，是因為安史之亂前，安祿山頻繁入京，入京之後，又頻繁出入王宮之中，有時甚至在宮中飲酒作樂玩得通宵達旦。這主要還是安祿山奉迎拍馬的本領實在高強，他拜楊玉環為母，很討楊玉環的歡心，也很得唐玄宗的信任。知道這一點，對安祿山為何頻頻出入王宮，就容易理解了。

後人編造楊玉環和安祿山故事，也許是因為安祿山是個大反賊，一度危及大唐江山；而楊玉環得玄宗獨寵，和玄宗後期在政治上的昏庸有一定程度的關係。就這樣，兩人被放在一起受指責的可能性大增，再被捏造一些男女之間的醜聞放在兩人之間，似乎也就更加順理成章了。

▲黃釉加彩繪貼金文官俑

▼騎馬仕女圖

第五章

宋元

宋朝汲取唐末藩鎮割據的教訓，重文抑武，其實是矯枉過正，因為當時尚有遼、夏、金、元等北方少數民族政權與宋朝並列對峙。在戰火頻仍中，宋朝統治者常常面臨被動挨打的尷尬局面，後宮生活也因此呈現獨特之色彩。

一、燭影斧聲的祕密是什麼？

朱溫代唐，盛極一時的唐朝至此宣告滅亡，中國歷史再度陷入五代十國長期分裂割據的混戰時期，直到西元九六〇年，後周殿前都檢點趙匡胤陳橋兵變，建立宋朝，繼而統一天下。

趙匡胤作為大宋開國之君，在歷史上的成就非凡。他不僅統一了中國絕大部分地區，還舉重若輕，以一招「杯酒釋兵權」，徹底消除地方藩鎮擁兵自重對朝廷的威脅。同時，趙匡胤在位期間，努力於修復政治、發展經濟，使中國封建政治、經濟、文化再度呈現出蓬勃發展的良好情勢。

父位傳子，是中國帝王政治制度下權力交替的慣常形式，否則就顯得不合情理。如果會超越此模式，原因不外乎三，其一是前代帝王無後；其二是改朝換代；其三是皇室內部陰謀篡奪。

趙匡胤於西元九七六年駕崩時，尚有兩個兒子趙德昭和趙德芳，但繼

▼杯酒釋兵權：建隆二年（西元961年），宋太祖趙匡胤宴請禁軍宿將石守信等人，誘導他們放棄兵權。眾人會意，第2天便假裝有病，要求接觸兵權，太祖欣然同意，罷免了他們的軍職。

宋朝文官服

▲宋朝百官常朝視事，皆穿公服。宋初公服三品以上服紫，五品以上服朱，七品以上服綠，九品以上服青。

位的卻是其弟趙光義。既不是第一個原因，也不是第二個原因，所以長期以來，人們只要提及這次的非常規權力交替過程，自然會往陰謀篡奪上面猜測。

現實也是如此，雖然不是正史典籍的確鑿記載，但絕大多數野史傳說和演義小說，都記載了有關「燭影斧聲」的故事，而且大同小異。

蔡東藩《宋史通俗演義》說：「開寶九年冬，太祖自覺身體康健，與光義宴飲，又覺舊疾發作，漸不能支。一夕，天方大雪，光義馳入，就榻慰問。光義命內侍等退出，只留自己一人。俄聽太祖囑咐光義。過了片時，又見燭影搖紅，或明或暗。彷彿似光義離席，逡巡退避。既而聞柱斧戳地聲，又聞太祖高聲道：『好好去做！』語音激而慘，不知何故。驀見光義至寢門侍，傳呼內侍，速請皇后皇子等到來。原來太祖已歸天去了。越日，光義即皇帝位。」

如果這個說法是真的，太祖趙匡胤的榻邊只有趙光義一人。燭影搖紅，一定是有事故發生，只是侍衛相距太遠，看不清楚。斧聲擊地，更是非同小可。緊接而來的，是趙匡胤激動而慘烈的叫聲，接著是趙匡胤的駕崩，隔天趙光義即位為帝。毫無疑問，這次非常規權力交替過程的背後真相，是趙光義謀害了兄長趙匡胤，搶奪了本該是屬於侄兒趙德昭或趙德芳的皇帝寶座。

其他的如《湘山野錄》、《宋宮十八朝演義》等，都有類似的記載，也都有相同的觀點。

因為都是演義小說和野史傳言，而不見任何正史記載，很多人對此並

▲宋太祖趙匡胤像：宋太祖趙匡胤（927.3.21～976.11.14），祖籍涿郡（今河北涿州），宋朝開國皇帝，史稱宋太祖。傑出的政治家、軍事家、戰略家、統帥。

▲天目盞：宋代時因日本僧人從浙江天目山寺院帶回斗笠狀黑釉茶具，所以把此造型的碗統稱為天目盞。實際上並不是天目山所產。

▲北宋武臣石像：北宋時期晉軍人數暴增，由初期的19.3萬人增加到後期的82.6萬人。為了維持這支龐大的軍隊，每年要耗費全國財政收入半數以上。

不深信。他們試圖找出證據，駁斥趙光義陰謀篡奪之說。其中，趙匡胤、趙光義之母杜氏操縱之說，很具代表性。

宋太祖趙匡胤共有兄弟五人：匡濟、匡胤、匡義、匡美、匡贊。匡濟和匡贊早死，匡義、匡美避太祖諱改名光義、光美，光美避太宗光義諱改名廷美。他們的父親趙弘殷是後漢主將郭威的手下，常年征戰在外，是故撫養教育孩子的責任就落在母親杜氏的肩上。

杜氏非常賢德，從小對趙匡胤兄弟教導非常嚴格，趙匡胤對母親也非常尊敬孝順。趙匡胤經歷後漢、後周兩朝，從低級將領到後周殿前都檢點，再到代周建宋，成為開國之君，得益於母親的地方頗多。即便是建立宋朝，登上了皇帝寶座，趙匡胤也常和母親杜太后商議朝政大事。只要是杜太后的建議，他都會慎重對待，只要有理，都會遵照執行。

西元九六一年夏，杜太后生病了，趙匡胤親奉湯藥，不離左右地照顧母親。但生老病死是生命存在和延續的自然規律，即使趙匡胤貴為皇帝，他的孝心也無法改變母親即將離世的殘酷事實。

有一天，杜太后的精神突然好起來，周圍所有人都很欣喜，但歷經人世滄桑的杜太后知道，這不過是臨終

杜太后

▲宋太祖趙匡胤的母親。據說是她臨終之前，要求趙匡胤一定要將帝位傳給弟弟趙光義。

前的迴光返照而已。遂摒退左右侍候之人，單獨召見太祖趙匡胤和宰相趙普。

杜太后問兒子說：「你知道自己是如何得天下的嗎？」

趙匡胤知母后此時問這個問題，必有深意，凝思片刻，才說：「是因為祖宗、父親和母后積了德，把好處都給了我。」

杜太后搖頭否定。

趙匡胤又說：「是我愛惜部下，眾將士都真心擁護我。」

杜太后還是搖頭。

趙匡胤說：「請母后教誨！」

杜太后說：「你能夠得天下，完

全是因為周世宗把帝位傳給了一個小孩子，人心不服。倘若周氏立一個年長的皇帝，天下豈能到你手中？」

趙匡胤不語。

杜太后又說：「你和弟弟光義都是我生的，他盡心盡力地輔佐你，有功勞更有苦勞，在文武大臣和百姓心目中，都有一定的聲望。希望你百歲之後，能把帝位傳給弟弟。四海至廣，百姓至眾，能立年長的君主才是社稷之福。」

其實，趙光義和趙匡胤為同母所生，感情一直很要好。趙光義輔佐趙匡胤，功勞的確很大，趙匡胤登基當上皇帝，對弟弟非常器重，封其為晉王，拜開封府尹，朝會排班，位在宰相趙普之上。趙匡胤今日見母親臨終交代，想都都不用想，便答應了母親的囑咐。

為了表示鄭重，杜太后又對站在一旁的趙普說：「我兒子對政事不熟，你要好好幫助他們。今天的話，你一定要好好牢記。」

宋朝開國之前，趙普是趙匡胤軍中的書記官，「牢記」一詞，包含兩層意思。趙普遂把杜太后說過的話，全都如實記錄下來，最後落款「臣趙普記」四字。

趙普所記，被當成是杜太后最後的遺囑，交由司職國家最高機密的宮人保管。諸事辦妥，杜太后即駕鶴西去。

很多人肯定，這才是趙匡胤臨終

宋人科舉考試圖

▼科舉考試及第，賜進士出身等，任以官職。宋代重視人文，相臣多出自進士。

▲景德鎮窯影青觀音坐像：觀音菩薩頭戴化佛冠，胸前佩帶瓔珞，披著通肩大衣，雙手結定印，面相豐腴，神情安詳。

▲魚藻紋瓷缽：高13.2公分。斂口，鼓腹下收，圓底，施白釉至下腹，塗繪黑色魚紋和水草紋，用白釉鉤畫魚嘴、眼睛和魚鱗、魚鰭，筆勢淩利如鐵劃銀鉤。

▲趙普：趙普(922～992)北宋大臣。字則平。幽州薊(今北京城西南)人，徙居常山(今屬浙江)，後遷洛陽。剛毅果斷，多謀有略。後周時為趙匡胤的幕僚，任掌書記，策劃陳橋兵變，幫助趙匡胤奪取政權。

前將帝位傳給弟弟趙光義，而不傳給兒子趙德昭或趙德芳的真正原因。

趙光義繼位，封弟弟趙廷美為齊王，接替開封府尹，哥哥的兩個兒子趙德昭和趙德芳，各有封賞。並且特地下詔言明，德昭、德芳及廷美的子女，如同自己的子女，皆稱皇子皇女，一視同仁。

但繼位不到四年，西元九七九年冬，太宗趙光義御駕親征，先滅北漢，緊接著再攻契丹，導致兵敗。回京之後，趙光義頗為沮喪，對討滅北漢的有功將士也不封賞。趙德昭以為此舉不妥，就向趙光義進諫。

不料趙光義勃然大怒，說：「待你當了皇帝，再封賞他們也不算遲！」

曾下詔將趙德昭等當作自己孩子的太宗，何以有這麼大的無名之火呢？敗給契丹固然是原因之一，更重要的是，宋軍當時遭契丹突襲，軍中大亂，就連皇帝也一時不見了。有人便提議說，軍中不可一時無主，不如立德昭為帝，穩定軍心。很快，太宗被找到了，立德昭為帝之事，不過說說而已，但太宗卻耿耿於懷。

古代，君臣之禮是半點都逾越不得的。趙德昭好心進諫，卻讓太宗用這樣的話回擊。為了表明心跡，德昭拜別太宗，回家之後就自殺了。

德昭之死，在朝野引起極大的震憾，皇族內部曾經親密無間的關係不復存在了。太宗的心態，也發生了微妙的變化。西元九八一年，趙匡胤的另一個兒子趙德芳暴卒。次年，太宗弟趙廷美因謀反罪被削去王位，貶至西京留守。不久，再貶房州。西元九八四年，趙廷美死在房州。

有人推測，趙德芳和趙廷美之死，都是趙光義為傳位給自己的兒子，而刻意策劃導演的。既然能害死弟弟和侄子，害死趙匡胤也是很可能的，這是後人們進一步的推測。

北宋交子

▲交子是世界上最早使用的紙幣。圖為「交子」鈔版拓本。

二、李皇后爲何會失敗？

宋太宗像

▲宋太宗原叫趙匡義，後改名為趙光義，因為輔助其兄太祖創業有功，封其晉王。即位後改名為炅。他在位22年，廟號太宗。

自私是人類的天性，只是表現的方式不同，之後產生的效果互異而已。

宋朝開國，杜太后要求兒子趙匡胤把江山社986稷傳承給趙光義，趙匡胤遵照母意這樣做，目的全是為了確保趙氏的江山能綿長永久，至於由此產生的社會穩定，民眾安樂的社會後果，似乎只在其次。

倘若宋太宗趙光義也存有和母親，兄長同樣的心意，就應該把弟弟趙廷美當成皇位繼承的不二人選。事實絕非如此。趙光義意外地從兄長手裡接受了帝位，理所當然地把它當成自己的私有財產，一點都沒有讓其旁落他人的想法。坐穩皇位之後，趙光義不僅先置弟弟趙廷美於死地，就連兄長的兩位兒子趙德芳和趙德昭也未能倖免。這樣一來，皇位繼承，自然非趙光義之子莫屬。

其實，由誰繼承皇位，對普通老百姓來說，並不值得特別留意，他們所關心的，在於自己和平安寧的生活環境是否會受到影響。

太宗趙光義共有九個兒子，在歷來帝位「傳長不傳幼」的權力交接模式裡，長子趙德崇，應該是最有可能被立為太子的。而且趙德崇自幼還相貌乖巧，聰明機靈。十三歲時隨太宗巡獵，竟當著契丹使節的面，一箭射中獵物，贏得滿堂喝彩。

意外的是，趙德崇成年後，居然因為大腦受到刺激，染上了間歇性的精神病，作出一些令太宗大為惱火的事情，以致被立無望。

趙德崇的意外染病，一度使太宗非常失望和灰心，長期未提冊立太子的事。直到西元九九四年，在名臣寇準的要求和諍諫下，太宗才正式冊立第三子壽王趙恆為太子。

趙恆被立，太宗用李至、李沆為太子太傅，悉心教導。趙恆各方面的

▲北宋三弓床弩模型

▲宋．鈞窯尊：尊高18.4公分，口徑22公分，足徑21.2公分，河南禹縣出土。

▲宋．八卦菱花鏡：八瓣菱花形，圓鈕，菱花形鈕座。主題紋飾為八瓣菱花內各一八卦符號。

▲楊業雁門關大戰遼軍

表現均有明顯提升，令許多相關之人都倍感欣慰。

太宗皇后李氏，是個才能平庸無主見的女人，卻有平常人都有的政治權欲。

西元九九七年二月，太宗生病，久治不癒，眼見將不久於人世，內侍王繼恩，在太宗繼位之初大受重用，權勢一直不小。他平素就很有心機，現在眼看著太宗這棵大樹就要倒下，自己和太子趙恆的交情不深，生怕一旦趙恆順利繼承帝位，自己的權力和利益會受到損害，便積極謀求善了之法。

王繼恩侍奉太宗多年，對李皇后平庸和不甘寂寞的性格，瞭解得非常清楚。當即便和同樣心懷不軌的副宰相李昌齡勾結，想用當時任楚王的趙德崇，取代太子趙恆，王繼恩身處皇宮內府，有機會和李皇后頻繁接觸，就利用此一便利條件，時常在李皇后面前訴說太子趙恆的不是，暗示諸多用趙德崇取代趙恆的好處。

李皇后雖無政治才能，但在權欲驅使下，啟動自己的判斷思考能力，也漸漸確認，趙恆這麼多年的進步和才華顯現，證明他繼位之後，不至糊塗昏庸。若任由其發展，自己控制權力和參與政事的難度將大大增加，與之相反，由於趙德崇精神狀態不穩定，可以利用的空間很大，兩相比較之下，李皇后不自覺地和王繼恩、李昌齡勾結在一起了。

當朝宰相呂端，平素性格閒散，當初被太宗重用時，有人以此為理由，認為呂端糊塗，難當重任。太宗卻有獨到見解，稱呂端小事雖糊塗，但大事精明，才委以重任。如今，太宗臥病在床，王繼恩和李皇后有異常舉動，沒能逃脫呂端的法眼。

有一天，呂端入宮探視重病的太宗，發現太子趙恆並未侍奉在側，心中便想：自古以來聖上病危，太子都不離左右，以防變故發生，便急忙差人給太子趙恆送去「大漸」二字。太子聰明，見呂端字條，知太宗病情嚴重，也明白呂端的心意，疾速入宮侍奉。

三月，太宗駕崩，李皇后和王繼恩合謀，由王繼恩出面相邀呂端，想拉攏呂端，讓趙德崇取代趙恆為新君，呂端早就瞧破了其中有詐，只等王繼恩進入自己書房，便藉故外出，將王繼恩鎖在裡面。

呂端入宮面見李皇后，李皇后說：「皇上駕崩，立長子為嗣符合古來法度。你認為呢？」

呂端毫不妥協，說：「先帝立太子，為的就是今日，封王為太子，天下皆知，我們怎能隨便違背先帝旨意呢？」

呂端的義正辭嚴，讓李皇后詞窮。同時，由於王繼恩被呂端鎖於自己家中，李昌齡職位偏低，幫不上忙。兼之李皇后畢竟是女流之輩，對此事毫無信心，更無主見，只好聽從呂端的意見，由趙恆繼承帝位。

棧道

▼四川地區群山環繞，交通不便。故有「蜀道難，難於上青天」的說法，棧道是古代四川與外界聯繫的通道之一，它位於懸崖絕壁上，削壁穿洞，架虛構空，蜿蜒曲折。

▲焦贊臉譜圖：焦贊是楊家軍中的一名大將，以忠勇著稱，在民間故事《楊家將》中被演繹為一個重要的人物，受到廣大人民的喜愛。圖為京劇中的焦贊的臉譜。

三、劉德妃是怎麼成為皇后的？

▲料敵塔：料敵塔在河北定州市。宋真宗咸平四年（1001）詔建此塔，於仁宗至和二年（1055）建成。因定州在宋時與遼接鄰，為軍事要地，所以此塔成為料敵塔，作為瞭望監視敵情之用。

以史為鑑是許多古代開明君主汲取前代興衰經驗教訓，從而指導自己施政策略的一貫作法。如秦始皇統一全國，不封諸侯置郡縣，因為皇室無力，導致地方勢力難以節制；漢高祖劉邦開國，汲取此教訓，大封劉氏為王。又如三國時曹魏封鎖諸王為司馬氏提供可乘之機；晉政權建立，諸王勢力非常龐大。至宋朝開國，太祖深感唐末藩鎮割據，統一全國後，以杯酒釋兵權之法，徹底消除了藩鎮割據的隱憂。

然而，法無定法，凡事有利就有弊，宋朝自開國之初，先後與北方的遼、夏、金、元並列，外交衝突增加，戰爭不斷。太祖杯酒釋兵權，藩鎮割據對朝廷的威脅是沒有了，但外族的侵擾紛爭卻有增無減，再兼一貫採取重文抑武的政策，宋朝統治者面對外族的挑釁侵擾，幾乎是無能為力，除了委屈求全，任人宰割，無第二條路可走。北宋初期，國力強盛，太祖、太宗、真宗等在位還算有些作為，致使此一矛盾尚未完全顯露。但也有太宗大敗於契丹遼國的經歷，也有真宗澶淵之戰大敗契丹所以不得不簽署屈辱條約的尷尬。

澶淵之盟後三年，也就是西元一〇〇七年四月，真宗繼位之初，冊立的皇后去逝了。國不可一日無主，後宮也不能多日無主，皇后之位空缺，總得有人填補上去才行。

真宗想立自己最寵愛的劉德妃為皇后，但朝裡眾多文武大臣都以劉德妃出身卑賤而竭力反對。皇后冊立不僅僅是皇帝挑選一個正室的妻子，

慧光塔塔基鎏金舍利銀龕

▲1966年，在浙江里安慧光塔塔基出土，造型小巧玲瓏，通體鎏金，顯得精緻而富麗。

《十誦律》書影

▲北宋龍圖閣內藏有大量古代文化典籍，圖為《十誦律》宋刻本。

而且關乎國家的榮辱興衰，大臣們反對，真宗也無可奈何。但除了劉德妃，真宗又不願輕易妥協，因此冊立皇后之事被擱置起來，致使後宮長期無后。

其實，大家嫌劉德妃出身卑賤，雖非空穴來風，然其中實則另有隱情。

劉德妃祖籍太原，後居四川，祖父劉延慶，後晉、後漢時居右驍衛大將軍之職，並非等閒之輩，宋朝建立之後，劉德妃的父親劉通，為虎捷都指揮使，算得上是高級將領。那麼，劉德妃出身卑賤又從何說起呢？

原來太宗在位時，劉通率軍出征，死於途中。宋朝一向重文輕武，一品大將軍的俸祿，有些還不如五品文官，劉通這樣官階不是最高，又未立戰功就死於途中的武官，所得撫恤少得可憐。當時，劉通僅有尚是嬰兒的劉德妃，生活無依，母親只能帶著她回娘家居住。

劉德妃的外祖父一家，倒真是寒苦人家，無端多了一對母女，生活的艱難可想而知。

後來，一位善於技藝叫龔美的年輕銀匠，路經劉德妃外祖父家，見她雖然生活貧苦，但聰明靈秀，眉宇間透著一股莫名的吸引力，就對她說：「像妳這樣的小姑娘，只要能忍受暫時的辛苦和屈辱，將來一定能夠大富大貴。」

此時的劉德妃，已經顯露出與眾不同的特質，她回答龔美說：「辛苦和屈辱我都不怕，不知大富大貴又從何而來？」

龔美說：「我走南闖北，馬上就要去京城。只要妳跟著我，憑妳的聰明，憑妳的身材，一定能練就一身好的技藝。現在的王孫公子，哪個不貪玩好樂，倘若妳被某一個王孫公子看中，不就一步登天了嗎？」

劉德妃動了心，她的外祖父和母親人窮志短，就把她交給了龔美。從此，劉德妃便認龔美為兄長，隨他一路學練技藝，一路向京城而去。龔美還真有眼力，劉德妃果然是個練習技藝的絕佳人才，在想要改變命運的欲望支撐下，她練得非常刻苦耐勞，進步也非常神速。未到京城，劉德妃

▲宋真宗：宋真宗（968年～1022年）名趙恆，原名趙德昌，是北宋的第三位皇帝。他是宋太宗的第三個兒子，登基前曾被封為韓王、襄王和壽王，997年以太子繼位。宋真宗統治時期治理有方，北宋的統治日益堅固，國家管理日益完善，北宋比較強盛。

▲磁州窯童子戲鴨圖瓷枕：瓷枕簡樸實用，裝飾活潑，具有濃郁的鄉土氣息。

▲王旦：（957-1017）北宋大名莘縣（今屬山東）人，字子明。太平興國進士。真宗咸平四年（1001年）任參知政事，澶淵之役時，留守京師。景德三年（1006年）拜相，監修《兩朝國史》他曾拒絕契丹、西夏錢傑之請。不憑私臆，薦人多厚重之士。天禧元年（1017年）以病罷相。

《西遊記》彩畫

▲《西遊記》是以宋代話本《大唐三藏取經詩話》為基礎演變發展而成的。圖為北京頤和園長廊內的《西遊記》彩畫「三打白骨精」。

儼然已經成為技藝愛好者心目中的明星。

舊時明星可遠不如現代明星有福氣，在傳統價值觀念裡，這些街頭賣藝的伎者地位低下，和那些賣唱，乃至賣身的女子，並無本質的差別。眾人說劉德妃出身卑賤，指的就是這段經歷。

伎者和後宮領班之間，何止相差萬里？劉德妃知其所以，所以明白路還必須一步一步走下去。

劉德妃被龔美帶進京城，當時，宋真宗還是太子、開封府尹。劉德妃開始獨立在街頭表演，龔美則常出入太子府幹銀匠活兒。時間久了，太子有一日居然對龔美說：「聽說你是四川人，大家都說四川女子聰明賢慧，希望你能留心幫我物色一個。」

這可是天上掉下餡餅的好事。劉德妃就這樣出現在太子面前，而且日漸得到太子的寵愛。伎者有機會接近太子，在當時幾乎是不能想像的事，甚至就連太子乳母這樣的下人，也瞧不起劉德妃，總是想找機會把她從太子身邊攆走。

不久後，宋太宗詢問太子乳母道：「太子近日氣色欠佳，不知是什麼原因？」

太子乳母趁這個機會，把劉德妃的來歷告訴太宗，還添油加醋地說了劉德妃一大堆壞話。太宗大怒，親自下令讓太子把劉德妃驅逐出宮。太子與劉德妃正是濃情蜜意的時候，心中自然是萬般不捨，但命令來自父皇，又是萬萬不能違逆的。於是，只得採取個折衷之法，把劉德妃送出宮，讓自己一個名叫張耆的親信妥善安置，自己則抽空，不時地前去私會。

劉德妃眼見擺脫淒苦命運的曙光近在眼前，卻被無端蒙上一層陰影，一時心情極為失落。非常幸運的是，沒多久，太宗駕崩，太子繼承帝位，兩人之間的陰霾散去。真宗不僅把劉德妃迎接入宮，不久就封為美人，繼而是修儀、德妃。

劉德妃從一個被萬人唾棄的伎者，成為一直備受真宗寵愛的妃子，並不僅僅是因為她的美貌和技藝。自從入宮之後，她的身分地位變了，生活境況也變了，劉德妃再也不必把技藝當成自己唯一的求生方式。憑著久歷艱難的意志力，和與生俱來的聰穎敏銳，她開始閱讀古代聖賢之書，開始練習音樂舞蹈，並留心國家大事，甚至開始嘗試著為真宗排解朝政之憂。而這一切的改變，都令真宗頗為滿意。

真宗要立劉德妃為皇后，很多大臣都反對，真宗雖不會武斷獨行，但卻堅守著最後一道防線：如果不同意立劉德妃為后，那麼大家提出其他的候選人，也會被他堅決否定。就這樣，皇后之位一直被閒置著。

過了五年，所有人都覺得宮裡沒有皇后，終究不妥。又和真宗提及立后一事，真宗仍是癡心不改，堅持要立就立劉德妃。此時，儘管很多人的心中對劉德妃仍頗有微詞，但反對的態度並不像過去那樣堅決。見此局面，真宗又適時指令心腹，陳述劉德妃祖父、父親當年的身分經歷，為劉德妃的卑賤出身辯解開脫。

就這樣，備受世人歧視的劉德妃，終於在西元一〇一二年末，被冊封為母儀天下的皇后。

泰山南天門

▼南天門之下就是摩天雲梯，俗稱「十八盤」，是登泰山最艱苦的一段行程，也是泰山的最險要處。

▲寇準像：寇準（961～1023），北宋政治家。字平仲。華州下（今陝西渭南東北）人。19歲登進士第，當了一個時期地方官後即被召入朝任職，以其政治才能深得宋太宗趙炅器重。後因剛直不阿，被排斥出朝廷。宋真宗趙恆即位後，召寇準回朝。景德元年（1004），任同 中書門下平章事。

四、爲何李宸妃喪禮起風波？

▲宋仁宗：宋仁宗（1010—1063），即趙禎，真宗第六個兒子。初由劉太后垂簾聽政，明道二年（1033）太后死後，始親政。宋仁宗是宋代帝王中的名君聖主，在位時間長達42年。在他統治時期，國家安定太平，經濟繁榮，科學技術和文化得到了很大的發展。

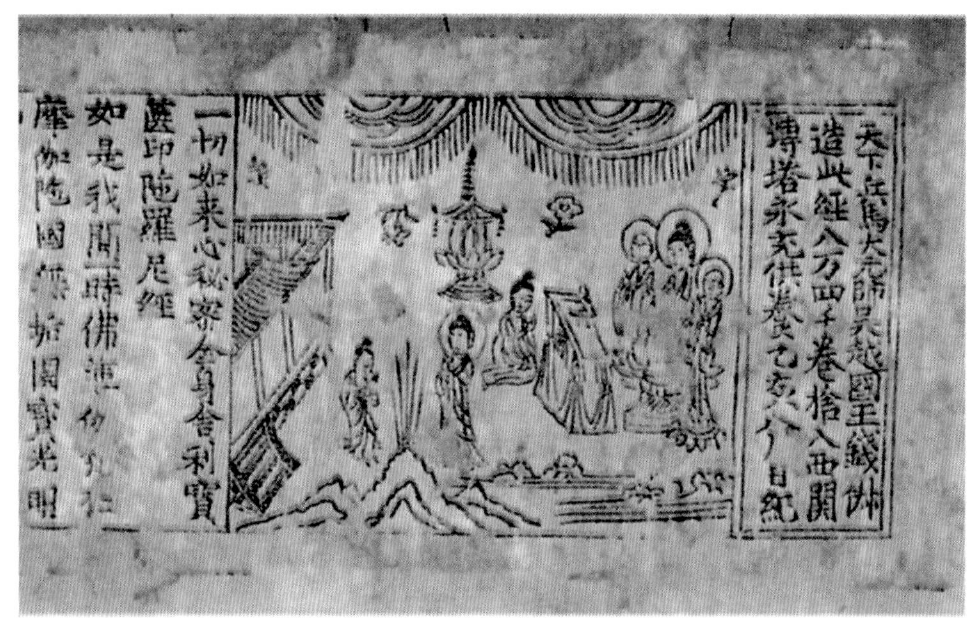

天下兵馬大元帥吳越國王錢俶造此經八萬四千卷捨入西關甎塔永充供養乙亥八月日紀

一切如來心秘密全身舍利寶篋印陀羅尼經

如是我聞一時佛住

劉德妃被立為皇后的第十年，亦即西元一〇二二年，真宗生病去世，太子趙受益更名趙禎，繼皇帝位，即宋仁宗。當時，仁宗年僅十三歲，宰相王曾、丁謂等依真宗遺命，尊劉皇后與楊淑妃為皇太后，劉太后臨朝執政。自宋朝開國以來，像這樣皇上年幼，由太后臨朝執政的情形，尚屬首次。倘若太祖之母杜太后泉下有知，真不知要擔驚受怕到何種程度。

死了的人是否擔驚受怕，自然無人擔心，活著的人肯定不安，宰相王曾就是其中之一。他為人忠直，真宗臨終時把托孤重任委託給他和另一位宰相丁謂。丁謂曾經是名臣寇準的門生，因聰明有才思，行事果斷而受寇準賞識。當時，寇準曾與宰相李沆談

木刻寶篋印陀羅尼經

▲杭州具有較發達的經濟和優良的文化背景，因而成為浙刻的中心。浙刻本刻工技術嫻熟，紙墨工料上乘而刻印精美，是宋版書中的佳品。吳越王妃黃氏建的雷峰塔，曾經是杭州西湖的重要標誌。1924年，雷峰塔倒塌。人們在塔基內發現了大量的珍貴經卷。此卷為雷峰塔內最完整的一幅，經卷墨色精良，圖文並茂，可以證明吳越印刷不只數量多，印刷藝術已經達到相當水準。

到丁謂，言談中讚譽有加，李沆卻認為丁謂才智雖好，但品格不佳。寇準不以為意，竭力向真宗推薦，讓丁謂成為副宰相。

王曾自知責任重大，提議劉太后和仁宗每五天在承明殿接見一次文武大臣，議定大事。丁謂想獨攬大權，不願別的大臣參與政令，暗中勾結內

侍雷允恭，先行一步，請劉太后降手諭說：「皇上初一、十五接見大臣，遇有大事，皇后召輔政大臣議決。其他小事則由雷允恭傳奏宮中，由太后定奪即可。」

王曾一眼即瞧破丁謂的用心：仁宗和太后分處兩宮，容易被操縱；雷允恭負責內外勾通，再與丁謂沆瀣一氣，必定會擅權誤國。他立即向劉太后建議，陳說利害。

劉太后雖出身微賤，曾受人歧視，如今臨朝執政，仍頗為趙宋江山著想。因缺乏經驗而受丁謂欺騙，聽了王曾的諫言，感到非常後悔，立即收回手詔，照王曾所說的方法議政。

劉太后要作的第一件大事，是辦理真宗皇帝的喪葬大典。按照慣例，帝王喪葬第一要選一個風水寶地，第二是要選一個吉時。最後，經過專司機構的卜算，地點選在河南鞏縣，日期是當年七月。

丁謂謀得山陵使的差事，前往鞏縣監督建造山陵。宮裡的許多太監都被派遣到鞏縣，唯有雷允恭一人被滯留宮中。他向劉太后請命前往，劉太后想到他與丁謂合謀騙手諭之事，初時並不答應。雷允恭又說：「臣侍奉先帝，盡職盡責，現在那麼多人都為先帝山陵去效力，唯獨我一人閒著，難道我有什麼罪過嗎？」

平心而論，雷允恭為人機智，腿勤手快，侍奉真宗和劉太后很周到，一直都很受劉太后的賞識，雖然因手諭之事對他存有顧慮，但真要說他有什麼罪過，劉太后還真說不上來。只得告誡一番，便讓他去了鞏縣。

雷允恭去了鞏縣，果然生出是非。他在另一位負責天象的大臣邢中的唆使下，和山陵使丁謂相勾結，擅自將早決定好的山陵地址移了百步。在新址開挖山陵，不久，居然挖出一

賣眼藥圖

▼宋人描繪的賣眼藥圖，表現的是劇碼演出時的場景。

▲四齒鐵耙：耙是疏鬆土地的重要農具。古人強調耕地之後用鐵耙將翻出來的土塊打散，同時清除雜草。由於它具有多種功能，所以在講求精耕細作的宋代農村應用十分廣泛。

個大水坑，顯然是不能在此安葬真宗靈柩。此事被通報至劉太后那裡，劉太后派王曾前往調查真相，很快查實了雷允恭、邢中、丁謂相互勾結的罪行。

得到王曾的稟報，劉太后極為震怒，詢問王曾善後之法。王曾認為，耽誤了真宗的葬禮非同小可，丁謂等人必須加以嚴懲。

劉太后命人逮捕丁謂、雷允恭、邢中三人。丁謂鼓動如簧之舌，竭力為自己辯解，但劉太后不為所動，定要斬殺三人。有一位大臣諍諫說：「丁謂論罪當誅，然皇上即位之初，先帝尚未安葬，丁謂乃先帝托孤重臣，殺之不宜。」

王曾還是堅持要殺丁謂，但劉太后權衡再三，還是聽了那人的建議，只殺雷允恭和邢中，將丁謂免去宰相之位，使其不能再擅權誤國。

經過這件事，人們不難看出，劉太后雖然出身卑微，未必能把國家大事處理得周全熨貼，但她真心為國的誠意是肯定無疑的。尤其是知錯即改，不偏聽偏信，更是十分難得。

劉太后執政期間，另有一人的喪禮同樣很重要。

西元一〇三二年，真宗的李宸妃辭世，劉太后準備依照禮制，按普通嬪妃的禮節安葬。新提拔為副宰相的呂夷簡認為此事不妥，與劉太后發生爭執。一個普通嬪妃的葬禮，為何會有如此的麻煩呢？

世人都知道真宗只有一個兒子，也就是仁宗趙禎。可這趙禎是誰生的呢？真宗駕崩，仁宗繼位，同時尊劉皇后和楊淑妃為皇太后，世人已經瞧出一點門道：仁宗並非劉太后所生，而是楊太后所生。

事實則是，仁宗雖非劉太后所生，但也不是楊太后所生。仁宗的生母，其實就是這個李宸妃。只是知道內情的人很少，就連仁宗本人也被蒙騙於鼓中。

原來，李宸妃是杭州人，剛入

▲金背光銀菩薩像：銀質菩薩像，背光為金質。菩薩雙目微睜，慈祥的神態中蘊涵著莊嚴。背光上的火焰紋，更加顯得金光閃爍。

彩色吹笙畫像磚雕

▲這件磚雕表現一位樂師直立，雙手握笙，呈吹奏狀，形象生動逼真。

宮時，為劉太后侍女，負責太后司寢事宜。不久，為真宗所臨幸，有了身孕。當時，真宗嬪妃不少，能懷孕的卻不多，更沒有人幫他生個兒子。讓人想不到的是，李宸妃懷胎十月生產，生下的居然是個兒子。劉太后當時雖被真宗認定是皇后人選，但一直未能給真宗生子，害怕地位不保，就向當時仍是自己侍女身分的李宸妃要這個孩子，打算當成自己的兒子撫養。

劉太后被冊封為皇后，又把孩子交給楊淑妃撫養。這件事知道的人並不多，但劉太后無疑是最清楚內幕事實的。為了這個孩子，她不再讓李宸妃作自己的侍女，而把她當成真宗的嬪妃，地位也由才人、婉儀、順容，

李宸妃

▲宋仁宗的親生母親，原是劉德妃的侍女，生下仁宗後，交由劉德妃撫養仁宗作了皇帝，她仍甘心於沉默，直到死亡，都不曾以皇帝的生母自居。

彩繪磚雕．推磨

▲這塊磚雕是宋代墓葬磚雕。此磚為青灰色，磚雕一個磨房，裡面有兩位婦人用力推石磨，牆上掛有籮筐、簸箕等物。畫面生動真實，是研究宋代民俗的重要資料。

直至宸妃。李宸妃是個守本分的傳統女子，受了劉太后這麼多好處，也從來不以皇帝生母自居。

劉太后堅持以普通嬪妃禮節安葬李宸妃，是想把仁宗生母的真相一直掩藏下去。但呂夷簡堅決不同意。最後，劉太后權衡利害，放棄先前的看法，以厚禮葬李宸妃。

仁宗得知生母真相，對劉太后非但沒有怨恨之意，反倒更加敬重，視若生母一般。倒是李宸妃這樣生了個皇帝兒子，卻終身甘心沉默的女人，實在罕見至極。

劉太后臨朝稱制，雖無力革新，但守成有餘，直到西元一〇三三年駕崩，大宋江山尚且穩固。而此時，恰好仁宗已然成年，順利地接過權力之柄，成為名副其實的皇帝。

▲供養人壁畫：榆林窟是保存代表西夏民族風格的藝術珍品的重要場所。圖為安西縣榆林窟第16窟的供養人形象。供養人是現實人物的寫照，同時表現了宋代衣飾的特點。

五、誰是敢打皇帝的女人？

▲西夏綠釉鴟吻：鴟吻是屋頂正脊兩側的裝飾物。這件鴟吻是西夏王陵建築的大樑兩端龍頭魚尾狀的獸形雕飾。據說它在大海裡有以尾掀波、降雨滅火的能力。

郭皇后

▲宋仁宗皇后，不為仁宗寵愛。曾一怒之下誤打仁宗一個大耳光。被廢之後，兩人曾有破鏡重圓的機會，但礙於顏面，最終孤老。

宋仁宗少年即位，大事皆由劉太后作主。到給仁宗選擇皇后的時候，從四川選送來一位姓王的女子，姿色絕好，嬌豔迷人，仁宗一見，頓時由衷喜歡。但在劉太后看來，此女太過嫵媚，端莊不足，一旦被立，怕仁宗年少，不知節欲，對身體會極為不利，便將其另嫁他人，而把自認端莊秀麗，文靜優雅的郭氏選作皇后。

皇后的選立關乎江山社稷，劉太后站在社稷國家的立場，並不應該受到過多的指責和非議，但對仁宗來說，所愛被割，內心當然會有些許的遺憾和不滿，這也算是很正常的。

仁宗被迫無奈地接受了郭氏作為皇后，內心卻有足夠的理由和信念不喜歡郭皇后。郭皇后之所以能被劉太后相中，關鍵在於她的端莊穩重，恪守禮制。因此，面對仁宗的冷漠和疏遠，她除了冷靜自然地接受，絕不會採取過於激動的對抗行為。更通俗地講，這對少年夫妻之間，雖然心存芥蒂，但因政治利益的現實需要，兼之有劉太后的威懾，相處情況一直被維繫在特定的平衡狀態。

這種平衡，並非是一潭死水般的死寂。尤其兩人都是中國政治權力最巔峰的主宰人物，自身均蘊含和潛伏著巨大的能量。因此，表面的平衡和平靜，難掩其中的暗潮湧動，特別是維繫此一平衡的主要力量被破壞時，矛盾就很快的表面化和公開化。

西元一〇三三年三月，劉太后去逝，二十四歲的仁宗獨力執政，被長期壓抑的個人情緒，得到無限量的放鬆。在此之前，雖然不喜歡郭皇后，但懾於劉太后威儀，個人情感還可以節制。現在沒了劉太后，他再也用不著看別人的臉色行事，於是廣納美女、遍閱後宮。

當時，在仁宗後宮之中，有尚美人和楊美人，長得標緻美麗，風情萬種，很得仁宗喜愛。尤其是尚美人，情緒變幻莫測，和郭皇后屬截然不同的兩種類型，仁宗因存在報復和反叛心理，對她更加難捨難分。

郭皇后被立，統攝後宮，有劉太后在時，很多事情都輪不到她說話，得過且過，實屬正常。劉太后去逝後，她在後宮女性中地位最尊，也相應地激發了自己的責任心。即便她能恪守禮制忍受仁宗對自己的冷漠和疏遠，也認為尚美人和楊美人利用美色迷惑仁宗，導致仁宗沉迷其中，荒廢政事，是無法饒恕的罪惡。

本著皇后的威嚴和責任心，郭皇后雖不能對仁宗怎麼樣，但卻可以訓斥和責難尚、楊二位美人。可尚、楊二美人仗著自身的美麗和仁宗的寵愛，並不把郭皇后放在眼裡，常對郭皇后不屑一顧並出言譏諷頂撞，這些衝突時有發生，使後宮矛盾更加激

▲晉祠侍女像：晉祠聖母殿內的侍女像，有的青春年少，面帶歡笑；有的撅嘴翹鼻，側目以視。生動的形象表現了古代工匠對現實生活的深刻理解和嫺熟精湛的雕塑技藝。

魚沼飛梁

▼晉祠聖母殿前的魚沼飛梁，別具特色，平面呈十字形，四面通岸。它不僅在功能上起著聖母殿前平臺的作用，而且在形式上如同展翅飛翔的大鳥，十分優美。

烈。

有一天，仁宗和尚、楊兩位美人嬉戲娛樂，竟然樂不知返，把早朝給忘了。郭皇后得知此事，認為自己有了強有力的道義支持，便理直氣壯地直闖仁宗和尚、楊二美人娛戲之地。

仁宗並非十足的浪蕩皇帝，見郭皇后一臉正氣地闖進來，自覺玩過了頭，理屈不能言。郭皇后則置仁宗於不顧，厲聲責斥尚、楊二位美人。

尚美人是一個不識大體的膚淺小女子，在這種關鍵時刻，也只知道要表現自己，不懂拿捏事態輕重，被郭皇后教訓之後，也不甘示弱，竟出言頂撞。

尚美人的頂撞，激發郭皇后更大的怒火。尤其是她多年來對仁宗處處隱忍，內心的怨氣藉此全部爆發出來，竟沒多想，便張開巴掌，一耳光向尚美人摑去！

當時，尚美人正坐在仁宗懷裡，見郭皇后動了真氣，也很驚慌，忙亂中從仁宗懷裡跳開，還不忘將仁宗往外一送。正是尚美人這一推一送，郭皇后摑出去的巴掌，竟然鬼使神差地落到了仁宗的臉上。

君權神授，皇帝又名天子，龍體豈是別人觸碰得的？就算仁宗個人不計較，此事傳出，也是法理難容。就算郭皇后是無心之過，但大錯已然鑄成，事實擺在眼前。此事想要善了，實在不易。

有一位叫閻文應的太監，以及宰相呂夷簡，都曾在劉太后當政時受過懲處，對劉太后懷有不小的恨意，劉太后駕崩後，他們全都把這種恨意沒

▲范仲淹：范仲淹(989-1052)，字希文，江蘇吳縣（今江蘇蘇州）人，北宋著名的政治家、思想家、軍事家和文學家。

聖母殿

▼聖母殿是晉祠的主要建築，它的斗拱用料較大，角柱升起頗為顯著。

岳陽樓

▲洞庭湖畔的岳陽樓蔵著范仲淹的一篇《岳陽樓記》而名聲遠揚。

來由地轉嫁給了郭皇后。現在，郭皇后無意中打了仁宗一巴掌，他們喜出望外，硬是抓住這點大作文章，積極慫恿仁宗廢掉郭氏皇后之位。

仁宗早有廢郭皇后之心，但滋事體大，不敢盲目武斷，呂夷簡和閻文應又給仁宗出主意。最後 ，仁宗於西元一〇三三年十二月下詔稱：「郭皇后因為沒有子嗣，自願離開後宮靜心修道，特封為淨妃，玉京沖妙先師，賜名清悟，居住長寧宮。」言辭很好聽，結果卻是一樣的。

皇后被廢，忠臣范仲淹、孔道輔等不服，曾懇請仁宗收回成命。但仁宗執意如此，他們也只好聽之任之。

郭皇后被廢，居於道院之中，每日青燈孤影，苦則苦矣，倒也頗符合其恬淡自如的心性。而仁宗一度放縱之後，漸漸對世事認識得多了，心境也慢慢有了變化。對多年前的決定，不自覺地有了悔意。

廢了郭皇后之後，宋仁宗和尚、楊二人之間縱情性事，更沒了節制和顧忌，以致身體大受虧損。積攢爆發的結果，竟然使得仁宗多年後，始終無一子嗣。

心存愧意的仁宗，想到郭皇后與自己相伴多年的種種好處，常派人前往郭氏後來遷居的瑤華宮探望慰問，還不時賜以詩詞，寄託思緒。郭氏畢竟是女人，心腸軟，對仁宗投桃報李，和詩相酬。

到後來，仁宗甚至想悄悄地將郭皇后接回皇宮，再續前緣。可郭皇后此時已無此心思，直到西元一〇三五年十一月，郭皇后亡故，兩人都沒能見上一面。仁宗為彌補遺憾，不僅厚葬郭氏，還在第二年下詔追復郭氏皇后位。

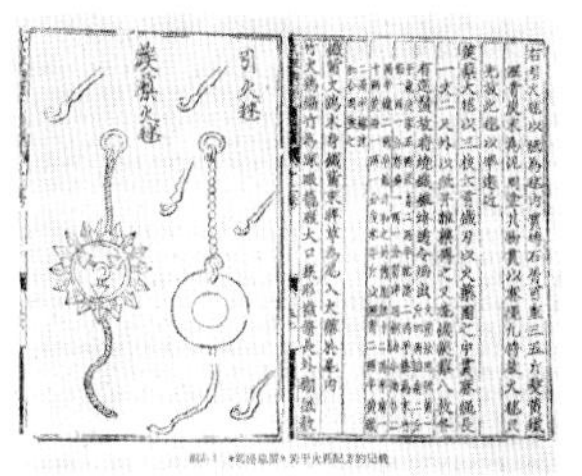

▲《武經總要》書影：宋仁宗時，命曾公亮等人編撰《武經總要》，書中記錄了毒藥煙球、蒺藜火球、火炮使用的三種火藥配方。它們是硝、硫、炭三元火藥體系的完整形態。

六、曹皇后好心會辦錯事嗎？

▲畢昇：畢昇（？～約1051年）北宋發明家。徽州（今安徽歙縣）人。活字印刷術的發明者。

校書圖

▲北宋官辦的「校正醫書圖」在校正、刊行醫書方面進行了大量卓有成效的工作，為保存古代醫學文獻作出了不可磨滅的貢獻。

國不可一日無君，後宮也不能長時間無主。宋仁宗在西元一〇三三年末下詔廢前皇后郭氏，空缺之位需要很快有人來填補。像他喜歡的尚美人、楊美人，就連仁宗也嫌其不夠格成為皇后，於是，有一位姓陳的妃子，成為可能人選。

陳氏出身富戶，容貌姣好，在後宮中的品階地位較高，也甚得仁宗喜歡。但很多大臣認為，皇后母儀天下，門庭出身很重要，陳氏的富戶背景，顯然難以擔當此一重任，特別是大臣王曾等人都堅決反對冊立陳氏為后。

此事由此耽擱，直到西元一〇三四年九月，朝臣幾乎一致認可下，仁宗這才下詔冊立曹氏為皇后。曹氏乃宋朝開國大功臣，大將軍曹彬的孫女，出身高貴。更加難得的是，曹氏入宮多年，性格溫順和藹，知書識理，作風內斂，人緣頗佳。

曹皇后被立，身分地位和過去相比，有了極大的改變，而為人性格卻更加嚴謹內斂、溫和謙遜。更讓人稱道的是，曹氏當上了皇后，從不鋪張

講排場，反而更加倡導勤儉節約，甚而重視稼穡，在宮中鼓勵和指引宮婦們種穀養蠶。

上述這些，對曹皇后來說，都是分內之事，出自真誠的行為，用不著特別費心。相比而言，倒是有一件關乎江山社稷的大事，讓她非常操心、著急。這便是仁宗在位多年，至今都無子嗣。

當時的仁宗僅有二十多歲，但縱欲過度造成的元神虧損和身體羸弱，已畢顯無遺。雖然仁宗不願承認此一事實，但隨著時間的流逝，他的心裡也愈來愈清楚。曹皇后身居高位，為此操心是必然的。一方面，她想方法，幫助仁宗滋補身體，希望有奇蹟發生。另一方面，她勸解仁宗，懇請由自己出面，在聰明良善的宗族子弟中，挑選一位傑出的孩子來收養，以備不時之需。

曹皇后的主張合情合理，遂得到仁宗允可。於是，曹皇后收養了江甯節度使趙允讓的兒子趙宗實為養子，依輩分趙宗實為宋太宗趙光義曾孫，當時年僅四歲。

曹皇后收養趙宗實，盡心撫養，外人並不知曉。仁宗雖然有了這個養子，但還是渴望能有個親生兒子的心理，仍是存在的，也不願意輕易提及此事。

隨著時間一點點過去，仁宗希望的奇蹟遲遲未能發生，而皇帝無嗣，使得很多忠直大臣愈來愈不能安心。西元一〇五六年，諫議長官範鎮進諫，勸仁宗早立皇子。仁宗未允，也沒提收養趙宗實之事。不久，宰相及彥博、富弼、翰林學士歐陽修等，紛紛勸諫希望能立皇子。仁宗就是不願加以回應。

西元一〇五七年，韓琦被任命為宰相，隨同包拯，司馬光等大臣反覆多次地勸諫，而且方法多樣，其勢逼人，仁宗在此情況下，又自覺生養親生子嗣的奇蹟難以發生，這才做出讓步，坦承了收養趙宗實的事實，並於西元一〇六二年八月下詔，賜趙宗實名「曙」，冊立為太子。

趙曙被立為太子八個月後，亦即

宋英宗

▲宋英宗，（1032～1067），名趙曙。仁宗無子，立其為皇子，仁宗病死後繼位。在位僅4年，後來病逝，終年36歲。葬於永厚陵（今河南省鞏縣西南孝義堡）。

▲北宋檀木描金經函：經函通體同漆堆雕佛像、瑞獸、飛鳥、花卉等，運筆自如。

▲狄青：狄青（1008～1057），北宋名將。字漢臣。汾州西河（今山西汾陽）人。出生於農家，自幼就習武，善於騎射。19歲從軍，任皇帝侍衛。後應詔戍邊，任延州指使。他在同西夏作戰中，驍勇善戰，多次負傷，屢建戰功，深為戍邊名臣范仲淹、韓琦器重，累升至彰化軍節度使，樞密副使。皇祐四年（1052），狄青奉命率兵3萬進擊，大敗儂軍，殲敵萬餘人。皇祐五年，升樞密使。狄青一生征戰，嚴於治軍，喜讀兵書。嘉祐元年（1056）去職，次年三月卒。

西元一〇六三年三月，宋仁宗生病亡故，趙曙即位為英宗，尊曹皇后為太后。

仁宗駕崩於夜間，事發突然，外臣並不知道，宮裡也只有曹皇后一人在場。她統攝後宮多年，識得大體，知道皇上駕崩的消息一旦傳了出去，可能會引發騷動，乃至出現規模龐大的動亂。特別是已立太子並非皇上親生，此事人人皆知，倘若有人有非分之想，局面勢必難以控制。因此，曹皇后非常鎮定地連夜控制住所有知曉仁宗駕崩訊息的人，包括近侍的太監、宮女和御臣。

直到第二天早朝，重臣齊聚仁宗寢殿，曹皇后才正式公布仁宗駕崩訊息。眾大臣也順勢扶英宗登位，局面平穩安寧。曹氏的政治智慧和才能，由此可見。

英宗一直由曹太后撫養，受她潛移默化影響的地方頗多，處理政事時冷靜理智，不偏不倚，不疾不徐。因此，在其繼位之後，政局穩定，天下安樂，人心大慰。

然而，令人意想不到的是，即位不久後，英宗忽然生了一種怪病。此病生得很怪，一旦病發，身體並無大礙，就是神智不夠清醒。就連平時身邊最親近的人都分辨不清，胡言亂語也是不可避免的。處理政事，更是不可能的。

針對此一突發情況，諸大臣商議結果，決定暫由曹太后垂簾聽政。

▼活泥字版

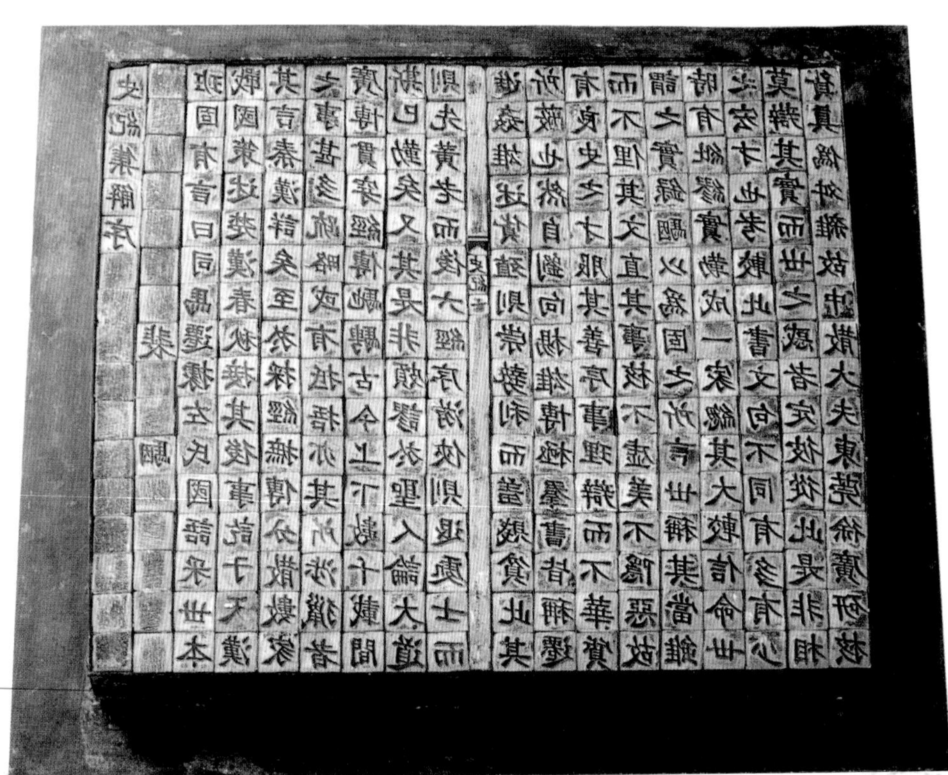

狄青招親木版畫

▲這是根據《楊家將》中的故事繪製的年畫。傳說，狄青率兵西征，誤入單單國，與雙陽公主成婚。後逃歸故國。雙陽恨狄青負義，帶兵進犯延安。主帥楊宗保出戰不勝，調來狄青。眾人為狄青、雙陽和解，夫妻言歸於好。

宋朝傳承至今，重文輕武的傳統觀念已深入根植於社會的各個層面。文人恪守和崇尚的儒家忠義價值觀，深入人心。宋朝名臣，大多由科舉文人出身，對儒家要求的道德禮數，也多能自覺遵守。曹太后生活在這樣的大環境裡，垂簾聽政，但不會獨斷獨行，非常尊重大臣，廣泛徵求各方意見不偏不倚，頗有政績。

西元一〇六四年五月，英宗病體完全康復，曹太后又舉行儀式，還政給英宗，然後退居後宮，頤養天年。

宋代攀城垣用的雲梯

◀雲梯在結構上採用了以轉軸聯接的折疊式結構。底部有防護設施，用生牛皮為遮罩，由人在內推進。

▲王安石塑像：王安石(1021～1086)，字介甫，號半山，臨川人。宋神宗時宰相。創新法，改革舊政，是一個進步的政治家。

七、孟皇后被兩廢三立的原因何在？

宋神宗

▲神宗趙頊（1048～1085），英宗長子，20歲即位，在位18年（1067～1085），年號：熙甯、元豐。1085年，神宗病逝，年僅37歲。

西元一〇六七年正月，英宗駕崩後，太子趙頊繼位，即宋神宗。曹太后被尊為太皇太后。宋神宗自幼受到太皇太后的教誨，受益頗多，繼位之後，很有理想和抱負，重用王安石變法，試圖根治宋朝開國以來積澱下的種種弊端。無奈積弊太深，阻力龐大，神宗又英年早逝，變法未能取得有效的結果。

神宗駕崩，太子趙煦繼位，即宋哲宗。這一年，宋哲宗年僅十歲，是北宋最年幼的皇帝。如果說宋太祖傳位宋太宗真是杜太后旨意，這似乎也預言了宋朝滅亡已顯徵兆。

哲宗年幼，神宗母親高氏被尊太皇太后，神宗皇后向氏為皇太后，在朝中掌握很大的權力，但她們的才德遠不及已故的曹太后，朝中大臣的才德和忠心也大為遜色，社會矛盾日益突顯，危機日益迫近。

西元一〇九二年，哲宗十七歲，到了該立皇后的時候，一位姓孟的大家閨秀，因美貌出眾，端莊典雅，性情溫順，受太皇太后和太后的青睞，被冊立為皇后。據說，太皇太后在冊立孟皇后之日，原本是很高興的，但在細細觀察之下，又覺孟皇后面相無

自己的恩寵，氣焰愈來愈囂張，大有取而代之的想法。

有一次，內宮之人全聚在一塊，其他的嬪妃都依禮制，按順序排列在孟皇后左右，唯有劉婕妤大模大樣地背對皇后。擺明了是在向皇后挑釁。孟皇后身邊的宮女陳迎兒忍無可忍，喝斥劉婕妤，她非但毫不收斂，還大罵陳迎兒。最後還是孟皇后出言相勸，才息事寧人。

宋哲宗像

▲宋哲宗趙煦（1076年～1100年），北宋第七位皇帝，是前任皇帝宋神宗第六子，原名傭，曾被封為延安郡王，鎮守宋朝西北部邊境。神宗病危時立他為太子，元豐八年，神宗死，趙煦登基為皇帝，為宋哲宗，改元「元佑」。在位15年，享年25歲。諡號憲元繼道顯德定功欽文睿武齊聖昭孝皇帝，葬於今河南鞏縣的永泰陵。

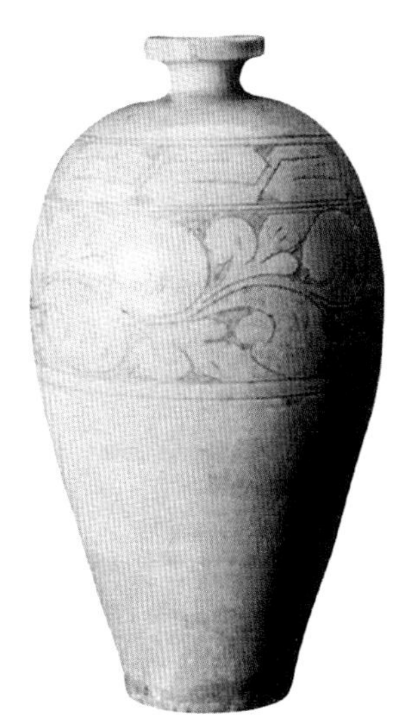

▲白瓷剃花紋梅瓶：宋代白瓷裝飾工藝有新的發展。此瓶剔花手法線條流暢，做工精緻。

福，不由嘆息道：「皇后雖然賢淑，但福分太薄，以後國家發生變故，她很可能成為第一個遭禍之人。」

歷史上有許多少年天子在成年後成就大業的，也有許多是庸碌無能之輩，反倒是少年優裕，成年後則變得耽於享樂，以致誤國。哲宗就是屬於後者。

他有一個溫順賢淑的孟皇后，卻不知道要珍惜，偏去寵愛巧言善語的劉婕妤。孟皇后有教養，守禮制，對哲宗的冷落並不特別在意。可這劉婕妤就完全不同了，她把孟皇后的溫順賢淑當成了軟弱可欺，仗恃著哲宗對

水月觀音像

▲觀音係佛教菩薩名，因觀音作觀水中月影狀，所以得此名。

▲玻璃壺形鼎：壺形鼎為綠色玻璃製成。小口圓唇，頸部很短，圓球狀腹，胎體較薄。器腹下部有等距離的三個實心腳，並向下彎曲。通體呈三足鼎狀，所以稱它為「壺形鼎」。

又有一次，內宮舉行盛大慶典，孟皇后率領眾嬪妃去拜謁向太后。她們到拜謁行禮的地方，向太后尚未登殿，眾嬪妃準備坐下靜候向太后。當時，禮制森嚴，後宮之中更是絲毫逾越不得。在這樣莊重肅穆的場合，眾嬪妃的先後上下順序，都必須依地位級別來定，就連所坐椅子，在款式和裝飾物上也有明顯的區分。眾人坐定之後，劉婕妤居然異想天開，叫自己的侍女去搬了一張只有皇后才能坐的椅子來，自己大搖大擺地坐了上去。

劉婕妤的放肆激起了很多人的憤慨，不知是誰喊了一聲：「皇太后出來了！」聽此呼聲，孟皇后率先站了起來，眾嬪妃站了起來，劉婕妤也無可奈何地站了起來。

大家站了片刻，不見太后登殿，復又坐下。突然，大家只聽「咚」地一聲，劉婕妤一屁股摔在地上。原來，有人趁她站起之時，將椅子向後挪了一點點。

劉婕妤在眾人忍俊不禁的哄堂大笑聲中，又氣又羞，連拜謁太后這

鎏金銀摩羯

▲摩羯的造型來源於印度，為魚、象、鱷三者的混合形象，隋朝時傳入中國，中晚唐時加上了翅膀。宋代時雙翅變大，鼻子上卷的程度逐漸變小。這個鎏金銀摩羯，製作精細，是不可多得的藝術珍品。

《太平惠民和劑局方》書影

▼《太平惠民和劑局方》是陳師文將太平惠民和劑局的成藥處方編集而成的一部醫書。

樣的大禮都顧不得，氣沖沖地逕自奔了出去。她馬上跑到哲宗身邊，又是哭又是鬧，硬說孟皇后有意令她出洋相，要哲宗替她出氣報仇。

哲宗雖然糊塗，但也知道以孟皇后的人品，絕不會做出有意捉弄劉婕妤的事情。再說，即便他寵愛劉婕妤，有心要拿孟皇后出氣，在孟皇后無明顯過失的條件下，也不敢冒然行事。

劉婕妤的怨氣難出，並不善罷甘休，開始拉攏內侍郝隨和宰相章惇，準備伺機報仇。

孟皇后被立多年，未替哲宗生下兒子，膝下僅有一福慶公主。有一次，福慶公主生了病，多方醫治都不見好轉，孟皇后有一位姊姊精通醫術，被請進宮中為公主治病。孟皇后的姊姊見用藥無效，居然出宮求來道家符水，準備給福慶公主喝。

此事讓劉婕妤的眼線探知，向劉婕妤報告。依照當時規矩，求道家符水在內宮是嚴令禁止的。劉婕妤得知此訊，如獲至寶，迅速通報哲宗，又透過郝隨和章惇拿到確鑿證據。很多皇后身邊的親信無辜受累，孟皇后更是因為此事，被廢去皇后之位，出居瑤華宮，號華陽教主，玉清妙靜仙師，法名沖真。這是紹聖三年，也就是西元一〇九六年發生的事情。

孟皇后無辜被廢，在當時曾引起極大的震憾，很多正直的大臣都議論

▼武學習武圖：武學是宋代的軍事學校。宋神宗時，健全了武學制度。

▲宋徽宗：宋徽宗，名趙佶（1082～1135），宋神宗趙頊的第11子，宋代第八位皇帝，宋哲宗趙煦之弟。在位25年，政治上腐敗無能，崇尚道教。在中國畫史上，是位傑出的畫家。書法「瘦金體」，影響頗大。

▲銀童子花卉拖盤：杯、托各一件，均為銀制鎏金。杯子內間焊了一個盤坐的男童。外壁在凸起的四季花卉的兩朵蓮花上各焊了一個女童，作為銀盃的兩隻耳朵。盤心有牡丹花一朵，四周為凸起的童子花卉圖案。

紛紛。但議論歸議論，懾於哲宗對劉婕妤的嬌寵，懾於劉婕妤和章惇的勾結，沒有人敢大膽站出來直言勸諫。

過了三年，劉婕妤為哲宗生下一個兒子，這個取名趙茂的男孩，是迄今哲宗膝下唯一的兒子。雖然長期以來大家對劉婕妤頗有微詞，但她還是順利登上皇后之位。

然而，劉婕妤也有倒楣的時候，正當她為皇后之位終於到手而沾沾自喜之際，剛出生兩個月的趙茂，居然因病夭折。次年正月，哲宗也暴斃而亡。

哲宗逝後無子，弟弟端王趙佶繼承帝位，即宋徽宗。趙佶雖然無治國之才，最終成為金人掠去的二帝之一，但他頗具文才，書法繪畫更是冠絕。同時，他的孝名頗佳，待人也頗為寬厚平易。他繼位之後，雖已成年，還是竭力懇請向太后垂簾聽政，還將被廢的孟氏迎回宮中，重新冊封為元祐皇后。

孟皇后二度得立，最不能安枕的是被徽宗封為元符皇后的劉氏。她唆使親近大臣，呈上奏章捏造孟皇后的罪過，徽宗對此一切不加細察，居然又廢去孟氏皇后之位。

孟皇后被廢，表面看起來是極大的不幸，但誰也沒料到過幾年，金人南下，滅了北宋，掠走徽、欽二帝，許多後宮之人也被一併掠去，唯有孟氏得以倖免。而她也因此在南宋趙構登位時，被尊為皇太后。

孟皇后的兩廢三立，不僅僅代表個人的榮辱，也反映出北宋末年的政治腐朽、時局動盪。

司馬光像

▲司馬光（1019～1086），字君實，陝州夏縣（今山西）人，世稱涑水先生。仁宗寶元元年（1038）進士，做地方官十數年，後調任知制誥，天章閣待制，諫議大夫，龍圖閣直學士。神宗時，與王安石政見不合，貶任地方官。哲宗時，主持國政。卒後，贈諡溫國公，諡號文正。司馬光著述頗豐，有文集80卷。最有學術價值是地主編的《資治通鑒》。

八、間接害死岳飛的人是誰？

岳飛

▲岳飛（西元1103～西元1142），字鵬舉，相州湯陰（今屬河南）人。南宋抗金名將。建炎三年（西元1129）金兀術渡江南侵，他移軍廣德、宜興，堅持抵抗。次年，金軍在江南軍民的反擊下被迫北撤。他攻擊金軍後防，收復建康（今江蘇南京）。紹興九年（西元1139），宋高宗、秦檜與金議和，他上表反對。紹興十一年十二月二十九日（西元1142年1月27日）以「莫須有」（也許有）的罪名與子嶽雲及部將張憲同被殺害。有《岳武穆遺文》（一作《岳忠武王文集》），詩詞散文都慷慨激昂。

古代的封建帝王，自登位之日起，就被神奇的光環籠罩著，被供奉在神龕上，彷彿從此失去普通人的特質。人們在仰視和膜拜的同時，也剝奪了帝王們正常人的個性，彷彿他們不再是人，不再有普通人都該有的七情六欲。

南宋開國之君趙構，用自己的實際行為，證明帝王也是人，也有普通人都有的情感和性格。

宋朝自太祖以來，一直延續重文輕武的政治路線，因而在與北面遼、西夏、金等少數民族的武力對抗中，時常處於被動挨打的地位。

西元一一二六年初，金兵大舉南侵，風流天子徽宗急迫之間傳位給欽宗。雖有李綱奮勇主戰，但欽宗仍貫徹一貫的投降政策。當時，入金營和談，被很多人看成是凶多吉少的冒險之舉，避之唯恐不及。而被封康王的趙構居然挺身而出，欣然前往。

西元一一二七年，金兵捲土重

▲鹵簿大鐘：該種約鑄於宋徽宗宣和年間。鐘的體積非常高大。通體滿鑄「鹵簿儀仗」紋飾，所以得此名。

▲宋欽宗：宋欽宗，名趙桓（1100～1156），宋徽宋長子。政和五年（1115）被立為皇太子。靖康之變後和徽宗一起被金兵擄走，死於金國。

來，京城告急。此時，又是趙構不顧安危，奮勇外出組織軍隊抵抗金人。但這一次，北宋氣數已盡，金人很快攻陷宋朝都城，滅亡了北宋，還將徽、欽二帝等皇室成員悉數擄去北方。而離京召集軍隊的趙構，倖免被掠，後在臨安被擁戴登基，建立南宋。

北宋雖然滅亡，但南方大部分地區，仍在漢人控制之下。南宋建國，國民集國恨家仇於一體，同仇敵愾，收復河山的氣勢很盛，更不乏一些文韜武略，赤誠報國的民族英雄為棟樑之臣 ，前景非常看好。

事實確是如此，南宋大軍在張浚、韓世忠、岳飛等將率領下，一心向北，不斷打擊金人，收復失地，取得不斷的勝利。尤其是岳飛所率的岳家軍，朱仙鎮一戰，大勝金軍，人心大慰。然而，就是在此大好形勢之下，宋高宗竟然在一天之內，連發十二道金牌，召岳飛罷兵回朝。更令人痛徹心腑的是，岳飛回京之後，先是被高宗削去兵權，繼而被論罪下獄，最終被以「莫須有」的罪名處死。

關於岳飛之死，長期以來，很多人都認為是秦檜所為。秦檜在徽宗時

靖康之恥

▼北宋靖康二年（1127）四月，金兵擄走徽、欽二帝及宗室、宮人等400多人北返，北宋滅亡。此事史稱「靖康之恥」。

岳母刺字

▲為了讓岳飛永遠忠臣，岳母在岳飛的背上刺了「精忠報國」四個字。

▲雙龍金香囊：香囊呈桃形，用兩片金葉錘壓而成，正反兩面摟刻著首尾相對的雙龍紋。這個金囊反映了宋代高超的金器製作水準。

高中狀元，未等任職，就隨二帝一道被金人擄去北方。據說他被俘之後投降金人，被金人安排潛回南方，騙取高宗信任。日漸被重用，直至位居宰相高位。持這個說法的人指出，秦檜失節降金，成為金人南圖的幫兇。岳飛率兵抗金，有損金人利益，於是秦檜不遺餘力，終於將岳飛置之死地。

但最近有證據顯示，同殿為臣的岳飛，功勞非常大，和秦檜內外有別。說明白一點，若非居於最高位的高宗主使，其他人是無法置岳飛於死地的。高宗本人，也不是十足的糊塗昏君，完全受秦檜擺布支使的可能性不大。

可高宗為何要除肱股之臣的岳飛呢？原因即簡單又可笑，是為了其生母韋太后。

韋太后只是徽宗的一位普通妃子，趙構也只是徽宗諸子中的普通一員。也許正是這樣不被重視的現實處境，使得母子二人一直保持著謙和、內斂的性格特質。雖是皇室貴胄，卻保有諸多平常人的本色和特質。

靖康之變，韋太后被擄至北方，吃盡苦頭。民間有傳說，韋太后被擄，還被強迫嫁給金國蓋天大王，此說固不可信。較為可信的是，韋太后在西元一一二七年，先是被送到當地的洗衣院作洗衣女工，境況極為艱苦辛酸。至西元一一三五年，又被遣送到五國城，同樣為奴為僕。

趙構從小就是知書識理，性情純孝之人，雖然被擁為南宋國主，對母親的思念和牽掛，卻未曾稍減。在岳飛、韓世忠強大的武力支撐下，南宋和金國一度呈對峙的平衡狀態。互通使節之餘，高宗得知母親在金國的悲慘遭遇，非常痛心。

西元一一三七年，徽宗及鄭皇后崩逝的消息傳來，高宗慟哭悲傷之餘，對生母的思念和牽掛更甚。次年春，他便派王倫為奉迎梓宮使，前往金國迎護徽宗和鄭皇后屍骨回國。王倫臨行之際，高宗再三叮囑說：「金人若能依從朕的要求，送太后歸國，割地賠款也在所不惜。」王倫至金國，金人禮遇有加，但卻沒有送歸韋太后。

▲泰山碧霞祠：碧霞祠是祭祀碧霞元君的地方。宋朝歷代君王都迷信道教，而以徽宗尤甚，從碧霞祠的宏偉已可略見一斑。

西元一一四一年，金使蕭毅、邢具瞻前來南宋。高宗設宴款待，席間再度誠懇告請求道：「朕得天下，卻不能贍養雙親。徽帝現已棄世，太后年逾花甲，風燭殘年，來日無多，每念及此，痛徹心肺！金若歸我太后，朕不恥講和。否則，朕將用兵到底！」

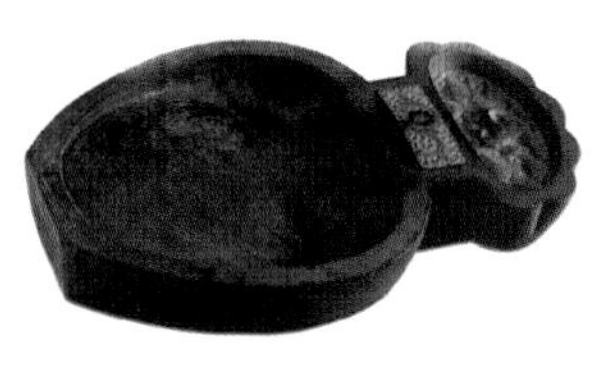

▲北宋．蟬形青花端硯：此硯首部為葵花形水池，內刻波浪紋，其中凸雕了一條魚。頸部有一孔和墨池相通。兩側雕有纏枝花紋。石色青中泛紫，花紋隱現，製造精緻。

高宗的純孝，使韋太后成為兩國外交過程中一個極其重要、特殊的籌碼。金人自認抓住了高宗的軟肋，當然不肯輕易放手。放歸韋太后的事，雖口頭上不斷承諾，卻遲遲不付諸行動。高宗愛母情深，對金人一忍再忍，因忍無可忍，這才命岳飛以武力強攻金國。

岳飛在戰場上的大勝，使金國驚慌失措，這才使出殺手鐧，以韋太后相要脅，逼宋高宗在親生母親和棟樑之臣之間作出抉擇。結果，至性之情在高宗心頭占據了上風，不惜背負沉

政和五年四月望太
魯國公蔡京謹題

蔡京．唐明皇鶺鴒跋

▲蔡京書法自成一家，字勢豪健，痛快沉著，嚴而不拘，逸而不逾規矩。

巢車

▲宋代戰爭器械很發達，被廣泛應用於戰爭中。巢車主要用來觀察敵情。

重的歷史罵名，狠下心殺害民族英雄岳飛，以換回晝思夜想的母親。

西元一一四二年夏，高宗派參政知事的舅父韋淵，出國境迎接韋太后南歸。

韋太后歸國，高宗率文臣武將舉行盛大的歡迎儀式。儀式上，韋太后一開始便問道：「為何不見大小眼將軍？」

據說，岳飛生來俱有一對大小眼，韋太后雖人在金國，但早聞其名，故而有此一問。

韋太后最終還是知道了岳飛冤死的真相，將高宗狠狠地訓斥了一番。而高宗不遺餘力，終於迎回母親，就算千錯萬錯，結果都無法改變。只能跪伏於母親膝前，不停地認錯。

據載，韋太后歸國，性情淡泊，不問政事，崇尚節儉，垂範天下。而為了悼念枉死的岳飛忠魂，韋太后一直穿著道士服裝，直到八十歲壽終之時。

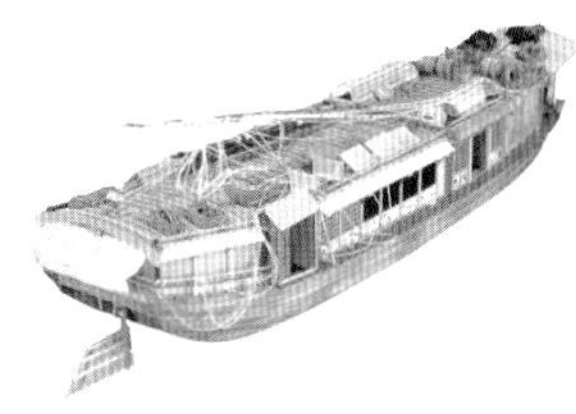

▲北宋．汴河客船

金明池爭標圖

▼圖中表現的是北宋徽宗崇寧年間（1102～1106）在金明池進行龍舟比賽的情景。

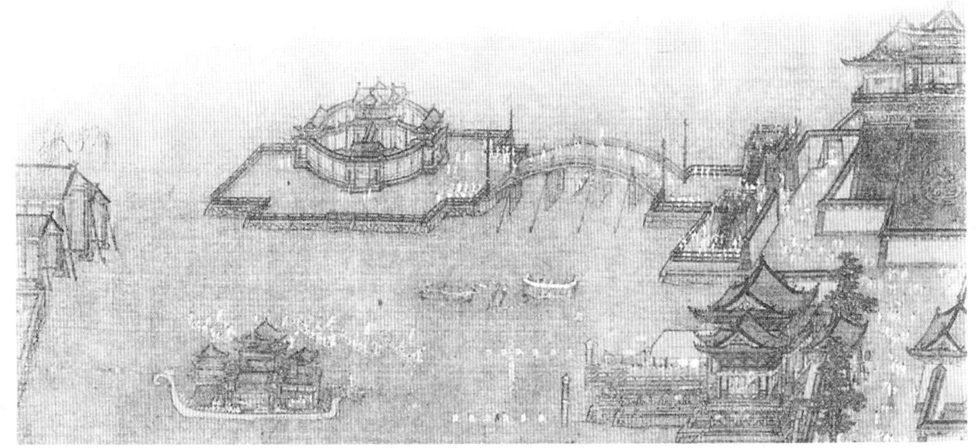

九、李皇后爲何挑撥是非？

宋高宗

▲宋高宗（西元1107～西元1187）即趙構。南宋皇帝，宋徽宗之子。徽欽二宗被俘後在南京（今河南商丘）即位，任用黃潛善、汪伯彥為相，南遷揚州；繼又渡江而南，建都臨安（今浙江杭州）。他以全力鎮壓鐘相、楊麼等平民起義；雖為形勢所迫，曾用岳飛、韓士忠等抗金，而終以求和為主。

宋高宗枉殺岳飛，迎回韋太后，和金國達成和議，兩國對峙局面形成。高宗在政治上雖進取不足，但有許多忠貞之臣的盡力輔佐，也足可守成。唯一遺憾的，是其獨子趙旉年僅三歲便告夭折，之後再無子嗣，冊立儲君之事，一直牽動所有人的心。

父位傳子，是歷來規矩。宋朝自太祖傳位弟弟太宗，皇室就一直分為兩大宗。其後雖有在位皇帝無子嗣的意外情況，但直至高宗，都是太宗一脈。高宗有一感人之舉，是在挑選儲君人選時，由衷說道：「太祖神威英武焉有天下，如今子孫零落，其情堪憫。仁宗立侄為帝，堪為表率，我若不效法，怎慰太祖在天之靈！」於是從太祖一宗中，挑選「伯」字輩的賢良子弟七人，又從中選定趙德芳六世孫趙伯琮，於西元一一六〇年下詔將其立為太子，賜名「瑋」。西元一一六二年五月再度下詔，冊立為太子。

宋孝宗

▲孝宗，名趙　（西元1127～1194年），太祖趙匡胤七世孫，壽王趙德芳六世孫，秀王趙子偁子，封為建安郡王，生於秀州（今浙江省嘉興市）。高宗無子，將他收為養子。

▲宋．青釉蟠龍人物瓷瓶

當年六月，高宗禪位，太子幾番推辭，仍即位為孝宗。

孝宗深受高宗仁孝品格的薰陶和影響，西元一一八七年，八十一歲的太上皇高宗駕崩，傷心之餘的孝宗萌生效法高宗，禪位太子的想法，因大臣們的勸止而作罷。可是僅僅過了兩年，孝宗還是堅持禪讓，太子趙惇即位為光宗。

李皇后是慶運節度使李道之女，幼年時有一位叫皇甫坦的相士，替其相面，稱她將來會母儀天下。也許是受此影響，李鳳娘一直都高傲而自負。在作太子妃時，悍妒成性的品格，就曾遭到太上皇高宗的斥責。現在有驚無險地登上皇后之位，很多人不由得暗自擔心，唯恐她作出什麼留後患的事情來。

當時，宮內太監勢力滋長。光宗即位後，意欲整頓，但一直沒有動手。太監們得到訊息，看準李皇后早就心懷異志，便將其拉攏。李皇后也

李皇后

▼宋光宗皇后，是一個悍妒跋扈、工於心計的女人，挑撥光宗和孝宗之間的父子關係，致使父子反目，就連孝宗駕崩、光宗也因畏懼李皇后而拒不出面主持葬禮。

▲南宋．桂花紋剔紅盒：此盒為圓形。漆式堅厚，精光內蘊。蓋面雕刻了一枝桂花，桂花下襯精刻錦紋。雕工精細而圓潤。

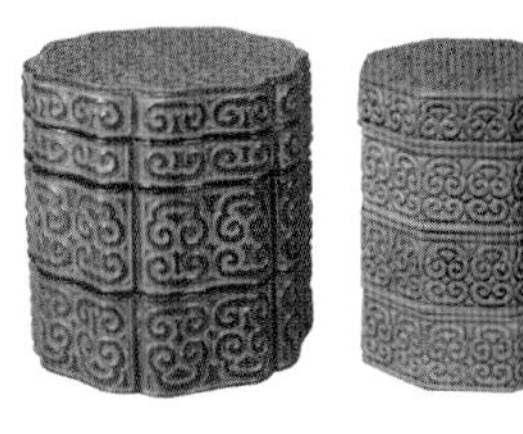

▲雕漆盒：兩件雕漆盒都為木胎其中一件略呈六角柱形，上下三層，通體飾卷雲紋，漆色黑、褐，純淨光亮。另一件呈八角柱形，紅、褐色漆。

甘心成為幫兇，從中作梗。

光宗很喜歡李皇后，發現她暗中與自己作對，心裡很難過。性格略顯柔弱的他，居然因此積鬱成疾。

孝宗仁愛，得知兒子生病，除吩咐御醫精心調治，還叫近侍四出，求購良藥，準備等光宗來重華宮時給他。李皇后知道後，為了更有效地控制光宗，想方設法阻撓光宗前往重華宮探視孝宗。

過了數日，光宗病體痊癒，李皇后藉機設宴，酒酣之際，央求光宗冊立自己的兒子趙擴為太子。

由於趙擴不久前才被冊封為嘉王，光帝就推說需稟告壽皇，再行冊立。李皇后因心願未遂而極不高興。

第二天，孝宗聽說光宗病癒，召其相見。李皇后卻瞞著光宗，獨自去見孝宗，孝宗驚訝光宗未到，李皇后則謊稱光宗又生病了，不能前來，孝宗說：「皇兒正值壯年，身體就這樣虛弱　，今後怎樣是好！」

李皇后聞言，靈機一動，趁機說道：「不如早立嘉王為太子，也好替他分憂解勞。」

孝宗沒有答應李皇后之求，她滿懷不高興，回到自己宮裡，居然惡人先告狀，對光宗說：「壽皇要廢臣妾，另立中宮，陛下可曾知曉？」

光宗大驚，心裡也頗不痛快。雖然是父子，但自己畢竟是名正言順的皇帝，廢立皇后，滋事體大，哪能連自己都毫不知情呢？由此光宗竟然對父親產生懷恨之心。李皇后又不時地挑撥使壞。光宗竟然將依禮前去重華宮探望父親的禮節，也漸漸偏廢了。

西元一一九三年重陽節，百官為光宗上壽畢，懇請光宗至重華宮朝

▼馬遠．踏歌圖

▲杭州岳王廟

見孝宗。光宗未得李皇后應允，遲遲不敢決定。經不住文武百官的再三懇請，光宗的心思才有所動搖，可待其起身轉至屏風後，欲更衣前去重華宮時，不料李皇后早有預料橫阻於此。結果，朝見終究被取消。

孝宗在重華宮望穿秋水，渴盼能見兒子一面，終究不能夠。而光宗在李皇后的操縱之下，可以對父皇的存在置之不理，卻先後讓李氏外戚二十六人、故舊一百七十二人被封官職。這在宗朝歷史上，可謂絕無僅有。

西元一一九四年，年近古稀的壽皇孝宗染了病。至四月，病情愈來愈嚴重，有很多忠直大臣都紛紛進諫，要光宗前去重華宮探視老皇帝。李皇后就是不允，後來，甚至要光宗帶著自己去遊山玩水。

更讓人心寒的是，至六月九日，老皇帝駕崩，光宗竟然還是稱病不肯前往。六月十三日，乃是壽皇大殮之日，儀式居然要孝宗之母吳太皇太后來主持。

光宗的行為，與有宋一朝以來的道德禮儀相去甚遠。文武大臣，甚至普通百姓，莫不齒寒。也因如此，孝宗葬禮之後，宰相韓侂胄，姜太后，宗室趙汝愚等，終於狠下心來，以光宗健康為由，逼其退位，扶太子登位。

光宗作繭自縛而失去帝位，李皇后也因此失去玩弄權力的憑藉，也算是善惡到頭終有報吧！

▲祐國寺鐵塔：河南開封祐國寺塔建於宋皇祐元年（西元1049年），是中國現存最早的琉璃磚塔，因使用深褐色琉璃磚，故俗稱「鐵塔」。

十、元宮祕聞知多少？

元朝是中國歷史上第一個由外族入主中原而建立的大一統中央封建王朝。這個深處北方大漠的蒙古民族，由原本逐水草而居的遊牧民族，逐漸以其鐵馬金戈橫掃歐亞大陸，堪稱世界史上的奇蹟。入主中原一百多年的封建統治，也有自身的獨特表現。

蒙古人發跡於北方大漠，那裡土地廣袤而貧瘠，氣候寒冷，自然條件十分惡劣。也因如此，造就了蒙古民族性格豪邁奔放，身體威武壯碩的特徵。同時，他們長年累月馳騁於草原上放牧打獵，精於騎射之術，為他們日後在戰場上衝殺提供了良好的基礎。蒙古人以放牧為主，皮革用品的使用範圍十分廣泛，特別是用皮革裝備作戰用的戰馬和士兵，既堅韌又靈活輕便，大大提高了軍隊的作戰能力。諸多因素作用下，再加上蓋世英才成吉思汗的橫空出世，蒙古的崛起，實屬自然。

成吉思汗原名鐵木真，出生時，蒙古氏族基本處於氏族部落各自為政的狀態。他的父親也速該是孛兒只斤部落的首領，母親訶額侖是翁吉剌部落首領的女兒，原本許配給篾兒乞惕部落首領的弟弟，卻在新婚之日，被也速該硬生生地強搶過來，作了自己的妻子。

▲龍泉窯纏枝牡丹紋瓶：出土於呼和浩特市白塔村元代豐州古城遺址。高43.5公分，口徑19.5公分，底徑13公分。

成吉思汗

▲成吉思汗（1162～1227），姓奇渥溫，名鐵木真。1189年被推為蒙古乞顏部可汗。之後經略中原，平定西遼、西夏、花剌子模等國，實現了蒙古統一，版圖橫跨歐、亞。1206年檢蒙古國，被尊為成吉思汗。

鐵木真自幼就很聰慧機靈、壯碩威武，到九歲時，也速該前往翁吉剌部落替兒子求親。翁吉剌部落首領德薛禪答應把女兒孛兒帖許配給鐵木真。不幸的是，在返家途中，也速該被仇人殺害。

不難想像，連別人已經迎娶的新娘都能以強搶的方式占為己有，當時蒙古氏族部落之間的相互攻擊和利益爭奪是多麼的激烈。也速該被害身亡

之後，孛兒只斤部落失去領頭之人，立即成為其他部落攻擊蠶食的目標。

訶額侖雖然是也速該強搶占有的，但在民風古樸的大漠，類似的事件並不少見。兩人結為夫妻，感情也很融洽，特別是有了兒子鐵木真，感情更是如膠似漆。現在，也速該死了，部落的財產牛羊被別人占去，他們母子的生活境況彷彿一下子從天堂跌到了地獄。種種艱辛，不言而喻。

也多虧訶額侖，不僅美麗大方、聰明賢慧，還很精明能幹。在她的悉心照顧下，鐵木真終於度過了人生中最為艱難的時光，也是因為她盡心竭力的教育培養，成長中的鐵木真表現出諸多超乎常人的才能品格，以致在成年之後，能夠迅速聚攏人氣，不斷壯大部落的實力，進而統一蒙古全境，成就蓋世之功業。

據說，訶額侖很有才幹，在鐵木真統一蒙古的過程中，一直得到母親的幫助指點，無論是調兵打仗，還是其他的事務處理，訶額侖都有極大的功勞。鐵木真大功告成，被尊為成吉思汗，訶額侖終於放下心來，把所有權力都交還給兒子，過起清靜閒適的生活。在此過程中，她看上一個名叫蒙力克的普通老人，萌動再嫁之心。成吉思汗看穿了母親的心事，也主動成全這樁姻緣。

粗獷豪放、好強善戰的民族性格，造就了男人在蒙古社會的絕對主宰地位。普通平民之間是這樣，貴胄皇室也是如此。從成吉思汗到元朝在中原的統治結束，男性逞強，女性很少有登台露相的機會。即便是像訶額侖這樣經歷豐富、才華卓越的女性，在幫助兒子成就大業之後，也只能退居幕後，沒沒無聞地安度普通人的生活，就足以說明一切。

▼這幅畫是波斯史學家施特丁《史集》中的插圖，現收藏於德國柏林。插圖描繪了蒙古軍隊在西征中，用木枷押送戰俘的場景。

但是，現實是五彩斑斕、多姿多彩的，凡事皆有例外。元太宗窩闊台的皇后脫列哥那氏就是一位不甘寂寞的蒙古女性。

成吉思汗鐵木真共有四個兒子，長子朮赤早死，爵位由兒子拔都繼承，其次是察合台，再次是窩闊台，最末是拖雷。臨終之際，成吉思汗把汗位傳給三子窩闊台，由察合台和拖雷輔佐。

窩闊台在位十三年，去世時，長子貴由正隨堂兄拔都遠征歐洲，脫列哥那有極其強烈的權力欲望，認為第一序位繼承人不在京城的情況下，自己有了登臨權力最高峰的機會。

脫列哥那有自己的聰明之處，她知道女子臨朝在自己之前並無先例，要想達到目標，首先必須消除諸大公大臣對自己的牴觸情緒，然後爭取他們的支持。於是，她不惜花費大量的金銀財帛，用以饋贈各支宗王及文武大臣，特別是那些曾與自己有過節，關係趨於緊張的大員，她更是小心安撫，極盡籠絡之能事。這樣，脫列哥那竟然順利填補窩闊台逝後造成的權

▼蒙古帝國及其四大汗國疆域圖

太宗窩闊台像

▲窩闊台（1186年～1241年），在位12年。成吉思汗的第三子，成吉思汗死後，由其四子拖雷監國一年，1229年才由窩闊台即位。1234年，聯合宋朝滅掉金國。又攻南宋，1241年，死時年56歲。

力真空，將大元政治權力收歸自己囊中。

蒙古屬邊地少數民族，儒學禮儀的影響遠不及漢族聚集的中原腹地。脫列哥那皇后身邊有一個叫法提瑪的女官，本來是從呼羅珊抓來的女奴，因狡黠多智而入宮，後來受脫列哥那的賞識，現在更是成為最得力助手，幫助脫列哥那出謀獻策。

她以給人實惠的方式，穩定人心，堵住大多數人的嘴，接手權力之柄。隨後，她開始運用手中的權力，打擊那些可能影響自己權力地位的異己分子。

鎮海是太宗窩闊台時的宰相，素來和脫列哥那不和，權力很大，身邊也聚集著一些對她頗有不滿的文武大臣。窩闊台剛去逝時，脫列哥那表現出很敬重鎮海的樣子，盡量使鎮海不公開與自己作對。待自己的地位稍微穩固，鎮海便成為她第一個要下手對付的目標。

脫列哥那準備派人暗中拘捕鎮海，不慎風聲走漏，鎮海逃至宗王闊端處避難。

財政大臣牙刺窪赤是脫列哥那要打擊的第二個目標。她派親信斡合勒率兵前去緝拿牙刺窪赤，牙刺窪赤躲避不及，但他是個極聰明的人，利用斡合勒貪杯的弱點，讓斡合勒捉拿了幾個自己的親信，然後假意設酒宴款待斡合勒。趁斡合勒醉得不省人事，牙刺窪赤得以逃脫，逃脫之後牙刺窪

蒙古佛道大辯論

▲蒙哥汗五年（1255）、七年（1257），佛道兩教的代表在蒙哥、忽必烈的分別主持下進行了兩場大辯論，結果都是佛勝道敗。

▲八思巴文銅印：內蒙古清水河縣出土，高6.9公分，邊長6公分。

▲放牧區

▲螭虎紋玉璧：青玉質。璧的一面鏤雕了兩隻對峙的螭虎，一大一小，並作扭身拖尾、側身相望狀，充分利用了圓璧的回轉造型。

雨欲來風滿樓之勢。

值此危亡之際，西征的貴由聞知父親喪訊，不遠萬里趕了回來。他一回來，成為眾望所歸的汗位繼承人。西元一二四五年秋，各蒙古宗王在答蘭答八思舉行盛大聚會，共同推舉貴由繼承汗位。至此，脫列哥那的政治野心和夢想，才告澈底破滅。

蒙古王族中另一位不能不提的女人，是拖雷的妻子唆魯禾帖尼。

拖雷是成吉思汗最小的兒子，平生以性格仁厚著稱。西元一二三一年，拖雷隨太宗窩闊台親征金國，不幸太宗生了重病，怎麼醫治都不見好轉。後來有巫師作法，稱蒙古人多年征戰，殺孽太重，太宗生病，是山川鬼神降罪所致。要治好太宗，需有一宗族之人代受罪孽。拖雷聽說之後，連想都沒想，挺身而出，由巫師作法，將窩闊台的罪孽，轉嫁到拖雷身上。結果，拖雷被鬼神奪去了性命，而太宗則很快就痊癒康復了。

唆魯禾帖尼身為拖雷的妻子，常被人用來和成吉思汗的母親相比較，因為她的聰明能幹絲毫不遜於訶額侖。

拖雷死後，年輕守寡的她把幾個孩子照顧得很周到，對孩子們的教育培養一點都沒輕忽。由於太宗的特別照顧，拖雷生前所享的封地，全都交由唆魯禾帖尼管理，連軍隊的指揮調動權也交給了她。而她處事公正，組織良好，把一切都處理得井井有條，受到所有人的擁戴和稱讚。

顧姑冠

▲顧姑冠是元代蒙古族女子最有特色的冠飾。用樺木皮或者竹木之類作成骨架，從頭頂向上伸出二、三尺高的柱形，柱頂為平頂帽形，骨架外以紅羅、金錦進行包裱，再飾以珍珠、翠花等。

和訶額侖不同的是，訶額侖老年之時，還嫁給了蒙力克老人。唆魯禾帖尼守寡不久，和她年齡相差無幾的貴由居然看中了她，想娶她為妻。此前兩人是嬸嬸和侄子關係，但這在當時的蒙古王族中並未明確限制，而貴由作為太宗長子，極有可能成為未來的汗位繼承人。嫁給他，在政治上的獲利顯而易見。然而，唆魯禾帖尼以照顧拖雷兒女為由拒絕了貴由。

這一件事讓唆魯禾帖尼贏得了更

多的尊重，也包括貴由在內。貴由成為大汗，對她們母子照顧有加。隨著歲月的流逝，她的長子蒙哥也逐漸長大成熟，不斷為國建立功勳，聲名和威望扶搖直上。

西元一二四八年，定宗貴由去逝。當時，王族中資歷最深，威望最高的是拔都。但由於其年紀已老，又患了腿疾，行動不便，便向各宗王發出信函，邀請大家到他的駐地欽察召開傳統的忽裡勒台大會，以推舉新的汗位繼承人。

拔都的信函發出去後，許多宗王都不買他的帳，遲遲不肯前去赴會。此時，唆魯禾帖尼對蒙哥說：「現在大家都不願前去欽察，你應立即前去。如能得到拔都王的幫助，對你一定有極大的好處。」

蒙哥不但是第一個前往欽察草原的宗王，而且透過近身的觀察，。拔都認定他是最佳的汗位繼承人，便聯絡自己的親隨，告之天下，正式推舉蒙哥為大汗。

這個提議雖然遭到一些懷有私心者的反對，但拔都的影響力實在太大，加上唆魯禾帖尼在幕後的策劃和周旋，蒙哥最後還是順利登上了汗位，了卻了唆魯禾帖尼畢生的夙願。

▼元都建都大都（今北京），圖為元大都遺址。

▲元．蓮花紋高足金杯：金杯高14.4公分，口徑11.1公分。杯腹刻有蓮花，杯足刻有荷葉紋。

第六章

明清

明清兩朝是中國封建制度的絕唱，大一統的局面長期延續，中央集權的封建政治體制趨於完善和完美，似乎正是統治者大有可為的時候。然而，結果恰好相反，封建政治、經濟、文化，沒有因為這些優勢而得到更大的發展，反倒是日趨沒落，最終歸於消亡。

一、誰是朱元璋的賢內助？

▲文房四寶：毛筆和石硯在我國有著極為久遠的歷史。傳統文人以田喻硯，以犁喻筆，稱寫文章為筆墨耕耘。

朱元璋稱帝建明

▲朱元璋南征北戰十五年，平定天下，推翻了元代的統治。元至正二十八年（1368）正月四日，朱元璋在應天即皇帝位，定國號為「大明」。

出身平凡普通而又成就非凡功業的君王，中國古代只有兩位，一位是西漢的劉邦，另一位是明朝的朱元璋。但農民出身，作過小吏，無賴性格的劉邦，尚有斬白蛇起家，為赤帝之子等光環的籠罩。而朱元璋，除了當過乞丐和苦行僧，什麼背景都沒有。

朱元璋如此卑微的出身，能最終享有天下，開創明朝數百年基業，個人的才能和努力，固然是少不了的，髮妻馬皇后的鼎力相助，同樣非常重要。

西元一三五二年三月，當過乞丐和和尚的朱元璋投到紅巾軍濠州駐軍郭子興部下。五月，朱元璋迎娶郭子興義女馬氏為妻。短短兩個月時間，朱元璋從一個衣衫不整的和尚，搖身一變成為受人尊敬的「朱公子」、主帥郭子興的東床快婿和得力部將，身分地位的嬗變，是顯而易見的。

然而，必須強調的是，馬氏給朱元璋帶來的，不僅僅一開始是身分地位的改變。

首先，必須承認，郭子興在歷史上雖然算不上什麼了不起的大人物，但就當時而言，畢竟是一軍主帥，哪

馬皇后

▲馬皇后自幼聰明賢慧，心地仁慈，性格堅強，是朱元璋的得力助手。馬皇后一生保持儉樸之風，待人寬厚，且常諫於太祖。洪武十五年病逝，太祖心痛不已，未再立后。

怕馬氏僅為義女，挑選女婿也絕無勉強草率之理。言下之意，是朱元璋投軍以來的行為表現，使郭子興發現到了他的個人才能，足可讓自己感到值得把義女嫁給他。嫁女之舉，也是含有籠絡和利用的政治目的。

其次，朱元璋娶馬氏不久，隨著身分地位的改變，朱元璋的個人才能有了更充分的施展空間 ，而當他的才華得以充分表現後，居然讓才能平庸的郭子興隱隱有一些擔心和害怕。

朱元璋投軍以來的優秀表現和不斷上升的聲望，使郭子興感覺朱元璋絕非池中之物，害怕他有朝一日會危及自己現有的地位，難免會在暗中設防，遏止其上升勢頭。甚至於，郭子興在心底打定了主意，只要朱元璋野心暴露，自己無法控制時，採取極端措施也是必要的。

馬氏自幼被郭子興收養，對義父的心性瞭解較深，自從嫁作朱元璋妻，對丈夫的摯愛，幾乎超過了對義父的敬愛。以其聰明機智，馬氏察覺了義父的心事，並且深刻意識到了丈夫處境的危險性。她不願辜負義父的養育之恩，更不願眼見著心愛的丈夫有什麼不測和不幸，為此，她夾在義父和丈夫之間，凡事小心翼翼，盡最大的努力周旋和調停。

正是有了馬氏的努力，才使朱元璋度過了事業發展最初的艱難時期，為他日後成就更大的事業爭取到了時

官吏常服

▼明代官吏常服，多戴紗帽、襆頭，身穿盤領窄袖大袍。1393年又規定，凡文武百官，不論級別，都必須在袍服的胸前和背尾碼以一方補子，文官用禽，武官用獸，以示差別。這是明代官服中最有特色的裝束。

▲烏紗帽

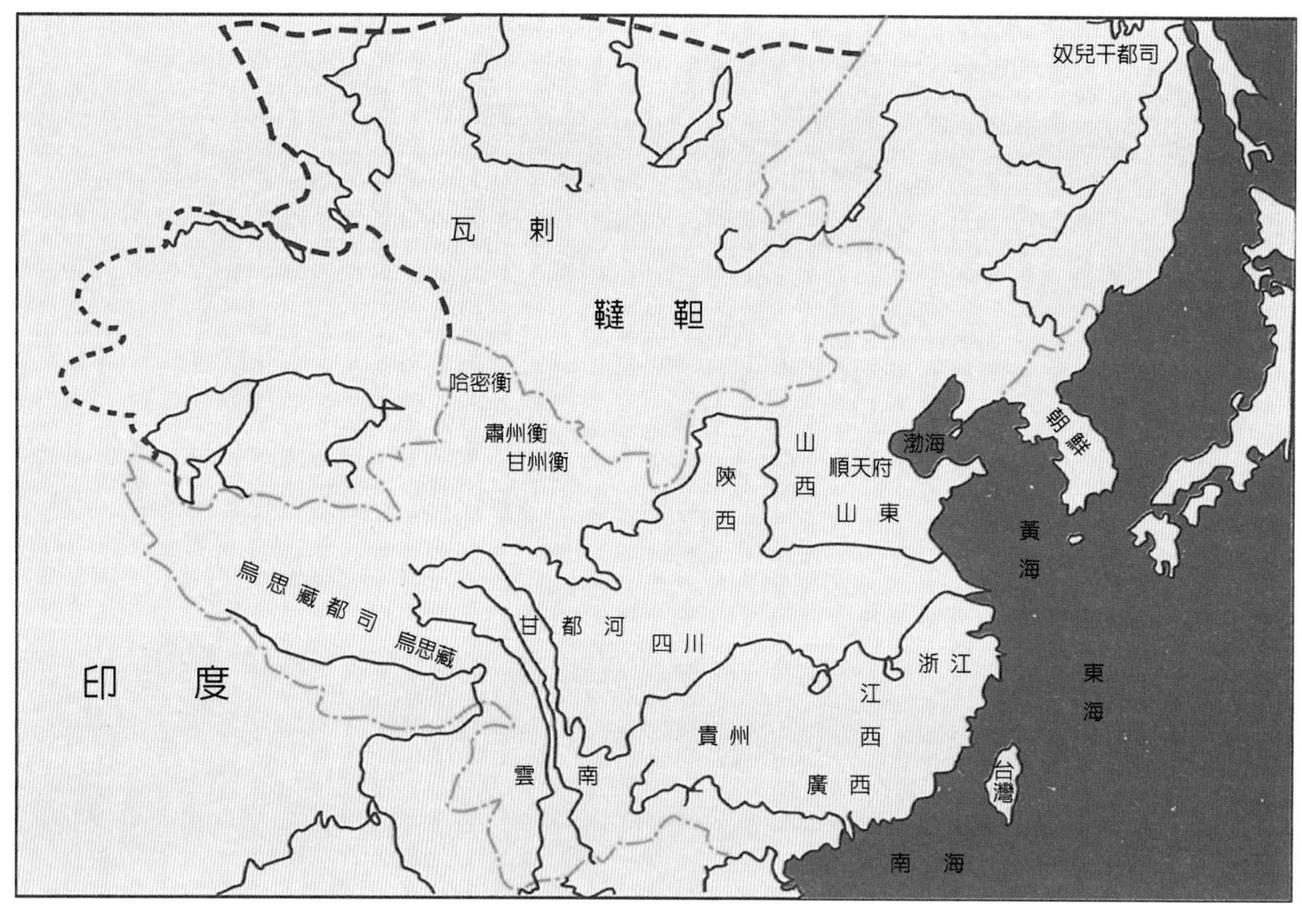

▲明代疆域圖

間，也積蓄了能量。

後來，朱元璋脫離郭子興，像魚游大海一般開創屬於自己的天地。直至在應天登基，建立大明王朝，半生戎馬，經歷了太多艱難曲折和風雨考驗。在此過程中，他喜歡隨時把所思所想記錄下來，稱之「劄記」，用於總結得失並且啟發自己。他這種作法，實用性很強，但限於他讀書不多，記錄過程中常遺有許多空白，馬氏聰明且有學識，經常幫助朱元璋整理「劄記」，並負責把空白處補充完整，對朱元璋奪取天下和治理天下，都作出了非常大的貢獻。

馬氏不僅才智卓越，為人處事還極其溫和大度。朱元璋如此卑微的出身，能夠奪取天下，單靠自己一人之力顯然是不可能的。竭力相助者，既有像徐達這樣的兒時朋友，也有像宋廉這樣的大儒。朱元璋也像所有成就大事的人一樣，個人才能傑出，脾氣性格也會固執自負。特別是隨著唯我獨尊地位的確立，對別人的態度，也難免強硬和蠻橫。如此一來，難保不傷害部下的情感，凡是類似的情況下，謙和內斂的馬氏，就會適時出擊，憑自己的人格魅力，幫助朱元璋籠絡人心。

西元一三六八年八月，北征大將軍徐達攻占大都，朱元璋明王朝才算澈底推翻了元朝，實現了全國的統一。

雖然是坐穩了江山，但對一個新誕生的王朝而言，面臨的困難和問題同樣很多。特別是元末以來，社會矛盾的激化，數年戰火硝煙對社會生產和民眾生活的破壞等，都是對大明王朝的嚴峻考驗，也是對明太祖朱元璋的嚴峻考驗。

朱元璋的政治才能毋庸置疑，但其果敢大度，仍需要馬皇后的寬容細膩來互補。可以說朱元璋和馬皇后這對出身貧賤的帝后，在特定的歷史環境條件下，完善地扮演好了自己的角色。

有一次，朱元璋心中不痛快，怒斥一位犯了過失的宮女，馬皇后也裝出很生氣的樣子，下令把這宮女捆送宮正司議罪。馬皇后如此反常的舉動，令朱元璋大惑不解，詢問原因。馬皇后這才說：「你發怒的時候，難免會加重責罰，交宮正司處理，會公允得多。」朱元璋恍然大悟。

類似的事情還有很多，馬皇后就是這樣一直舉重若輕地幫助明太祖朱元璋，西元一三八二年，甚至在她病重之時，既不准朱元璋請人禱告，也不願吃藥。她說：「一旦吃了藥不見效，你勢必會責怪御醫，這是我不願意見到的。」

當年八月二五日，馬皇后辭世。朱元璋為馬皇后的離逝而放聲慟哭，此後十六年間，未再冊立皇后。

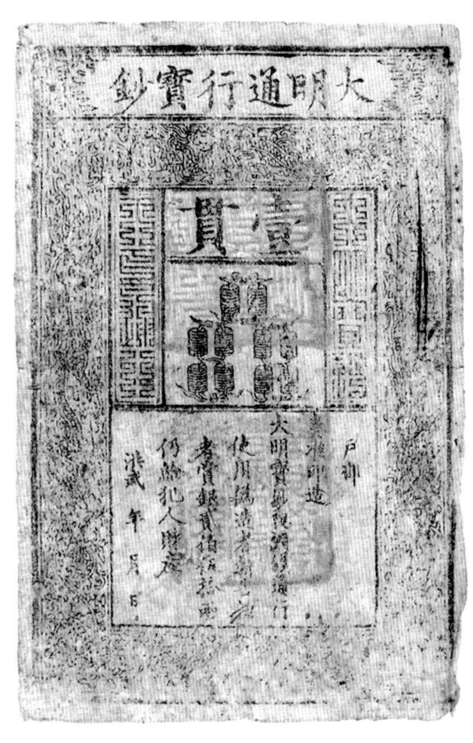

大明寶鈔

▲洪武八年（1375）三月，朱元璋下令印製「大明寶鈔」。洪武初，世面上流通的貨幣多為鼓鑄的銅錢「洪武通寶」。然而，剛剛建立的明王朝極端缺乏銅料，銅質貨幣遠遠不能滿足市場的需要。為此，朱元璋借鑑元代實行的紙幣制度，印製「大明寶鈔」與銅錢並行，以紙幣為主，銅錢為輔。

▲錦衣衛木印：明洪武十五年（1382）四月，朱元璋廢除儀鑾司，改設錦衣衛，作為皇帝侍從的軍事機構。錦衣衛權利很大，除了掌管侍衛職權外，還有巡查緝捕和審理詔獄的權力，實際上是明朝設立的特務組織

▼黃河運河圖：明遷都北京後，仍然需從南方運輸大量糧食到北京，永樂年間疏通運河，每年漕運糧食都達三四百石，大運河因此成了明朝的生命線。明清兩代都將黃河和大運河的治理聯繫在一起。這幅《黃河運河圖》就是將黃河和大運河並列在一起繪製的。

二、甯國公主為何牽衣索夫？

成王敗寇，一俊遮百醜，這是很多人評價歷史慣常的思考模式。從這個意義上講，朱元璋的低賤出身，不應被歧視，反倒應該受到更多的尊重。可作了皇帝的人，總會掉入君權神授的泥沼之中。朱元璋無法脫俗，對自己的低賤出身，有意無意地進行辯解和修飾，常拿自己和漢朝的開國之君劉邦相比較。以致在施政策略上，也有類似劉邦的地方。

劉邦在漢初大封同姓宗室為王，還結白馬之盟，嚴禁劉氏子弟以外的人封王。朱元璋建立明朝，西元一三七〇年封九位朱氏子弟為王戍邊，史稱「九邊」；西元一三七八年封五人為王；西元一三九一年又封十人為王。他認為，這樣一來，朱氏天下就可萬世一宗。

朱元璋登基之初，立長子朱標為太子，並對他進行全面有計畫的教育培養。五年之後，朱標十八歲，朱元璋開始讓他見習政事，命令百官有事，需先向太子啟奏。

朱元璋這樣做，希望太子成為合格帝王的用意非常明顯，朱標也非常用心盡力，正一步一步地向朱元璋期望的目標靠近。西元一三九一年八月，朱標奉命巡視關中，他一路出京師，跨長江，經徐州，奔洛陽，入潼關，最後抵達秦王朱樉的駐地西安。

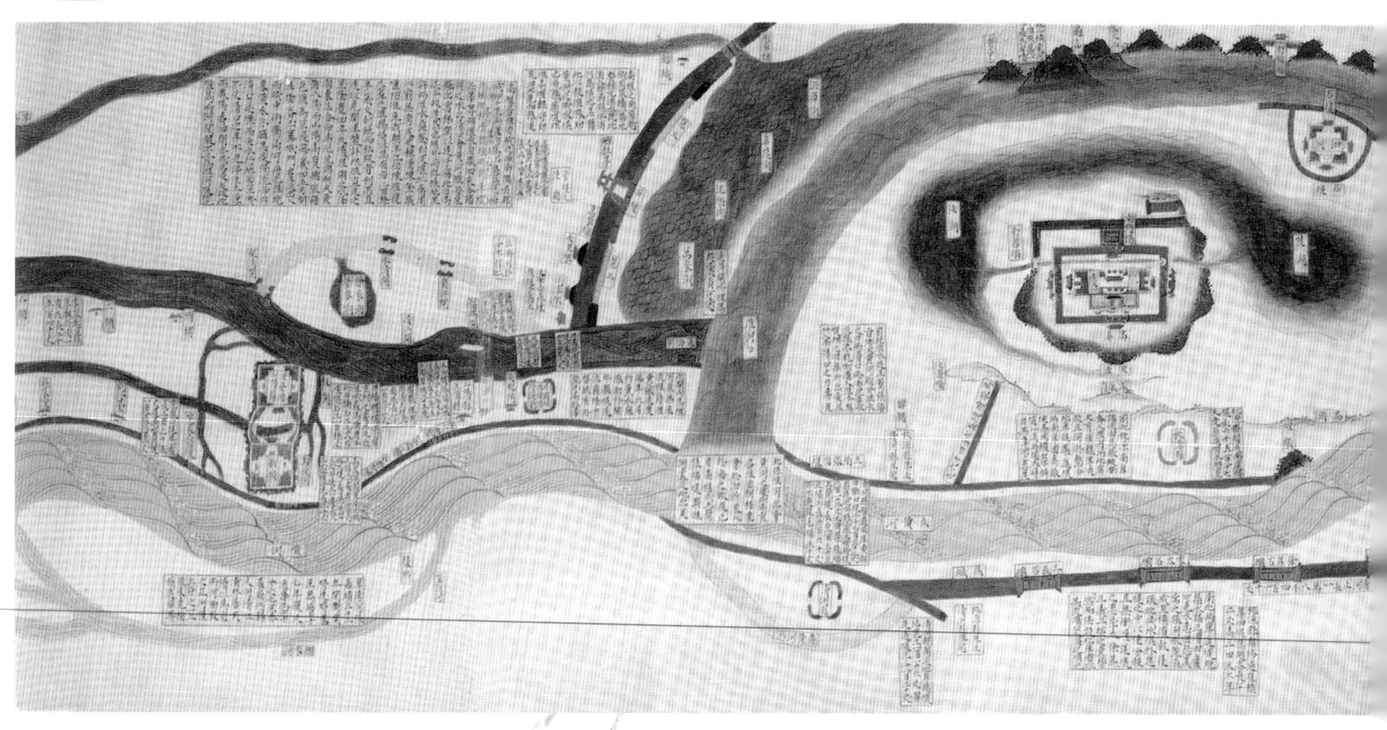

明成祖朱棣像

▲明成祖朱棣（西元1360～1424年），明太祖朱元璋第四子，生母為孝慈高皇后馬氏。攻敗侄兒建文帝后稱帝位，在位22年，親征漠北返師途中病死，終年65歲，葬於北京昌平天壽山下的長陵（今北京十三陵）。明成祖朱棣是中國歷史上一位很了不起的帝王，他立有不世之功，肇基了「永宣盛世」，正如舊史家所說：「高祖（朱元璋）成祖（朱棣）肇造，享國長久，六七十年間，倉廩贍足，生齒繁殖。」因此朱棣也和其父朱元璋一樣，是個值個肯定的人物。

巡視完畢，朱標沿原途返回，抵達南京時，已是入冬季節。這一次巡視，朱標收穫良多，但繁忙的事務，旅途的勞頓，也拖垮了他的身體。他回來便病倒，且一病不起，於次年四月死去。

在朱標身上傾注太多心血的朱元璋，為太子之死失聲痛哭。最後在文武大臣的勸解安慰下，立朱標的長子朱允炆為皇太孫。

朱允炆當時年齡雖小，但性情寬厚，聰明好學，深得朱元璋喜愛。有一天，朱元璋對皇太孫說：「看守邊關、抵禦外侮的責任，我交給了你的叔叔們。只要邊疆安寧，你就可以在中原安心作太平天子了。」

不料朱允炆卻問：「如果叔叔們存有異心，又由誰來對付呢？」

朱元璋沒有想到孫子有此深謀遠慮，也想測試朱允炆的胸襟才能，反問道：「你認為該怎樣對付呢？」

朱允炆說：「以德爭取他們的心，以禮約束他們的行；如果還不行，就前去他們的屬地；再不行，則興兵討伐。」

朱元璋對朱允炆的回答還算滿意，西元一三九八年，臨終之際，遺詔由朱允炆繼承帝位。朱允炆登基，即建文帝，時年二十一歲。

建文帝幼時憂慮皇叔們心存異志，並非空穴來風。燕王朱棣是朱元璋第四子，亦即朱允炆的四皇叔，為

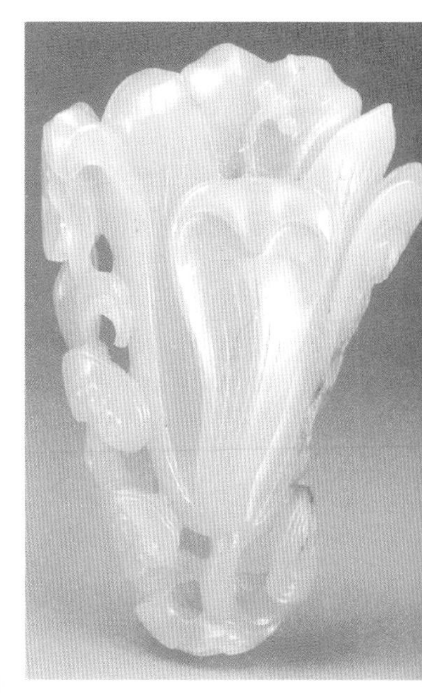

▼神火飛鴉：是用竹篾紮成烏鴉形狀的飛彈，其內部裝滿火藥，由4支火藥筒作推進器，可飛300餘公尺，落入敵營，鴉身火藥燃燒，攻擊敵方。

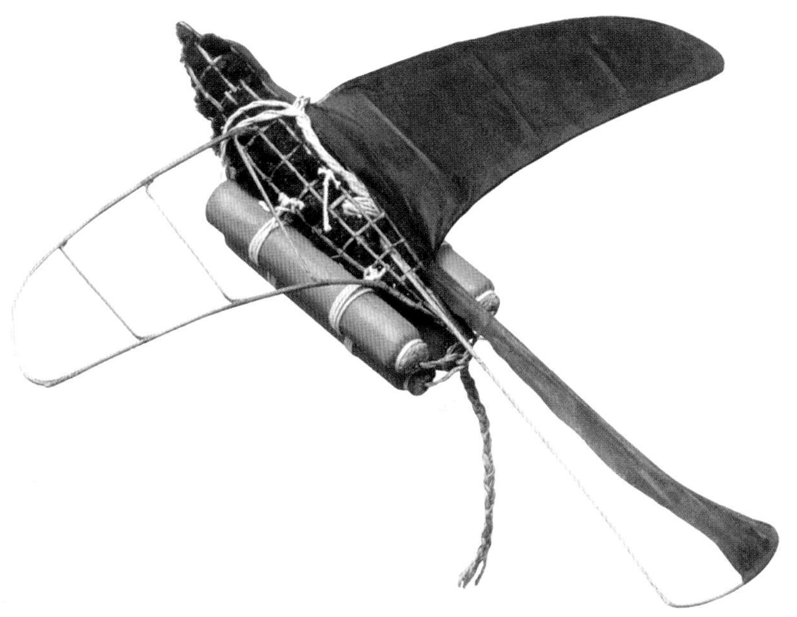

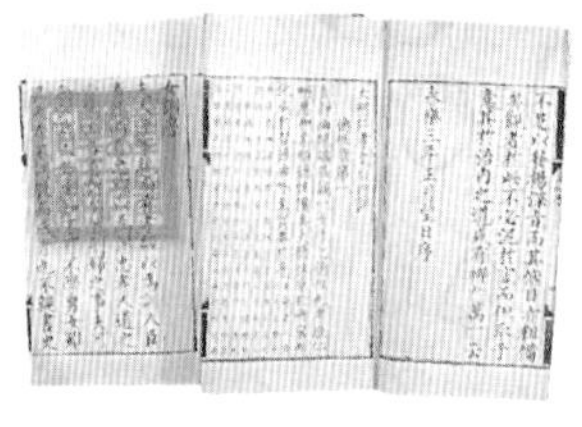

▲明成祖下令刊印的《大明仁孝皇后內訓》書影

國立過很大的功勞，也有很大的野心。

朱元璋皇后馬氏崩，朱棣和諸王入京奔喪，朱元璋選派了許多和尚，讓他們隨諸王回封地，為馬皇后禱告。隨朱棣回燕京的和尚叫道衍，對朱棣說：「如果你重用我，我會送一頂白帽子給您。」「皇」字是「王」上加一個「白」，道衍之意，是能幫他登上皇帝之位。

那時，朱標穩坐太子之位，朱棣完全沒有通過正當途徑登上帝位的希望，於是採用道衍提供的策略，暗中大規模招兵買馬，還私設兵工廠，鑄造兵器，準備伺機造反。

▲明初分封諸王圖

朱標意外早逝，朱棣是諸王中功勞最大、最有才華的一位，感覺有了一線生機。但很快，朱元璋又立朱允炆為皇太孫，令其怒不可遏，不時地以叔叔的身分，抒發對朱允炆的不滿。但此時朱元璋尚在，他不敢冒險造反。

朱允炆逐漸長大，對朱棣的提防絲毫不敢放鬆。他登基後，下詔嚴令禁止諸王入京弔唁洪武帝，就連朱棣行至淮安，也被責令返回封地。

朱棣回到駐地北京，立即聯絡周、齊、湘、代、岷諸王，準備揮兵入京。建文帝得報，和兵部尚書齊泰、太子侍讀黃子澄商議應對之策。齊泰認為先下手為強，下詔削奪諸王權力，而且矛頭直指燕王朱棣。黃子澄則認為，朱棣早有野心，兵力強盛，削之不易，還可能逼其鋌而走險，提前叛亂。建議建文帝先削其他諸王，斬朱棣手足，再集中全力對付朱棣。

建文帝採信了黃子澄的主張，先將朱棣同母弟、周王朱橚從開封押入京師，削其爵位。繼而廢掉代王朱桂，押闢大同。接著是岷王朱楩、湘

王朱柏、齊王朱榑等相繼被除。

手足被除，局面演變成朱棣和建文帝直接對話。結果，朱棣畢竟輩分大，年齡長，見識和才能均勝出一籌。他於西元一三九九年七月五日，以「靖難」為旗號，公然舉兵向建文帝叫陣。建文帝不甘示弱，於同年七月二十四日下詔討伐朱棣。兩方激戰三年，朱棣最終打敗了朱允炆，攻陷南京城。至於建文帝朱允炆最終的命運歸宿，有說被大火燒死的；也有說金蟬脫殼逃離京城的；甚至還有說逃出之後作了和尚，在明英宗時被英宗接入京城奉養的。

朱棣打敗了朱允炆，順理成章地占據了皇帝之位，即明成祖。

明成祖從侄兒手中成功搶奪到皇帝寶位，除了具有常人不及的膽略智慧，與他堅毅果敢、自負獨斷的性格特徵和行為模式，有著密不可分的關係。這一點，從他登基之後對建文帝舊臣的堅決打擊，可見一斑。

對建文帝最忠心的，當屬齊泰和黃子澄，朱棣攻入南京後，開列了一大串建文帝舊臣名單，齊泰和黃子澄成為名單中的首要打擊目標。

城破之時，齊泰和黃子澄均不在南京。齊泰在外率兵，正奉旨返京，途中聽說南京失陷，建文帝下落不明，想組織各地忠於建文帝的軍隊反擊。為躲避朱棣的懸賞捉拿，他喬裝改扮，還將自己坐騎的顏色塗黑，不料天氣熱，他趕得又急，馬出了一身汗，洗去白馬身上的顏色。他行跡敗露，被捉回南京。朱棣處斬了齊泰及其全家，黃子澄是因人告密而被捕

▲明仁孝文皇后像：明成祖仁孝文皇后徐氏，是開國勳臣徐達之女，天資聰穎，博聞強記，人稱「女諸生」。

永樂大典

▼《永樂大典》的正本到明末就已經下落不明了，副本於康熙年間被發現，但是也已經殘缺不全，此後日益缺失，後來經過多方的收集，現散藏於世界各地的有大約800餘地。

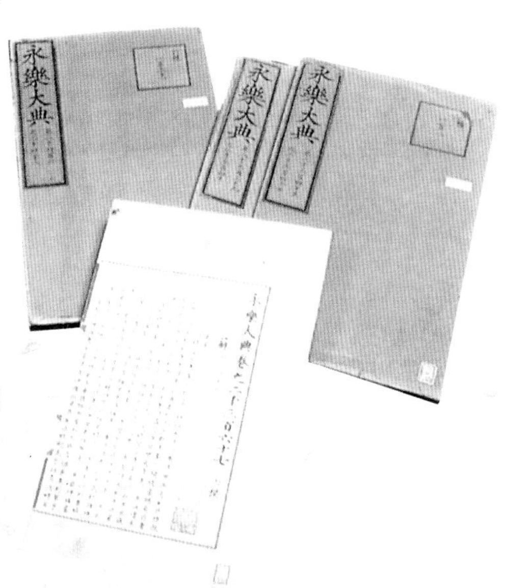

的，結果也是全家被殺。

其他如兵部尚書鐵鉉，耳、鼻被割，也難免一死；戶部侍郎卓敬被斬首，滅五族；禮部尚書陳迪父子六人被斬，臨刑前，劊子手將陳迪之子

明代早期做描繪的
北京紫禁城圖

▼宮城稱大內，又成為紫禁城，紫禁城從永樂四年（1406）開始興建，一直到永樂十八年（1420）才基本建成。

▲存放於北京大鐘寺的明永樂大鐘：中國已發現的最大的青銅鐘永樂大鐘，鑄成於明永樂年間（1403～1424），該鐘也是世界上著名的大鐘之一。

鳳山的鼻子、舌頭割下，硬塞進陳迪嘴裡；刑部尚書暴昭先被打掉牙齒，後被砍斷手足，最後被砍腦袋；左僉都御史景濤，被朱棣剝皮，受碎磔而死；右副都御史陳子寧，舌頭被割，然後受死；侍講學士方孝儒為宋濂弟子，因不肯替朱棣撰寫即位詔書，被滅十族……一件件、一樁樁，殘忍至極，令人髮指。

梅殷是朱棣起兵後建文帝派駐淮安的總兵官，因為他領兵有方，指揮有度，力阻朱棣大軍從淮安南下，使朱棣不得不避其鋒芒。朱棣進入南京，叫梅殷之妻以血書相招。梅殷來見朱棣，被朱棣任用，可到永樂三年，亦即西元一四〇五年十月的一天早朝時，被人擠落笪橋之下淹死。

依照理而論，梅殷力阻朱棣南下，比其他受害諸大臣更讓朱棣痛恨，朱棣的報復手段應該更殘忍才對。為何要一等數年，手段也如此隱蔽陰險呢？

原來，梅殷身分特殊，非尋常之人可比。梅殷為朱元璋愛女甯國公主駙馬，因善於謀略，處事謹慎，一直為朱元璋所器重。而甯國公主又是朱棣的同胞妹妹，才使朱棣有所顧忌，不得不躲躲藏藏，暗中下手。

其實，以朱棣的心性和處置其他人的手段，甯國公主和梅殷根本不相信朱棣會輕饒自己。但即使我為魚肉，人為刀俎，只要有一天好活，求生的本能還是會令每個人珍惜生存的每一時間。除了小心保全外，夫妻二人根本無從選擇。

每天早朝之時，甯國公主都會把丈夫送出門外，並一再叮囑丈夫小心，而到了中午散朝之際，甯國公主也都佇立府門之外，把丈夫迎了回來才算安心。

這樣心懸著熬過三年，終有一天，甯國公主未能迎回丈夫。一打聽，才知落水淹死。

甯國公主壓根兒不相信這是意外，聞聽噩耗，連想都沒想，就直奔皇宮。見了明成祖朱棣，又想都沒想就劈頭蓋臉地向對方索要自己的丈夫。

朱棣策劃了駙馬梅殷之死，心中本來就有鬼，見甯國公主怒氣沖沖地直闖進來，心裡更是發虛。在甯國公主開口索要駙馬的同時，便起身直奔內室，準備躲過此刻再說。

甯國公主終究動作快了一步，搶在朱棣奔向內室之際，緊拽住了朱棣的衣服！這便是「牽衣索夫」的故事。無論甯國公主怎樣胡攪蠻纏，朱棣鐵了心腸死不認帳，此事終究不了了之。

▲大明譜系匣：這是用來剩放皇家家譜的專用木匣。左右各有一龍，朱漆為地，御用色彩明顯。

三、權妃究竟死於何因？

明朝是我國封建社會後期的一個王朝，經過一千多年的歷史累積，明朝統治者吸取歷朝歷代的經驗教訓，其政治統治已日趨成熟和穩定，尤其在克制後宮女性參與政事方面，似乎顯得更有「成效」。所以，明代的後宮嬪妃，手握大權、把持朝政的，較為罕見，嬪妃之間為爭奪權力而血腥相殘的事例，也大為減少。

明成祖朱棣，為人很有才能，雖然是從侄兒建文帝朱允炆的手裡搶奪了皇位，但繼位之後，能沿續明朝開國之後的強勁發展國勢，受非議的地方並不多。反倒是在他登位十一年，為了寵愛的權妃之死，屠殺宮裡宮外兩千餘人，頗讓人想不透徹。

權妃是怎麼死的呢？為什麼在權妃死後三年多又策動這麼大一樁血案呢？

權妃為朝鮮族人，於永樂七年被冊封為「恭獻賢妃」，品貌俱佳，很得明成祖的寵愛。當時的女詩人王司彩有誇讚她的詩歌，稱她為：

瓊花移入大明宮，
旖旎濃香韻晚風。
贏得君王留步輦，
玉簫嘹亮月明中。

然而，就是這麼一位可人兒，居

▲鄭和像：鄭和，本姓馬，小名三寶，雲南昆明人，1371年生。1382年因為家鄉發生戰亂，被擄進明軍閹割，後進入燕王府，成為朱棣的一名侍衛。1405～1433年，鄭和先後七次下西洋，最遠到達非洲東海岸和紅海沿岸，完成了世界航海史上的一大壯舉。

定陵

▼坐落在天壽山中峰之下，為明成祖和徐皇后的陵墓，共修建了十八年，是十三陵中最早最大的一座陵墓。

牽禦馬的明宮太監

▲明朝太監掌管明朝皇宮中的所有事物，與皇帝關係極為密切，而司禮監秉筆太監因代帝批閱奏章而進入明朝的權力中心。

明成祖一生最寵權妃，他作為一位有成就的君王，既有才華橫溢的一面，也有性格粗暴殘忍的一面，得知此訊，遂捕殺呂氏，受株連者達兩、三千人。

《李朝世宗實錄》所記載的，又略有不同。成祖由朝鮮納入宮中的，有兩位姓呂的女子，一人出身商家，一人出身於書香之家，商人出身的女子，想與另一

▼明帝親征圖：這是明代留下唯一的一幅明朝皇帝的戎裝像，為我們瞭解明帝出征的儀式提供可靠的資料。

然在受封次年，隨成祖北伐，年紀輕輕地在臨城途中逝世。當時，大家都認為她是患病去逝，草葬於嶧縣，事情也就過了。

此事過了三年，據《李朝太宗實錄》記載，後宮兩宮婢為私怨爭吵，吵出權妃是為另一同樣來自朝鮮的妃子呂氏所加害。呂氏也是朝鮮族女子，被成祖冊封為婕妤，因不滿權妃之位在自己之上，心懷忌妒，勾結了宮裡宦官，從一銀匠處借得砒霜，伺機摻入權妃所用的茶裡面，導致權妃慢性中毒而亡。

▼為了紀念我國偉大的航海家鄭和，1985年中國發行了一套《鄭和下西洋》紀念郵票。

鄭和會見非洲酋長

▲鄭和每到一國，就會向該地的國王、酋長贈送珍貴的禮物，表示通好的誠意，因而收到了所到國家的普遍歡迎。

人結為姊妹，遭到拒絕，由此生恨，利用權妃之死栽贓陷害另一呂姓女子。成祖性情暴躁，獲得消息，也不問青紅皂白，便殺人無數。不久，自認得逞的呂氏宮女私通宦官，事情敗露，畏罪自殺。宮中追查，查出前情，成祖又大肆殺戮。

按此說法，權妃實為病死，加害之說，乃後宮嬪妃之間為爭寵而上演的一齣鬧劇。截然不同的兩種說法，又都暗含了相互統一的事實真相。權妃是一個年輕女子，突然逝去，的確有些蹊蹺。但致死的可能性，也有很多種，即使是砒霜慢性中毒而亡，也與許多病症容易混淆。要探明真相，已然沒有可能。但無論真相如何，明成祖大肆屠殺宮人，都說明在大明朝，女性地位的極端低下。

四、老妻少夫恩幾許？

所謂瑕不掩瑜，雖然明成祖強奪侄兒皇位惹人非議，殘酷地鎮壓建文帝遺臣，更是令人髮指。但從歷史發展的角度來看，明成祖還不失為一個有作為的功勳帝王。

明成祖朱棣登位，延續明初緩和社會矛盾、發展社會經濟的治國路線，又採取一連串鞏固中央政權的措施，使社會進一步蓬勃發展，國力進一步增強。明成祖在位時，曾六次御駕親征漠北蒙古殘餘勢力，重修萬里長城，對保障北部邊境安寧有積極作用。明成祖遷都北京，在元大都的基礎上營建北京，為後世遺留了一座著名的歷史文化古城。明成祖在位，還責令相關機構和人員編撰《永樂大典》，對保存中國珍貴歷史文獻，意義重大。所有這些成就在明朝，唯開國之君朱元璋可以與之並肩。

明成祖在位二十二年，繼位的是仁宗朱高熾。仁宗在位僅一年，去逝後由宣宗朱瞻基繼位。宣宗在位，創新不足，守成有餘，基本上尚能延續太祖、成祖以來的發展情勢，可惜這種發展情勢因宣宗的英年早逝而中斷。繼位的英宗朱祁鎮非但無治國之能，還重用宦官王振，導致土木堡之變，使明朝元氣大傷，很長時間都無法復原。

明成祖時，多次對蒙古用兵，雖有一定成效，但並未將其澈底擊潰。至明英宗時，其中的瓦剌部在也先領導下，逐漸強大起來，並多次南下侵擾明朝邊境。

英宗胸無韜略，但在寵信宦官王振唆使之下，試圖建立像成祖一樣的功勳。西元一四四九年七月十七日，英宗命皇弟成王朱祁鈺留守京城，自

憲宗行樂圖

▼憲宗晚年耽於享樂，寵信太監汪真、受其蠱惑設立西廠，與東廠分庭抗禮，從而形成了錦衣衛、東廠、西廠三家特務機構並立的局面。

▲明．法海寺壁畫：法海寺壁畫規模宏大，設色濃麗，具有很高的藝術價值，堪稱明代壁畫中的優秀典範。

己和王振率五十萬大軍遠征也先。

這五十萬軍隊是臨時湊集而來，平素疏於訓練，英宗、王振又調度無方，行進非常緩慢。再加上他們毫無經驗，糧食準備不足，軍心開始動搖，軍紀開始渙散。八月一日，大軍行至大同，前線傳來駙馬都尉井源被也先打敗的消息，英宗和王振又怕又急地班師回京。

回師途中，王振想回老家蔚州炫耀一下自己今時今日的風光，故意命大軍繞道而行。而蔚州一帶的土地，差不多都被王振倚仗權勢兼併侵吞，此時正值莊稼即將收穫季節，王振為保全自己的莊稼不被大軍踐踏，將行軍路線一變再變。到八月十三日，方才到達一個叫土木堡的地方。

土木堡屬交通要道，四周地勢平坦，沒有水源，稍具經驗之人，都知這裡絕不是駐紮軍隊的適當場所，但英宗和王振甚至置也先打敗井源乘勝追來的危險情報於不顧，硬是在這裡駐營下來。

果然，八月十四日，未等英宗所率明軍拔寨動身，也先所率的蒙古瓦剌兵便追了上來，英宗和王振全嚇傻了眼。也先並未立即發動進攻，而是派人前來講和，英宗和王振不知這是也先令其麻木之計，反而求之不得地答應和議。這樣，待十五日夜也先瓦剌大軍突然來襲時，明軍全無戰意，自相踐踏而死者，占絕大多數。

此役，明朝數十萬大軍喪失殆盡，隨軍出征的英國公張輔、兵部尚

英宗被俘虜圖

▼土木堡事變明軍大敗，英宗被俘虜。

▲明．孔雀藍釉牡丹執壺

皇后的嵌球寶鳳冠

▲鳳冠是皇后在受冊、朝會時所戴的禮帽。

書鄺野等五十多位大臣罹難。連英宗也成了也先的俘虜，被押解回北方。更可悲的是，事後得知，也先所率之兵，不過區區兩萬人。

土木堡之變的突然發生，使整個北京城都沸騰了。許多畏縮膽小之人，不惜散布謠言，給自己的南逃製造理由和藉口，唯兵部侍郎于謙挺身而出。于謙認為，南逃只會給蒙古人侵吞大明江山更大的信心和機會，唯有同心協力堅守北京城，才是對國家最有利的策略。同時，介於英宗被也先所俘，國不可一日無君，也防備也先利用英宗要挾明朝，于謙主張由英宗弟成王朱祁鈺馬上即皇帝位。

于謙據理力爭，終於取得了絕大多數人的支持。九月六日，朱祁鈺繼皇帝位，即明景帝。尊英宗為太上皇，升任于謙為兵部尚書，全權負責守衛北京。

景帝在于謙等忠直大臣的幫助之下，不但意外地登上了帝位，而且成功地保衛住了北京，使也先瓦剌兵不敢逾雷半步。然而，景帝也像英宗一樣，是一位不思進取的君王，特別是連續打退也先對北京城的幾次進攻之後，他就置群臣和百姓迎回英宗的強烈要求於不顧了。

景帝不想迎回英宗，已經發覺英宗無更大利用價值的也先，彷彿有意與他作對，將英宗羈押一年後，於次年八月主動將其放歸明朝。

英宗回歸，對所有的國人幾乎都是天大的喜事，唯獨對景帝不啻是天塌地陷的惡耗。出於禮制，景帝不得不強打起精神，組織文武百官出城迎駕，但在迎接到英宗後，他並沒有把太上皇迎回原來居住的宮殿，更沒有如某些人想像的那樣，把帝位交還給英宗，而是把英宗安置到了南宮，形同軟禁。

景帝貪戀帝位和皇帝手中的權力，雖然控制了英宗，但有一件事仍讓他如鯁在喉，那就是英宗的兒子朱見深仍占據著太子之位。自己作了皇帝，太子卻是別人的兒子，若任由其發展，日後自己豈不是要把皇

▲明．掐絲珐瑯獅紋尊：尊通身以淺藍釉做地，腹部飾四獅戲球，間飾花紋。足內中心刻有陽文「景泰年製」楷書體。

▲明·白玉龍魚式花插

帝位傳給朱見深？景帝當然不想這樣無私，於是在西元一四五二年五月，不顧眾人的反對，廢朱見深，立自己的兒子朱見濟為太子。

景帝以為這樣就可高枕無憂，殊不知天有不測風雲，西元一四五二年十一月，被立僅一年多的太子朱見濟夭折。

景帝僅有朱見濟一子，他一死，就有大臣奏請重立朱見深為太子。但景帝也許是希望其他後宮再給自己生兒子，遲遲不肯立朱見深。又過了幾年，景帝仍無兒子，就連于謙也奏景帝請立朱見深為太子。景帝無奈，允諾在西元一四五七年正月十七日臨朝時再作決定。

然而，未等正月十七日早晨，英宗朱祁鎮在十六日晚發動了奪門之變，從景帝手中搶過皇帝之位，復辟成功。

原來，景帝自即位以來，貪於淫樂，身體一直都不是很好，兒子朱見濟死了，心情愈發鬱悶，奪門之變發生前，居然病倒在床。而他寵信的大臣石亨、張軏、曹吉祥、徐有貞等人，又是趨炎附勢、見風使舵的小人，情知若景帝就此駕崩，英宗重立將肯定無疑。真要到了那個時候，原來受景帝重用之臣，難免會成為英宗打擊報復的對象。

君王行樂圖

▲此圖描繪了明代皇帝白日行樂的場面，在外等候的大臣們面帶憂色，痛心疾首。

幾個人湊在一起商議，決定與其日後被動挨打，不如今日爭取主動，建立頭功。於是，四人利用手中的權力，在十六日夜將英宗從南宮迎出。次日早朝，群臣拜謁之時，才發現龍椅上端坐的不再是景帝，而是英宗。

英宗復辟，果如石亨等人所料，立即下令逮捕為國立有大功的于謙，並在二十二日將其殺害。二月一日，景帝也死了，據傳，是為英宗所殺。之後，英宗立即恢復兒子朱見深的太子位。西元一四六四年正月，英宗駕崩，朱見深繼位，即明憲宗。

明朝除開國之初的馬太后勞苦功高，受人尊崇了很長時間，之後的後宮一直都沒有什麼作為，籍籍無名直到憲宗之時，才出了一個萬氏。令人不解的是，憲宗在位，幾度冊立皇后，萬氏從未被立，而萬氏整整比他大出十七歲，卻一直備受寵幸。這究竟又是怎麼回事呢？

原來，朱見深小的時候還算聰明伶俐，深得英宗和孫太后母子的喜愛。被立為太子後，孫太后將身邊一位比較乖巧的宮女派去專門伺候他。景帝登基，朱見深被廢，封為沂王，不但遷出皇宮，身邊伺候之人，也只剩下孫太后派遣來的這個宮女，處境極為淒涼。

生活處境的改變。有時也會導致一個人心智的早熟和心性的改變，負責照顧朱見深的宮女，為人寬厚仁慈，心思很細密，她對朱見深的關懷照顧，幾乎達到無微不至的程度，是朱見深落魄童年最大的精神安慰和幸福。漸漸地，兩人在淒苦的相依為命過程中，建立起了情逾母子的特殊感情。

英宗復辟，朱見深重新被立為太子，身分地位再次發生巨大的改變。沒有改變的是他與那位宮女的感情，宮女也因陪伴有功，得以入宮繼續照顧朱見深。時間在一天天過去，朱見深在一點一點地長大。在此過程中，他與宮女的感情，更進一步親密。讓人預想不到的是，這種親密關係，不知在哪一天竟然發生了錯位。一方面兩人同吃同住，肌膚相親；另一方面朱見深處於皇宮內院，對聲色犬馬耳染目睹得多，對於男女性事省悟得早，卻又無知而好奇，那宮女則自幼

▲明．掐絲琺瑯蓮紋大碗

憲宗行樂圖

▼畫面上有蹬輪、鑽圈、倒立旋人、柔術疊羅漢等，描述了當時流行的娛樂形式，反映了當時雜技的發展水準。

▲明·剔犀葫蘆式漆執壺

入宮，於此道中事早有所覺，但無切身體驗。兩人之間，就這樣糊塗地行了雲雨之樂，而且在經歷最初的忐忑不安之後，又都深陷其中，難以自拔。

兩人之間的愛戀，對那宮女來說，是欲捨不能的自我沉醉，而對朱見深來說，或許是年少無知的貪戀。若假以時日，也許會因禮制道德的覺悟，令其捨棄這份錯位的愛戀。然而巧合的是，未等他覺悟，英宗便駕崩了。

▼原晷影堂內有圭表、漏壺、日晷等天文儀器。圖為從晷堂看到的古觀象臺。

朱見深作了皇帝，地位至尊，無需看他人眼色行事，立即封那位姓萬的宮女為貴妃，而且嬌寵無比。以其心意，勢必是要將皇后之位封給萬貴妃的，但兩人年齡懸殊姑且不說，僅是萬貴妃卑賤的宮女出身，顯然就無法服眾，於是在即位之時，冊封了一位姓吳的皇后。

最初的時候，萬貴妃非常滿足於憲宗對自己的寵愛，表現還算中規中矩。然而吳皇后出身名門大家，對萬貴妃無法相容，不時地找碴兒，與萬貴妃過不去。萬貴妃有心避讓，吳皇后卻不知進退。兩人之間的矛盾公開激化，直鬧到憲宗面前。

出很多人意外的是，憲宗並未站在出身高貴、地位也高的吳皇后一邊，而是幫著受了委屈的萬貴妃，果斷地廢掉吳皇后。意外勝出，對萬貴妃的鼓舞極大，甚而漸漸滋生躡居皇后之位的想法。成化

萬貴妃

▲明憲宗終身寵愛之女子。萬貴妃最初為宮中侍女，照顧幼時的寬宗。憲宗命運多舛，幾起幾伏，最終成了皇帝。萬貴妃一直伴隨憲宗身側，兩人之間的關係。也漸漸從主僕演變為母子、情人。他們兩人是中國帝王後宮中僅有的老妻少夫。

二年，亦即西元一四六六年正月，萬貴妃為憲宗生下一子，而且還是皇長子，更增其飛揚跋扈之氣。

萬貴妃本想憑藉這個兒子登上皇后寶座，可惜天不遂人願，不到一年，萬貴妃的兒子夭折。愛子夭折，對萬貴妃的打擊極大。雖然憲宗沒有因此減少對她的寵幸，但她彷彿清楚，自己年近不惑，此生不可能再為憲宗生子，也不可能位及皇后，心靈再次扭曲。變得貪戀於權力，變得嫉妒成性，變得容不下任何不順自己心意的東西。

萬貴妃在不斷地改變，憲宗卻一點都沒變。無論萬貴妃有什麼需求，他都一味地滿足，整個後宮差不多就成了萬貴妃的天下。儘管萬貴妃一直都未能當上皇后，但兩人的這種關係一直得以延續，直到西元一四八七年春，萬貴妃病亡。當年八月，明憲宗也死了，據說是感傷於萬貴妃的離去，抑鬱成疾而終。

雖然明憲宗在政治上並無重大的貢獻，和萬貴妃之間的錯位愛戀也一直無人喝彩，但類似於此帝后之間老妻少夫且此情不渝者，也為中國歷史之僅見。

▲明．樓閣人物金簪

五、紀妃身世知多少？

皇宮觀燈圖

▲唐宋以來，元宵節成為盛大的節日，宋帝一般都要掛上各地所進貢的彩燈與民同樂。

女人在中國古代沒有地位，即使是地位尊崇的後宮嬪妃，常常也只能充當工具或成為帝王的玩物。同時，中國古代也是一個一人得道，雞犬升天的社會。身為一個女人，若有幸躋身後宮嬪妃的行列，雖仍不能擺脫「工具」性質，但若其「工具」作用發揮得好，不但可供帝王享樂，還能光宗耀祖，帶動一族。

如漢初呂后不僅自己稱后，為無冕之王而號令天下，就連呂氏中人，也有多人封王，打破劉邦「非劉氏不得封王」的白馬之盟。又如唐時楊玉環，自己雖僅為貴妃，但楊氏一門，因為她而榮極一時。

類似於呂后、楊貴妃這樣的例子，實在太多，不勝枚舉。但明朝紀妃卻是一個另類。她是明朝中興皇帝孝宗朱祐樘的親生母親，不僅生前未得任何榮耀，死了之後，朱祐樘想封賞其族人，也無從查尋。既讓孝宗傷感難過，也讓世人覺得不可思議。

紀妃的身世，雲遮霧繞，要揭開其中謎底，還得從明英宗、亦即孝宗的爺爺那時說起。明英宗時，大明王朝已經趨於沒落。終於在英宗繼位十多年後，導致蒙古人的入侵，土木堡之役，明軍大敗，明英宗朱祁鎮，也被蒙古人俘去。

英宗被俘，于謙等人擁其弟郕王繼皇位，即景帝。過去，英宗曾立自己的兒子朱見深為太子，景帝繼位後，改封朱見深為沂王，立自己的兒子朱見濟為太子。

▲明憲宗：明憲宗朱見深（1447～1487年），明英宗朱祁鎮長子，英宗病死後繼位，在位23年。因愛妃病歿愁悶成病而死，終年41歲。葬於茂陵（今北京市十三陵）。

朱見深被廢掉太子，與母親周氏同住，不久，蒙古人放歸英宗，被景帝尊為「太上皇」，卻過著形同幽禁的生活，周氏也被遣來與之一道生活。英宗和景帝之母孫太后，便遣身邊的貼身宮女萬氏，前往沂王府照顧年僅五歲的朱見深的日常生活。

當時，作為沂王的朱見深，生活一度艱辛，聰明乖巧的萬氏非常妥善地照顧他，兩人遂結成了形同母子的親密關係。

讓人們沒有想到的是，英宗後來重定成功，朱見深又恢復了太子之位，身分和生活狀況都發生了極大的變化，唯一不變的是他在困苦環境裡培養起來的，和萬氏之間的相互依戀和相互關愛的情誼。隨著年齡的長大，青春的萌動，他們兩人之間的感情，又轉變成了男女之情。

英宗駕崩，朱見深繼位，即憲宗，雖然周太后為他另擇吳氏作了皇后，但他最寵愛的仍是年齡長出自己很多，而且出身極為低微的萬氏。

吳皇后出身權貴豪門，對憲宗寵愛萬氏非常惱火，就常找些碴兒和萬氏鬥氣。無奈憲宗對萬氏感情太深，結果反被萬氏給鬥了下去，連皇后的位置也失去了。

雖說以萬氏的資格條件，尚不能位及母儀天下的皇后，但另立的皇后王氏，也是識相之人，知道憲宗對萬氏的寵愛別人是很難改變的，索性處處讓著萬氏。萬氏在宮中的地位，驟然上升。

時間的流逝和一個人地位的改變，往往會改變一個人的心性，萬氏在宮中的地位愈來愈高，似乎也激發了她向更高處攀登的雄心，持別是憲宗一直都沒有兒子，在她終於為憲宗生了一個兒子之後，這種欲望就更強烈了。

中國有句俗諺說：「禍福相

▼明孝宗：明孝宗朱祐樘（1470～1505年），憲宗朱見深第三子，憲宗病死後繼位，在位18年，病死，終年35歲。葬於泰陵（今北京十三陵）。

依」，正值萬氏春風得意之際，她的兒子不幸染病夭折了。年已不惑的萬氏，幾乎不能承受這一個打擊。她知道自己已不能再為憲宗生養子嗣，所以目前的地位和未來的榮光，也都成了容易破滅的泡影。

不幸的打擊，扭曲了萬氏的靈魂，她變得嫉妒，對被憲宗寵幸的後宮嬪妃，總是時刻提防著。一旦察知某一嬪妃為憲宗懷了身孕，她總會想盡辦法，利用自己在宮中的特殊地位，讓自己的手下之人，把對方腹中的胎兒打掉，有時還不惜害死對方。

由於憲宗對萬氏的寵幸不改，大家對萬氏的所作所為，也是莫可奈何。

身為皇帝，長期沒有子嗣，不知讓多少忠於大明王朝的人揪心。日子一天天過去，直到有一天，連憲宗也為此黯然神傷起來。

但如此大的事情，又有萬氏從中作梗，別人再揪心，憲宗再傷神，也是於事無補。直到成化十一年，憲宗為自己日益老邁卻仍無子嗣而仰天嘆息時，貼身太監張敏卻告訴他，說他已經有了一個六歲的兒子，現在安樂

▲明．萬曆銅掐絲琺瑯龍戲珠方瓶

皇帝常服

▼明代皇帝的常服，以黃色的綾羅製成，上面鏽了龍紋、翟紋以及十二章紋。

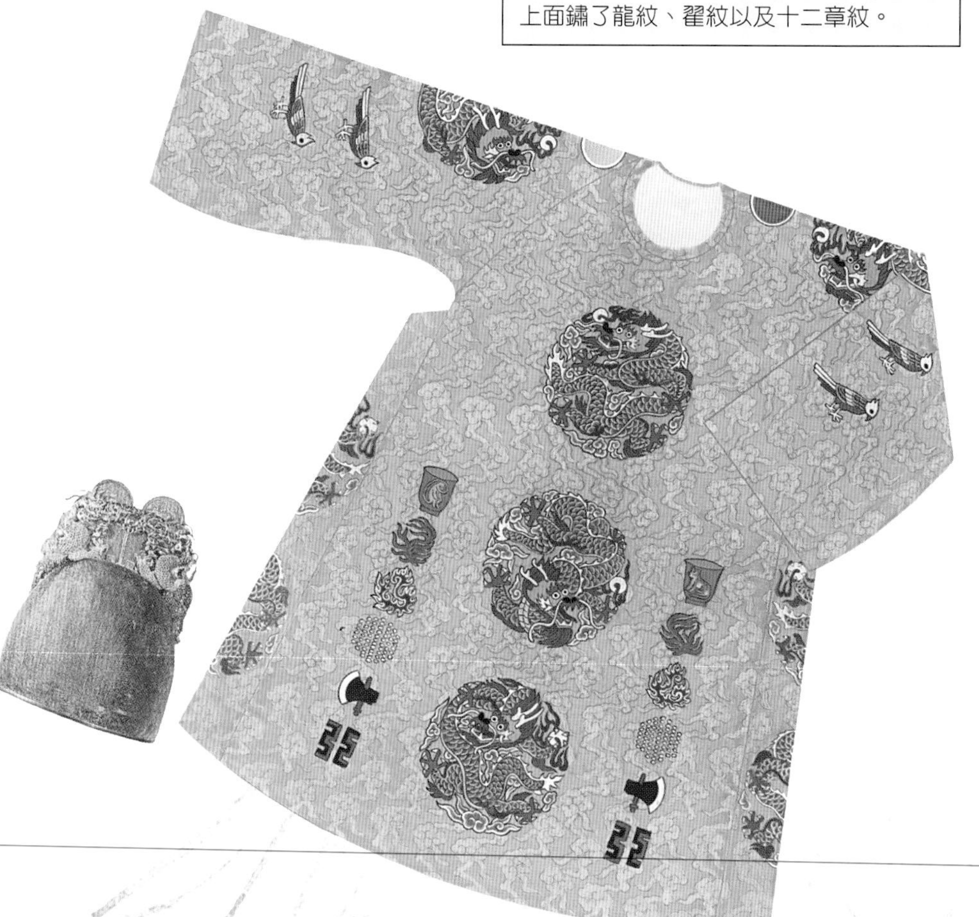

堂悄悄地養著。

明憲宗大喜過望，立即隨張敏趕去安樂堂，果見有一婦女帶著一個孩子，孩子又酷似自己。當他確信張敏並未說謊之後，才有機會慢慢瞭解事情的原委。

原來，後宮嬪妃都受到萬氏的嚴密監控，唯有這女子私下偷養了憲宗血脈。這個女人本姓紀，是廣西傜族女子。成化初年，廣西傜民叛亂，明朝派兵鎮壓，這女子是那次出征取勝俘獲回來的一個富家女子。人們見她長得清秀就送入宮來，在宮裡，人們見她讀過詩書，派她在內廷管理典藏書籍。

▲宮女圖

憲宗無意中到內廷瀏覽典籍，見紀氏傜女，與之發生露水情，居然還令其懷孕。當時，萬氏對宮內嬪妃監管極嚴，卻偏偏漏過了此人。在宮內其他人的幫助下，她把這個孩子悄悄地生了下來，並撫養到了六歲大。

憲宗突然得了這麼個兒子，高興得全然沒了顧忌，立刻帶孩子去拜見母親孫太后，稟明一切，然後詔告天下，立此子為太子。

可憐的紀氏，因出身低賤，雖含辛茹苦把寶貝兒子養了這麼大，但也自知宮廷險惡，兒子的身世一旦公諸於世，自己這輩子不僅享受不著這孩子帶來的福氣，弄不好還會惹火燒身，索性悄悄地結束了自己的性命。

前車之鑑，憲宗也知此子關乎朱氏江山社稷，特別是紀氏的自盡，更是提醒了他萬氏的存在和威脅。他立朱祐樘為太子後，把他交給孫太后親自照顧撫養，使萬氏縱然有心加害，也無從下手。

此子繼憲宗之位，即孝宗，為一有為皇帝。只是母親的家人在很早以前就沒了消息，母親的身世也一直像謎一樣地困擾著他。

▲西安大清真寺省心樓：始建於明洪武年間，位於今陝西省西安市化覺寺，是明代回教建築的典範之作。

六、虐殺諸位帝王嬪妃的是誰？

▼《農政全書》書影

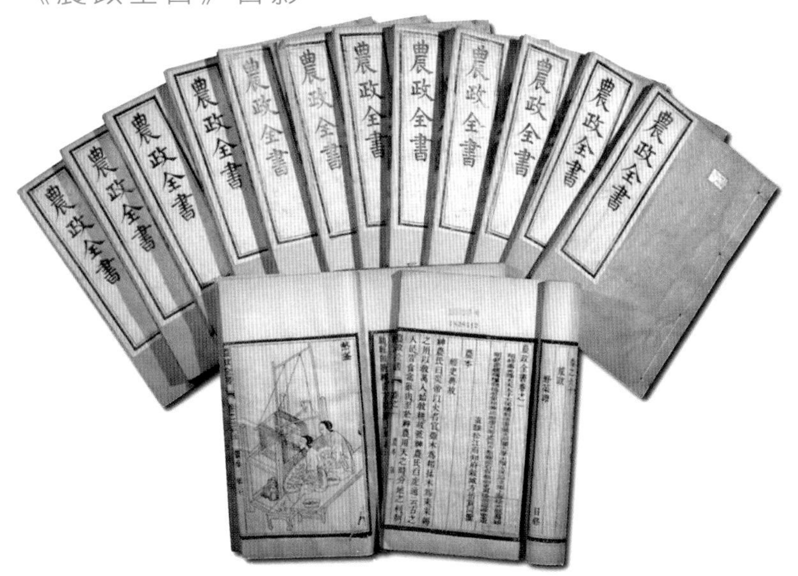

西元一六二〇年八月三十日，在位僅一個月的明光宗因服用「紅丸」而暴斃，其子朱由校繼承皇位，即明熹宗。

朱由校是一位很聰明的人，但卻不是一個合格的好皇帝。因為他有一個讓人不可思議的嗜好，他把全部的聰明才智和時間精力都用在了自己的興趣愛好方面，而無心於政事。他的嗜好是木匠手藝。堂堂一國之君，不是治理天下，也不是尋歡作樂，而是整天擺弄鋸斧之類的木匠工具，能不令人費解嗎？

熹宗在位，令人費解的，當然還有對乳母客氏的非常態度。

客氏是河北定興人，十八歲時入宮作熹宗乳母。不久，她丈夫死了，就把和熹宗同齡的兒子接入宮中，一直住在皇宮之內。熹宗即位，剛剛半個月，便冊封客氏為「奉聖夫人」，而對嫡母的生母的尊謚，卻是在即位兩個月之後才追封，的確反常。

有證據顯示，客氏死了丈夫，長期身處皇宮內院，寂寞難奈是肯定無疑的。由於長期負責照顧熹宗的飲

客氏

▲原本只是明熹宗乳母，地位極為低下，據說是與熹宗有不正當男女關係，從而橫行宮裡；又說她與並未真正淨身的假太臨魏忠賢勾搭成奸、更是把整個明朝江山，攪和得搖搖欲墜。

魏忠賢

▲魏忠賢，（1568～1627年），肅甯(河北肅寧)人，原名進忠。明朝天啟年間秉筆太監，亂政7年，一些黨臣為了討好他，竟為他在全國各地建了百餘座生祠，西元1627年被崇禎發配鳳陽，途中自縊。

食起居住，兩人的關係一直很接近，很親密。而隨著熹宗的成長成熟，客氏充分利用他對男女性事的好奇和無知，對此沾染上後，便如吸毒成癮一般，難以自拔，對客氏產生了畸形的心理依戀。

客氏不但在個人生活作風方面有失檢點，其內心更有很強的政治權力欲望。她利用熹宗不理朝政的弱點，憑藉自己和熹宗之間的特殊關係，漸漸攝取政治權力，居然成為宮裡極具影響力的怪誕人物。

當時，明朝皇宮盛行「對食」之風。即一定年齡的宮內女子和一定地位的太監，得到允許則可以結伴成為夫妻，以便在生活上互相關懷和照顧。客氏最早與一名叫魏朝的老年太監「對食」。據傳說，當時明朝皇宮管理也極為混亂，魏朝並非真太監，而是蒙混進宮的真男人。別的太監和宮女「對食」，是作有名無實的假夫妻，而客氏和魏朝，卻名副其實。

二進宮

▼明末移宮案對後世影響深遠，著名的京劇《二進宮》、《大保國》都是根據這一歷史事件編演的。

▲明．鍍金銅佛塔：塔通體鍍金，由塔基、塔身、塔頂，三部分組成，頂端為寶蓋和日月寶珠。

▲金飾鳳凰：金飾用金片和金絲製成的花卉和飛鳥，在花卉和鳥翼上鑲嵌綠松石、寶石和水晶，精美異常。

就算這樣，客氏仍不滿足。後來又結識了另一位更年輕，更俊美，更有頭腦的太監，便棄魏朝於不顧了。

此人原名李進忠，河北肅寧人，是個十足的無賴，因賭錢輸了不能給付而被人狠狠毒打和羞辱了一頓。他雖然是個無賴，但尚有一絲自尊，痛定思痛，竟自宮進京作了個太監。李進忠入宮後，先侍奉光宗妃李氏，李氏獲罪，李進忠害怕受牽連，拜總太監魏朝為義父，更名魏忠賢。這一次的靈機應變，魏忠賢因禍得福，成為幼時熹宗的侍廚太監，由於他為人機靈，常能逗得熹宗開心，因此，熹宗登位後，他在宮中的地位日漸攀升，最終和熹宗乳母客氏勾結在一起。

也有人稱，魏忠賢當年自宮，也是騙人之舉。事實上，他仍是正常男子，與客氏對食，兩人相互利用，互相「扶助」，居然日漸顯赫，將朝政大權操持在自己手中。

客氏和魏忠賢相勾結，狼狽為奸。客氏憑著和熹宗的特殊情分，先是竭力幫助魏忠賢撈取權力，當他們

二進宮

▼魏忠賢的權勢擴張到極點，多數官員極力巴結奉承的對象，在全國各地為他建立生祠，文臣武將對著他的塑像畢恭畢敬，奉若神靈。

另外，隨著權勢愈來愈盛，魏忠賢不但控制了熹宗及皇宮內務，還在地方官中廣泛培植自己的勢力。而那些為了在官場上謀個人私利，不惜拜魏忠賢為義父者，絡繹不絕，以致閹黨倡狂，暗無天日。

客氏和魏忠賢的橫行朝野，因明熹宗的駕崩而告終。熹宗崩，毅宗即位，立即著手整肅閹黨勢力。魏忠賢被逮捕之後畏罪自殺，客氏則死於宮裡的浣衣局。

雖然明毅宗未能挽救即將滅亡的大明王朝，但客氏和魏忠賢之流，也只不過是中國封建政治舞台上，最後的跳樑小丑而已。

明熹宗

▲明熹宗朱由校（1605～1627年），明光宗朱常洛長子，光宗病死後繼位，在位7年，因嬉樂過度成病，服用「仙藥」而死，終年23歲，葬於德陵（今北京市十三陵）。

倆人的權勢愈來愈大之後，一方面控制宮廷內部，打擊排擠不順己意的後宮。先後害死了光宗選侍趙氏，熹宗裕妃張氏，熹宗李成妃，馮貴人等。其次，魏忠賢統領東西二廠和錦衣衛，以暗殺，恐嚇等卑鄙手段對付朝政大臣，奉行順我者昌，逆我者亡的原則，從而達到排除異己攝取權力的目的。

▼薩爾滸之戰中明軍用的鐵炮

七、陳圓圓的命運結局如何？

世人把美麗的女人視為紅顏禍水，罪責至深的，莫過於明末清初的陳圓圓。陳圓圓之美麗，美到何種程度，已無可考，但她生於中國歷史發生大動盪的特殊歷史時期，與大明王朝、李自成農民政權、滿清、吳三桂四股政治勢力，均存有或多或少的聯繫，所以一直倍受世人關注。

李自成

▲李自成本名鴻基，崇禎二年(西元1629年)參加張存孟的起義軍。後義軍逐漸壯大，李自成被義軍稱為闖將，崇禎九年，被推為闖王。1644年，李自成率軍攻入北京城，推翻了明朝的統治。而後不久，山海關一戰，農民軍遭吳三桂和清兵的夾擊，大敗而歸，李自成匆匆在武英殿舉行即位典禮，隨即放火焚燒明宮並撤出北京。以後，李自成數戰數敗，轉戰南北，於1645年行軍至湖北九宮山時，遭地方鄉兵襲擊，李自成不知所終。

陳圓圓是原明代鎮邊大將、遼東寧遠總兵吳三桂的愛妾。《明史・李自成傳》和《清史・吳三桂傳》，都稱李自成農民軍進駐北京，大將劉宗敏將陳圓圓占為己有，吳三桂遂衝冠一怒為紅顏，引清兵入關。只可惜，兩部史書都只講大略，對具體細節沒有涉及，以致引發後世許多猜測和爭議。

▲李自成鑄造的銅印

《甲申傳信錄》記載，李自成農民軍入京之後，大將劉宗敏曾綁來吳三桂父親吳襄，向他索要陳圓圓。吳襄說陳圓圓早送吳三桂所駐寧遠，而且已經死了。很多人據此認定吳三桂降清純屬為了個人利益，而陳圓圓的確是早逝了。影響較大的歷史小說《李自成》作者姚雪垠還說，陳圓圓於崇禎十六年死於寧遠。

支持這種觀點的人並不多，認為吳襄說陳圓圓送寧遠已死，極有可能是為了搪塞和敷衍劉宗敏，不足以深信。

許多人都相信吳三桂之所以降清，主要是為了陳圓圓。因為關外滿清覬覦中原已久，除了武力攻打之外，收服招降邊關守將，也是運用較多的策略。大明的許多守將，在滿清的雙重壓力之下，都投降了，唯獨吳三桂一直不肯投降，苦苦支撐了多年。最後之所以改變態度，一定是經歷了重大變故。假如真是為了陳圓圓，那麼，劉宗敏掠取陳圓圓的可能性，就顯而易見了。

據同時代詩人吳偉業的長詩《圓圓曲》，陳圓圓的確是被劉宗敏掠去，但吳三桂引清兵入關，打敗李自成的農民軍之後，又把陳圓圓奪回身邊，詩中有「專征簫鼓向秦川，金川道上車千乘。斜穀雲深起畫樓，散關月落開妝鏡」詩句。表明吳三桂率兵西進陝西、四川、雲南途中，陳圓圓是一直跟隨身邊的。

由於不見正史記載，認為陳圓圓一直跟隨吳三桂到雲南的人，對陳圓圓到雲南以後的具體生活境況，也有兩種不同的觀點。

陸次雲所作《圓圓傳》，敘述吳三桂在雲南受封平西王，位尊權重，對陳圓圓的寵幸也極盛，封陳圓圓為皇后，特地為她修築一蘇台，精心為其布置郿塢，讓她享受最為華貴的生活。陳圓圓也對吳三桂投桃報李，常在溫柔鄉裡為吳三桂彈奏演唱劉邦的「大風起兮雲飛揚」，吹捧其神武不可一世。

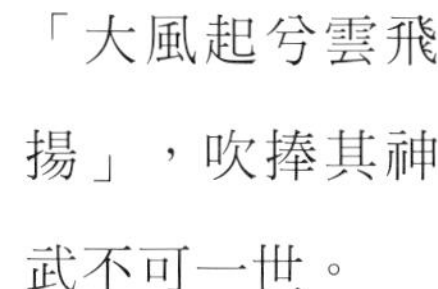

陸次雲《圓圓傳》還說，吳三桂後來起兵反叛，也是出於陳圓圓的「同夢之謀。」吳三桂反叛失敗，陳圓圓也「同歸殲滅。」陸次雲之

▲吳三桂：吳三桂（1612～1678年），字長伯。萬曆四十年（1612年）出生在遼東一個軍官家庭。其父吳襄，中天啟二年（1622年）武進士，崇禎初以守遼東功官至錦州總兵。吳三桂自幼便粗通弓馬騎射，得中武舉。不久以父蔭為都督指揮，在軍中先後任遊擊、副將，開始了他一生的政治生涯。

陳圓圓

◀陳圓圓：常州武進（今屬江蘇）人，本姓邢，名沅，字畹芬。為蘇州名妓，善歌舞。初為田畹歌妓，後吳三桂納為妾。三桂出鎮山海關，李自成農民起義軍攻克北京，曾被俘。三桂降清，清軍攻陷北京，仍歸三桂，從至雲南。晚年為女道士，改名寂靜，字玉庵。

說，雖存有一定疑點，但他本人畢竟與陳圓圓生活的時代相隔不遠，可信度還是很高的。

在陸次雲之後，又有《圓圓傳》。敘述陳圓圓追隨吳三桂至雲南，吳三桂進駐南明永曆帝設在昆明五華山的故宮，欲冊封陳圓圓為平西王正妃，被陳圓圓所婉言拒絕。吳三桂另立正妃，此妃善妒成性，一旦有其他女子接近吳三桂，都會遭其殺戮。唯有陳圓圓，色藝皆佳，為人卻最為平和，從不與正妃發生衝突。

崇禎皇帝

▼名朱由檢（1611～1644年），明光宗朱常洛第5子，明熹宗朱由校弟。熹宗死後繼位。在位17年，李自成起義軍攻破北京後自縊，終年34歲，葬於思陵（今北京市十三陵）。

▲崇禎皇帝死後葬於思陵，圖為思陵的石香爐，後面是思陵審號碑。

▲明本《二刻拍案驚奇》

吳三桂舉兵反叛前夕，陳圓圓已察覺苗頭，遂請命獨居別院，洗盡鉛華，最後索性離開平西王府，到山中覓一靜室，作了女道士。整日與青燈經卷為伴，倒也落得怡然自適。吳三桂兵敗，其家眷被抄沒，唯獨不見陳圓圓之名入籍。

後人俞椒甚至以此為線索，在《左台仙館筆記》中，編撰了一個關於陳圓圓的故事。嘉慶年間，蘇州鄭生到雲南，尋防陳圓圓墓，途中迷了路。天黑後，他找到一戶人家，接待他的女主人麗質天成，語音嫣然。閒話間，女主人和鄭生認作同鄉，甚是投緣，送鄭生小詩數首，玉笛一枝。不覺天色微明，女主人送鄭生出屋。鄭生出了女主人之屋，忽然一陣大霧。大霧之後，鄭生再回首看時，自己曾經寄住一宿的房屋，全沒了蹤影。他恍然大悟，與自己夜話之人，就是陳圓圓的幽魂。

這個故事，固然荒誕不經，不值得相信。但透過這樣的荒誕故事，也從一定程度上表明，一直被套著紅顏禍水枷鎖的美女陳圓圓，絕不是人人都憎恨的。

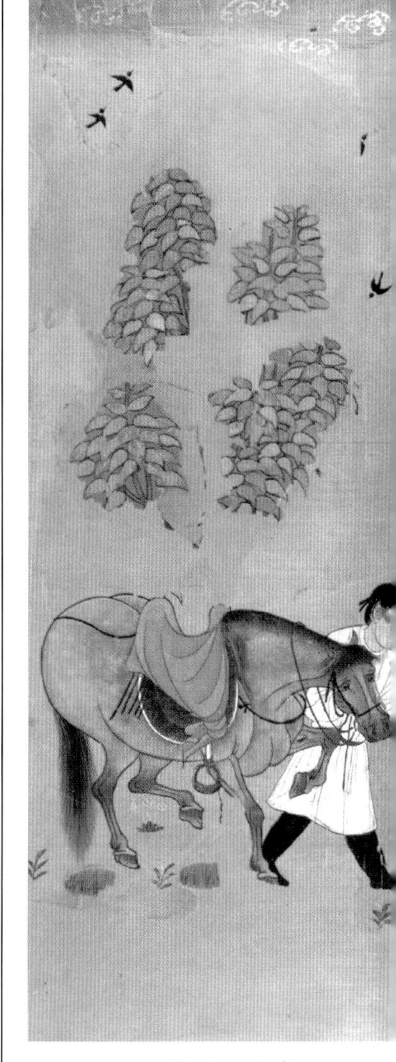

▼陳圓圓墓

八、帝王去逝時愛妃為何要殉葬？

滿清王朝是中國最後一個封建王朝，也是第二個由北方少數民族入主中原建立的中央集權制封建政權。和蒙古人建立的元朝政權相比較，清朝存續的時間要長得多，出現了康熙、雍正、乾隆三位頗有作為的皇帝。同時，他們對漢文化的融合運用，也比蒙古人還要完全澈底。

滿族的前身是原金國的女真族，元滅金，女真被迫遷移。明初，女真人聚居於東北牡丹江和松花江一帶，屬奴爾幹都司管轄。明英宗時，國勢衰微，奴爾幹都司被撤，東北失去控制，女真各部族相互攻殺，逐漸分化成野人、建州、海西三大部落。

努爾哈赤在滿人心中，地位相當於蒙古人的成吉思汗，出身於建州女真貴族。他少年喪母，與繼母不和，很早離家自立，雖然歷經艱辛，但練就了堅毅頑強的意志品格。早年經常往來於建州和撫順之間，與漢人交往頗多，又閱讀了漢人經典小說《三國演義》、《水滸傳》等，深受漢文化的薰陶，學會了小說之中諸多用兵打仗的謀略技巧。這些都為他最後統一建州女真，建立後金政權提供了有益的幫助。

努爾哈赤像

▲努爾哈赤即清太祖。後金汗（1616～1626年在位）。八旗兵創建者和統帥，著名軍事家、政治家。滿族，愛新覺羅氏。生於建州左衛赫圖阿拉（今遼寧新賓西赫圖阿拉老城）女真貴族家庭。

努爾哈赤建立後金，繼而向明朝南部邊境侵襲，取得節節勝利。後來，明朝重用名將袁崇煥與之相抗，雙方在寧遠大戰，結果，努爾哈赤受傷退兵，回國之後，傷勢發作，不治身亡，終年五十四歲。

努爾哈赤生前共有后妃十四人，其中最重要的是葉赫納拉氏、富察氏和納喇氏。她們三人性格品性不同，

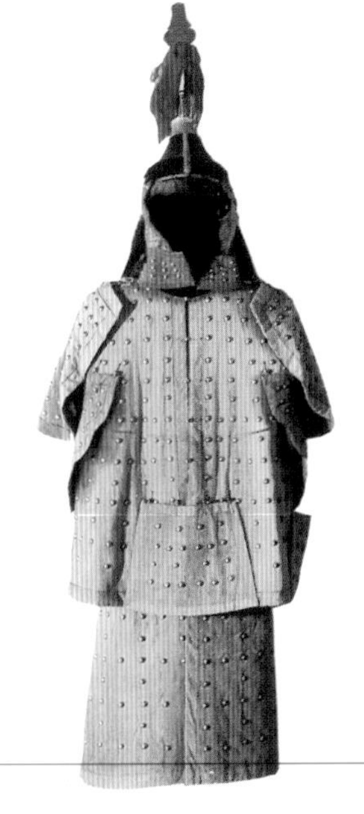

▲清正黃旗軍盔甲

命運歸宿不同，在努爾哈赤事業發展道路上扮演的角色和發揮的作用，也不盡相同。

正室葉赫納拉氏是蒙古葉赫部首領楊吉奴的女兒，後稱「蒙古姊姊」。努爾哈赤起兵之初與楊吉奴相交，楊吉奴認定他日後能成就大事，就對他說：「我有一個小女兒，想送給你作妻子。」努爾哈赤說：「為什麼是小女兒，不是大女兒呢？」楊吉奴說：「因為小女兒更聰明美麗，正好與你相匹配。」

葉赫納拉氏十四歲嫁給努爾哈赤，的確是既美麗動人，又聰明賢慧，說話得體大方，做事中規中矩，還不時向努爾哈赤進諫善言。不但是努爾哈赤平生最摯愛的伴侶，也是努爾哈赤部眾最為愛戴禮敬的後宮人物。可惜造化弄人，她年僅二十九歲便生病去逝。後世追謚孝慈高皇后，生子皇太極。

繼妃富察氏為女真本族人，但品格和葉赫納拉氏相比，實在相去甚遠。

富察氏性格魯莽。一次，努爾哈赤率軍出外作戰，對方兵力雖然非常強大，但努爾哈赤胸有成竹，布置好一切，倒頭便睡。希望養足精神，利

▼清兵入關：清朝是以滿族為核心建立的中國最後一個封建王朝。1616年，努爾哈赤征服建州各部落後建立了後金政權，1644年清兵入主中原。

▼清初失地農民流亡圖：清初頒佈的圈地令使京城附近的許多農民失去了賴以生存的土地，被迫離鄉背井。

於作戰。不料，他睡得正熟，被富察氏推醒。努爾哈赤不知她何故打攪自己，誰知她竟然認為努爾哈赤是害怕對方兵力強大，因此放棄抵抗。雖然她這樣做並無惡意。但頭腦之簡單，由此可見。

富察氏沒什麼才智，卻喜歡自作聰明。努爾哈赤建立後金政權，嚴禁後宮嬪妃和貝勒、大臣相結交，但她竟然違背禁令，暗中把酒食送給貝勒大臣，尤其是與二貝勒代善關係曖昧，惹人非議。

代善是努爾哈赤次子，當時，長子褚英已死，富察氏認定代善將來一定能夠繼承努爾哈赤之位，主動與之結交，目的非常明確。遺憾的是代善最終沒能繼承王位，富察氏甚至沒等到努爾哈赤離世的那一天，就因為結交貝勒大臣的行跡敗露，先被遣送回娘家，繼而被賜死。

與葉赫納拉氏和富察氏比較起來，大妃納喇氏有人貶抑，有人褒揚，觀點難以統一。

她是烏喇部貝勒滿泰的女兒，十二歲時嫁給努爾哈赤。持貶抑態度的人認為，納喇氏長得端莊秀麗，美貌非常，但卻心術不正。她長大時，努爾哈赤的事業已經取得了很大的成

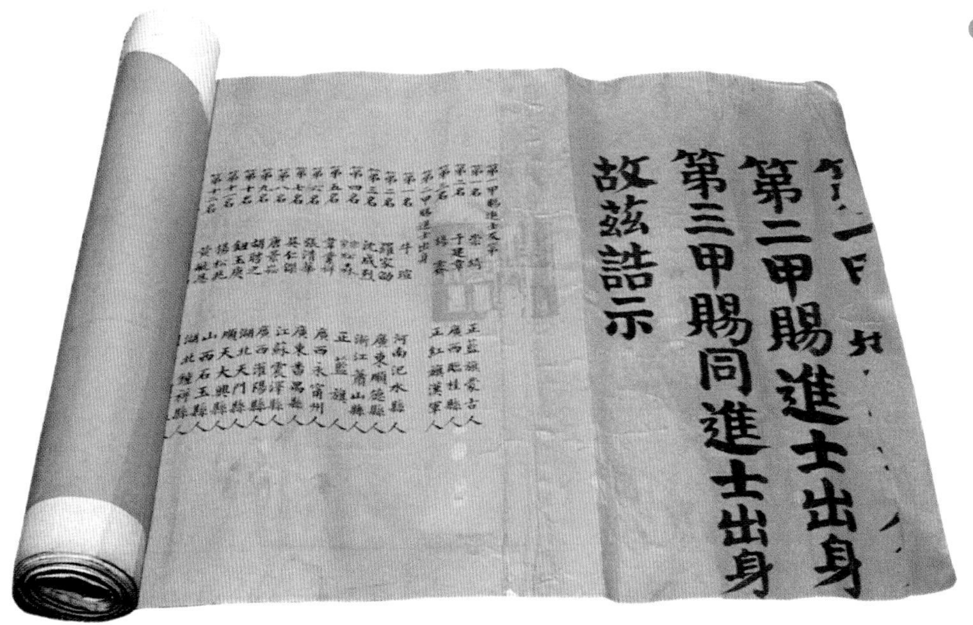

▲清朝用於公佈殿試結果的大金榜，張貼在皇宮門外，殿試是科舉中最高級別的考試。

就，權力自然愈來愈大，後宮女人也愈來愈多。為了博取努爾哈赤的寵愛，她充分發揮自己的美貌優勢，又能甜言蜜語，果然奏效。

當時，葉赫納拉氏尚在人世，對納喇氏的人品有所察覺，曾提醒努爾哈赤小心提防，但努爾哈赤並未在意。葉赫納拉氏早逝之後，納喇氏知道努爾哈赤非常傷心，也陪著流了許多眼淚。這一招又見奇效。她雖然未能繼承皇后之位，但卻被封為大福晉，地位極高。

俗話說，騙得了一時騙不了一世。納喇氏為了爭寵用盡招數，但最終還是被努爾哈赤識破了真面目。因而在臨終之際，遺詔眾貝勒大臣，令納喇氏殉葬，以絕後患。

褒揚納喇氏的人則認為，她為努爾哈赤殉葬而死是真。但不是出於努爾哈赤的本意，而是由皇太極一手導演所致。

努爾哈赤共有十六個兒子，元妃佟氏所生的長子褚英早逝，同母弟代善、葉赫納拉氏所生皇太極、富察氏所生莽古泰三人年齡較大，才能也很出眾，和侄子阿敏並稱四大貝勒，很早就跟隨努爾哈赤率軍打仗，又都立有大功。

常理推之，努爾哈赤死後，由三人中某一位繼承其位的可能性極大。而眾所周知，莽古爾泰因母親富察氏被賜死，基本失去繼承王位的資格，剩下就只有代善和皇太極了。

褒揚納喇氏的人認為，努爾哈赤是真心喜愛納喇氏的，納喇氏也沒有心術不正，她被封為大福晉，足以證明。

▲皇太極像：皇太極（1592～1643），全名愛新覺羅·皇太極，努爾哈赤八子。努爾哈赤去世後，大貝勒代善與諸貝勒大臣商定由他嗣位。

▲五世達賴喇嘛靈塔

更重要的是，努爾哈赤和袁崇煥一戰受傷，回去後一直在湯泉休養。次年八月，他病情惡化，乘船從太子河迫回，點名只要納喇氏一人前往迎接。他們在渾河相遇，一同返回瀋陽。

直到努爾哈赤病發去世，兩人再沒分開，足見他們情深義重。

納喇氏一共為努爾哈赤生了三個兒子，分別是阿濟格、多爾袞、多鐸。他們都非常聰明，尤其是多爾袞，更是深受努爾哈赤的喜歡和器重，常常流露出想把王位傳給多爾袞的意向。

皇太極能力強、功勞多、權勢盛，野心也大，他對王位垂涎已久，志在必得。他知道代善年紀雖長，但待人寬厚，生性淡泊，並不是自己真正的競爭對手，只有多爾袞才是唯一的敵人。

好在多爾袞當時年僅十五歲，沒有經驗，手中更無權力，唯有依靠納喇氏，方可和自己相抗。於是製造了讓納喇氏殉葬的歷史一幕。

▼清鐵炮

九、孝莊皇后是否有下嫁多爾袞？

多爾袞像

▲多爾袞（1612～1650），清順治初皇父攝政王，軍事統帥。滿族，愛新覺羅氏。清太祖努爾哈赤第十四子。明萬曆四十年十月廿五(1612年11月17日)生於赫圖阿拉(今遼寧新賓老城)。

孝莊皇后，又稱孝莊皇太后，是大清開國皇帝清太宗皇太極的妃子，又是清順治帝的母親，清康熙帝的祖母，一生中扶持兩代幼主登位繼承大統，對朝政影響長達數十年的時間。皇太極之弟多爾袞，先封和碩睿親王，至順治帝繼位，為攝政王，是滿清入關、奪取中原統治權的關鍵人物。所謂太后下嫁，就是說孝莊皇太后，曾下嫁多爾袞。

皇后母儀天下，身分豈能與尋常女人相提並論？中國古代，特別提倡「一女不嫁二夫」的道德審美觀，就算是普通女性，夫死再嫁都會惹人非議，皇后下嫁之事，似乎從未聽人說起過，也從未見史籍有記載。所以，大家對孝莊皇太后是否真的曾下嫁多爾袞，總是持謹慎懷疑的態度。

然而，中國又有「無風不起浪」的俗語，要弄明白事情的真相，還得從西元一六四三年皇太極駕崩說起。

滿清長期處於關外，受正宗漢學禮法的影響較少，建立政權的時間也較晚，像漢人皇帝在位之時即立儲

▼攝政王諭旨

攝政叔父王令旨。凡貪贓受賄官吏或傍
人。或所屬下人。將事情首告審問的實。
所犯官吏處以重法。其贓私分作三分。
一分賞給首告之人。二分入庫。所告如
係虛捏。將原告人以盜賊律論罪。道府
州縣衛所城內。及城外各鄉屯。每十家
委一人為什長。百家委一人為百長。如
有逃亡。許鄰家首告什長。什長轉報百
長。百長查問明白。具呈府州縣衛所。察
實申報撫按。轉報兵部。如一戶隱匿逃
亡。九戶十長百長不行舉報。致被傍人
舉首。其九戶什長百長分別坐罪。將隱
匿之人處死。其家財人口。分作三分。以
一分賞給舉首之人。二分入官。如有先
係隱匿之人。自來首告。并有傍人首告
者。將逃亡人口當官估價。分作三分。人
歸本主。即於本主名下取估價三分之
一。賞給首告之人。特諭
順治元年十月二十一日

孝莊太后

▲蒙古人，清太宗皇太極皇后，扶順治和康熙兩位幼主登位，是滿清王朝奠基時期最重要的權力人物。據說她為了兒子，也為了滿清政權穩定，不惜以太后身分、下嫁攝政王多爾袞。

君的禮法，滿人初時並不以為意，皇太極當年就是在努爾哈赤去逝後，以皇四子的身分繼承汗位的。在他去逝時，也未立有儲君，最可能被擁立的，是弟弟多爾袞和長子豪格。

當時，身任睿親王的多爾袞勢力最大，他輔佐皇太極立有莫大的功勳，又得同母兄弟阿齊格和多鐸的支持，在滿清八旗中，實際掌握控制了兩白旗和兩紅旗。但豪格作為皇太極長子，勢力也不弱，再加上一班效忠皇太極的老臣鼎力支持，豪格和多爾袞在皇位爭奪方面，勢均力敵。

據後世披露，孝莊皇后雖為一介女流，但卻頗有智慧膽略，她發現多爾袞和豪格互不相讓的結果，只會令滿清蒙受劫難，便聯合王室之中處世圓滑周到，威望地位也頗高的禮親王代善，推出一個折衷方案：讓年僅六歲的福臨繼位，由多爾袞和濟親王濟爾哈朗攝政。

老臣們支持豪格的最大理由，是要扶皇太極之子登位，至於是豪格還是福臨，在他們並無太大的矛盾衝突。如索尼等人，為維護局面的穩定，勉強同意這一方案。

▼乾清宮內景

▲皇后之寶印文：清代冊封皇后時，製作的有金冊和金寶，此圖所示的就是皇后的金寶。

多爾袞雖權重位尊，但若與豪格死拚，難有必勝把握。關鍵的問題是，若讓豪格登位，自己的將來也會斷送。他是一個很有抱負的人，也是一個很聰明的人，知道福臨少不更事，由自己攝政，雖說不能一切由自己作主，但至少自己目前的地位，不僅可得到保證，甚至於還將更進一步，也勉強同意擁立福臨。

豪格失去老臣的鼎力相助，根本就不足以和多爾袞相抗衡，見事已至此，只好忍氣吞聲，隨波逐流。孝莊皇后就這樣巧妙周旋，化解了滿清皇室的一場危機。福臨即位，封其為皇太后。

然而，即便孝莊皇太后扶順治帝登基有功，保證了滿清統治權力的平穩過渡，但自古以來，宮闈之爭就被藏掖得極深，她是否曾下嫁攝政王多爾袞，還是缺乏直接有力的證據。

持太后下嫁觀點的人認為，多爾袞向來有覬覦帝位之心，孝莊皇太后和順治帝雖有名分，但實際上形同傀儡，特別是後來豪格又被多爾袞構陷處死，想奪取皇位可不費吹灰之力，而他之所以沒有這樣做，完全是因為孝莊皇太后委身下嫁相籠絡的結果。

僅憑多爾袞沒有篡位自立的結

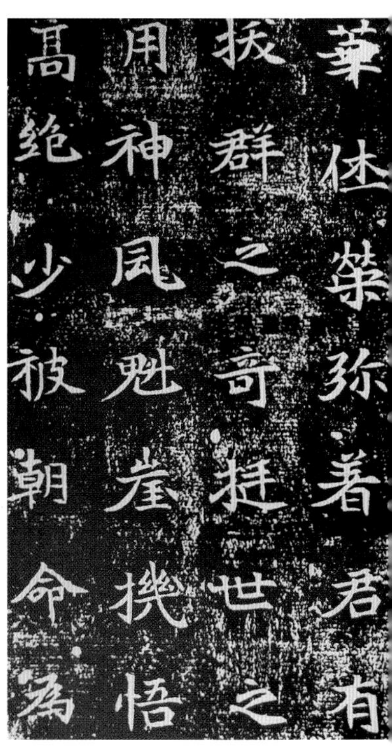

▼龍袍

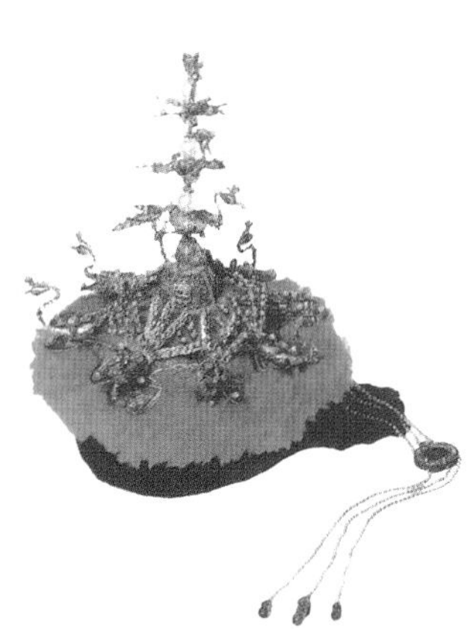

▲清代皇后禮服冠

果，就反推可能不存在的事實，顯然無法說服眾人。堅持太后下嫁觀點的人不得不另外舉出證據。

在豪格被處死之後，多爾袞一直掌控著滿清的政治大權，身分也由攝政王變叔父王、皇叔父、皇父、一變再變，榮極到死。但是，多爾袞剛死不久，又馬上被順治帝治罪。他被剝奪了生前所有的榮耀，所列罪狀之中，尚有「自稱皇父攝政王，又親到皇宮內院」一條。如果此罪成立，就明擺著多爾袞親到皇宮內院的目的，肯定是衝著孝莊皇太后的。

同時代的張煌言，也曾在《建州宮詞》中留有「春宮昨進新儀注，大禮躬逢太后婚」的詩句。太后結婚，自然是非同小可，除了大權在握的多

皇后吉服袍

▲女式龍袍有三式，一式與皇帝龍袍的顏色、款式和紋飾都相同，唯以左右兩開裾。這件明黃緞鏽八金團龍紋，分飾兩肩各一、前後身各三、下幅飾八寶立水圖案，為第二式皇后龍袍。

爾袞，很難想像另有他人堪當新郎之角色。

反對太后下嫁之說法的人，一再堅持無確鑿史籍記載為由，堅決否定，至於多爾袞稱皇父，在中國古代也曾有周武王稱呂望尚父，秦始皇稱呂不韋為仲父，情形相類似，不足以證明太后真的曾下嫁多爾袞。

他們還反駁說，多爾袞死後之所以有「親到皇宮內院」之罪，是因為豪格被處死，多爾袞曾強娶豪格福晉，有瀆亂宮廷之嫌。至於張煌言的

閨中秘友

▲此圖是大玉妃和小玉妃的寫照。

詩句，因張煌言是南明反清政權的主要人物，有意誣陷的可能性極大，根本不足以採信。

一直以來，孝莊皇太后是否曾下嫁多爾袞的爭議頗多，但無論持何種觀點的人，總是臆想推測的居多，無人能拿出真憑實據，意見總不能統一。

太后下嫁，在過去是關乎名節的大體之事，所有人才會如此緊張關注。倘若是換用現代人的目光來看，太后是否下嫁，純屬個人隱私，即便真的下嫁了，也非罪大惡極，反而是保證了滿清政權的穩定，乃莫大之功勞。

▼布庫圖．選自《塞宴四事圖》：布庫，滿語，意思是「搏擊之戰」，清帝常常以此種方式訓練忠勇之士。

十、順治和董小宛是什麼關係？

▲清．錘胎珐琊八寶

皇帝居於政治權力的最高處，可以隨心所欲，風光至極。但當歷史已為陳跡，一切隨風消逝，人們這才發現，中國歷史上曾有那麼多的皇帝，但真正讓人們永遠記住他們名字並由衷敬仰的，畢竟只是一小部分。

多爾袞有才華、有雄心，卻沒有成為皇帝，然而，沒有人會輕視他的功績，沒有人會忘記他對滿清王朝做出的貢獻。當年，他和豪格都未能作成皇帝，而讓一位六歲的小孩子撿了便宜。

福臨作為一個少年天子，凡事皆有多爾袞操勞，包括穩定政局，入關進駐北京，協調滿人和漢人的關係，多爾袞勞苦功高。當然福臨也沒有完全閒著，他一天天地長大，在母親的教育培養下，在皇叔的指導影響下，一點一滴地培養提高自己治理天下的能力，不斷朝一個合格的君王靠攏。

西元一六五一年正月十二日，被別人叫了八年順治帝的福臨，第一次獨立端坐於北京紫禁城內太和殿，接受群臣的朝賀，開始親政。

此後近十年間，順治帝勤於政事，很努力，也很用心。他首先更定錢制，規定每一百文制錢換一錢銀子；其次是停止修建東北的避暑城；再次是懲治和查處一部分貪官污吏。

順治帝像

▲順治帝福臨，是清朝入關後的第一位皇帝。他是皇太極的第九子，生於崇德三年（西元1638年），八年八月二十六日在瀋陽即位，改元順治，在位18年。卒於順治十八年（西元1661年），享年24歲。廟號世祖。順治即位後，由叔父多爾袞輔政。順治七年，多爾袞出塞射獵，死於塞外。14歲的福臨提前親政。順治帝天資聰穎，讀書勤奮，他吸收先進的漢文化，審時度勢，對成法祖制有所更張，且不顧滿洲親貴大臣的反對，倚重漢官。為了使新興的統治基業長治久安，他以明之興亡為借鑑，警惕宦官朋黨為禍，重視整飭吏治，注意與民休息，取之有節。但他少年氣盛，剛愎自用，急躁易怒，當他寵愛的董妃去世後，轉而消極厭世，終於匆匆走完短暫的人生歷程，英年早逝。他是清朝歷史上唯一公開歸依禪門的皇帝。

董小宛像

▲原本是明末清初名噪一時的江南名妓，嫁給世家公子冒辟疆為妾。有說她後來死於戰亂之中，也有人說她入宮作了順治寵妃，順治還因她而捨棄江山，遁入空門。

當時，滿清在中原一帶的大規模統一戰爭宣告結束，但民族矛盾仍很尖銳，順治帝的這些措施，能帶給普通百姓更多的好處，對安定當時的政治局面、緩和各類矛盾，都是積極有益的。

到了西元一六六一年，國內矛盾得到很大程度的緩和，社會經濟有了較大發展，而此時的順治帝，年方二十四歲，應是各方面日趨成熟，可以大展鴻圖、做出一番驚天動地事業來的時候。

然而，讓人意想不到的是，當年正月初八日早上，紫禁城內突然傳出順治帝暴殂的消息。之後是順治帝八歲的兒子玄燁繼位登基。

順治帝的英年早逝，是中國歷史的一大遺憾。而至今日，這一事件彷彿又成謎團，真真假假，眾說紛紜。

民間非常流行一種說法，認為順治帝英年早逝是假，實乃因為傷心情事，才遁入空門。而讓堂堂帝王棄大好江山於不顧的美人兒，居然是名噪一時的江南歌妓董小宛。

相傳董小宛天生麗質，多才多藝，紅極一時，後在國學大師錢謙益和愛妾柳如是的撮合成全之下，嫁給世家公子江南名士冒辟疆。兩人結為夫妻，一度郎情妾意，相親相愛，幸福美滿。

然而，天有不測風雲，清軍入關，原明朝降將洪承疇出任江浙總督，慕董小宛之名，捏造罪名，將冒辟疆收入監獄，把董小宛掠至自己府中。冒辟疆出獄之後，知曉事情真相，對洪承疇非常憤恨，也不管他是朝廷大員，四處求告，希望能奪回愛妾，討回公道。

洪承疇根本沒有想到冒辟疆一個文弱書生，犯起橫來會這樣執拗。但事已至此，自己又一點退路都沒有。為避免事態進一步惡化，於己不利，他頭腦一轉，將董小宛偽作成皇室董鄂王之女，改名董鄂氏，送入皇宮獻給順治帝。他想，這樣一來，無論冒辟疆怎樣折騰，已經沒了證據，自己

▲清．彩色玻璃帶座瓶

▲清．魚鱗百褶裙

雖然得不到董小宛，也不致遭受大的損失。

順治帝見到冒名董鄂氏的董小宛，非常喜歡。董小宛雖是歌妓出身，卻是情深義重的剛烈女子。對順治帝的熱情，冰冷無感覺。然而，她愈是不冷不熱，順治愈是對她著迷。

時間久了，董小宛逐漸對現實有了清醒的認識，知道順治是真心喜歡自己的，也知道自己和冒辟疆今生的緣分是到盡頭了。她並不是沒有想到過死，但她也知道，就算自己真的死了也於事無補，反倒是便宜了惡賊洪承疇。思慮再三，索性將全部的事實真相告訴了順治帝。

順治帝得知真相，既沒有厭棄董小宛，更沒有怪罪董小宛。而是依董小宛之願，懲治了洪承疇。董小宛抱必死之決心，沒想到順治竟這樣厚待自己。人非草木，孰能無情？惡氣已出，董小宛就這樣順了順治的心意。

順治帝如願征服了董小宛的心，大喜過望，很快封她為貴妃，人稱董鄂妃。

順治帝鍾情一個漢族女子董小宛，對董鄂妃寵愛有加，此事傳出，令滿人極為不滿。朝中大臣和太后、

清．樊圻．歲寒三友圖軸

▼此圖描繪山茶、梅、水仙三種耐寒花卉

北海冰嬉圖

▲此圖反映了八旗士兵滑冰的場景。

皇后商議，先是對順治帝曉之以理，希望順治帝能主動將董小宛逐出皇宮。順治帝對董小宛用情甚深，不能捨棄。儘管要求是太后和皇后提出來的，仍被他斷然拒絕。

太后和皇后勸說無果，趁順治帝外出處理政事之機，帶領宮人直闖董鄂妃住地，逼其以白綾自盡。

據說，順治回宮後，知董鄂妃已慘遭不幸，料理了董鄂妃喪事，內心的哀戚非但沒有稍減，對董鄂妃的思念反倒是一浪高過一浪。倘若害死董鄂妃的兇手只是皇后一人，順治帝或許能對之施以嚴懲來減輕心底的痛苦，可偏偏主謀之人是自己的親娘，這無疑又增加了他的痛楚。

俗話說，哀大莫過於心死。董鄂妃之死對順治帝刺激太猛烈，他從中感受到了徹心的痛苦。同時，順治又是個信佛之人，在痛苦之中，領悟和感受到了人生的諸多無奈和虛幻，於是出家做了和尚。

皇宮中人是在順治離宮幾日後才發現他不見了的，此事當然非同小可。太后等人知道順治既然是不告而別，自然也不可能再回來。於是宣稱

▲清．昭陵琉璃影壁上的彩龍

▲清· 百子嬰戲刺繡壁掛

順治病故，扶玄燁登位，以安定人心。

因為不見正史記載，很多人對順治出家及其原因持懷疑和否定態度。順治帝是堂堂君王，對一個異族女子動真情，太過玄乎。在江山美人之間，能夠捨江山而愛美人的帝王，既前無古人，又後無來者，順治帝再怎麼說，也是凡胎肉身，不可能超然於塵世之外。更有人信誓旦旦地考證指出：儘管歷史上確有董小宛其人，但在嫁給冒辟疆時，已經十九歲，到順治病逝消息傳出，康熙繼位元時，應該是四十出頭的婦人。二十三、四歲的順治，又怎麼會為一個比自己大十多歲的半老徐娘癲狂呢？

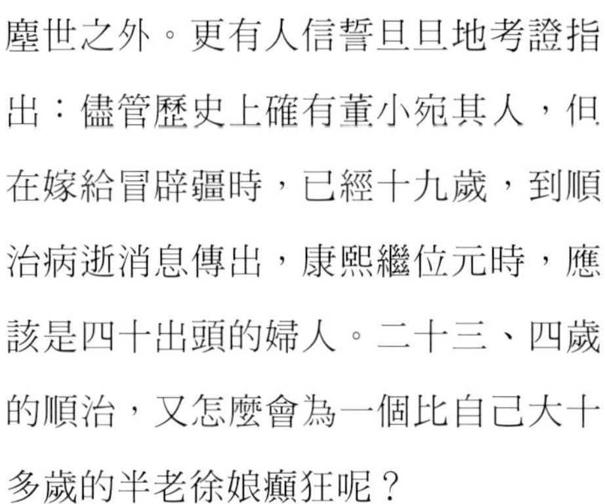

堅信順治是病逝而非為董小宛出家為僧的人，也承認無風不起浪的現實，從而苦苦尋找證據，力圖給人們一個明晰的答案。

據正史記載，順治帝於西元一六五一年正月開始臨朝親政，當年八月冊封科爾沁蒙古卓禮克圖親王吳克善的女兒博爾濟吉特氏為皇后。然而，僅過兩年，順治又堅決要廢除皇后，讓人感到莫名其妙。

有人說博爾濟吉特皇后既美麗，又無明顯過錯，可順治帝仍不顧諸大臣的勸阻，一定要將其廢掉，只因為這門親事是多爾衮預先為他安排定下的。順治年幼之時，一切只能順從多爾衮的安排，可年齡愈大，對多爾衮的不滿情緒日漸加深。特別是多爾衮死後，順治親政，急欲擺脫多爾衮的政治陰影，對多爾衮生前給她安排的這位皇后，自然想先除之而後快。

▲清· 緞釘綾鳳戲牡丹紋高底旗鞋

西元一六五四年六月，順治帝又冊封科爾沁蒙古貝勒綽爾濟的女兒博爾濟吉特氏為皇后。史稱孝惠章皇后，但這場婚姻主要是從政治上籠絡科爾沁蒙古貴族。順治帝對孝惠章皇后，仍然沒什麼真感情。

真正讓順治帝全心去愛的女人，乃是弟弟博穆博果爾的妃子，內大臣鄂碩的女兒董鄂氏。西元一六五六年，博穆博果爾猝死，原因不明。後傳順治喜歡董鄂氏，但兩人交往，止乎於禮。博穆博果爾卻產生誤會，讓董鄂氏受了委屈。順治知曉後，把弟弟叫去訓斥。博穆博果爾也是極好面子之人，兩兄弟爭執起來。順治一怒之下，打了弟弟一個耳光，博穆博果爾受了一耳光回到家裡，非常難過，便自殺了。

弟弟之死雖非順治所想，但事已至此，也只能厚葬弟弟，再明正言順地把董鄂氏納入後宮。順治帝和董鄂氏兩情相悅，終成眷屬，自然是非常珍惜。

董鄂氏入宮之後，立即被封為貴妃，繼而是皇貴妃。若真是這樣，順治廢前皇后，冷落孝惠皇后，似乎很正常。順治十四年，亦即西元一六五七年，董鄂妃為順治生下一子，兩人的喜慶和歡愉，更是無以復加。

然而，正可謂樂極生悲，僅過三個月，甚至還沒來得及給這個孩子取名字，這個孩子便夭折了。更可怕的是，董鄂妃竟被喪子之痛徹底擊潰，積鬱成疾。雖百般調理治療，終不見起色，苦苦挨了兩年，於順治十七年，亦即西元一六六一年八月，含恨離開人世。

連鎖反應並沒有停止。董鄂妃之死，對順治帝是雙重的打擊。他一度精神不振，心灰意冷，身體抵抗力和免疫力急遽下降，在處理完董鄂妃喪事之後，居然不慎感染天花，以致暴殂。

堅持順治生病而死的人還指出，董鄂妃確有其人，但是滿人而非漢人，聲名少為人知；而董小宛名噪一時，以致讓某些人有意無意地張冠李戴。

但無論如何，不管順治是為董小宛之死而出家，還是因董鄂氏之死而暴殂，都足以證明他是中國歷史上極為罕見的純情帝王。

▲清．纏足婦女的尖頭弓鞋

▼清．謝蓀．山水圖扇面

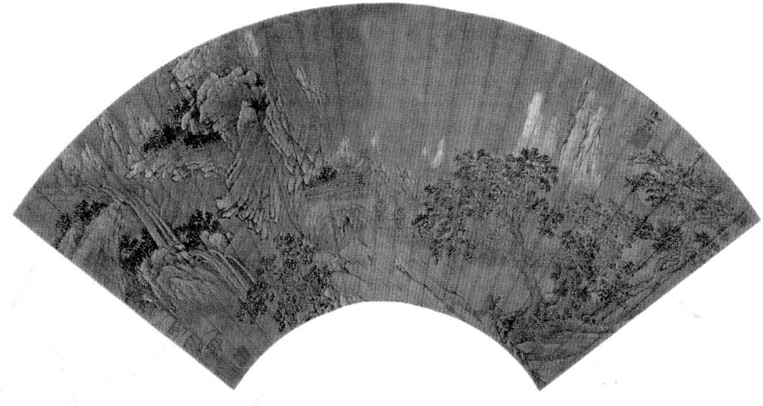

十一、歷史上有無香妃其人？

▲清．碧玉龍鳳花插

乾隆帝像

▲雍正十三年（西元1735年）八月二十三日，雍正帝在圓明園突然病故。弘曆為雍正帝第四子，繼承帝位，史稱乾隆皇帝。

▲清．藍濤．銷夏圖軸

讀過金庸武俠小說《書劍恩仇錄》的人，一定會對書中的香香公主記憶深刻。小說中的香香公主，容貌非常美麗，更加特別的是她自幼以花為食，身上散發著奇香。不僅出的汗是香的，連她洗浴之後的池水，也帶有濃郁的香味。

中國歷史上，被稱作美麗的女人很多，但像香香公主這樣既美麗，又帶有奇香的美女，就從未聽說過了。

小說裡，香香公主和紅花會總舵主陳家洛偶然相逢，一見鍾情。無奈乾隆皇帝橫刀奪愛，香香公主忠貞不渝，自殺殉情，讓人扼腕嘆息。

武俠小說純屬娛樂性文藝作品，

很少人會對其故事人物認真。但若有人認為《書劍恩仇錄》中的香香公主，也是金庸憑空虛構的人物，難免會貽笑大方。

其實，關於香妃的傳說，在中國由來已久，有關古籍中，也多記載此人故事。大意是說清乾隆皇帝在位時，定邊將軍兆惠遠征新疆天山南路之回疆，俘獲一回族美女，凱旋回朝後獻給乾隆帝。

乾隆對此回女鍾愛非常，因她身上自然散發奇香，遂冊封為香妃。香妃卻對乾隆冷若冰霜，身上隨時帶有一鋒利匕首，以示寧死不屈之決心。乾隆帝對香妃不忍加害，給她提供豪華舒適的生活環境，希望慢慢感化香妃。但香妃心若磐石，日復一日，年復一年，就是不肯依順乾隆帝。

皇太后聽說此事，覺得香妃隨時匕首在身，對大清天子乾隆隱藏著莫大的威脅，就勸乾隆早拿主意，打消親近香妃的念頭。要嘛殺她了事，要嘛逐出宮外。乾隆對母親的意見置之不理，對香妃一如既往。

這樣過了很久，有一次，乾隆外出巡察，皇太后趁機召見香妃，問她心裡究竟是怎麼想的。香妃回答非常乾脆道：「唯一死矣！」太后遂賜死香妃，草葬了事。乾隆巡察回宮，聞

哨鹿圖(局部)

▼此圖繪於乾隆六年（西元1741年）秋季，是乾隆皇帝即位後首次赴圍場哨鹿打獵的情景。馬隊前列第三騎白馬者即為乾隆皇帝，其餘皆為隨行的王公官員。

▲清．金「大威德」壇城

▲清．墨地綠龍紋盤

▲清．粉彩鏤空轉心瓶

清朝的綢布店

▲商品交換，從初始的以物易物，發展到貨幣買賣、專營店鋪。

香妃死訊，悲慟不已。

乾隆準備厚葬香妃，讓人驚訝的是，香妃死去多日，被掘出的屍體，仍膚色如生，面猶含笑，只有她身上才具有的獨特芳香，仍那麼馥郁誘人。乾隆體察其生前心意，用最好的棺木盛殮其屍，送回天山南疆厚葬。

少了紅花會總舵主陳家洛摻雜其中，香妃和乾隆之間的這一系列故事，仍擺脫不掉民間傳說的痕跡，顯著之處，在於太過神奇和理想化。因而人們一般都僅僅把香妃當成是傳言，並不相信她的真實存在。

但是，就在數十年前，河北遵化馬蘭峪乾隆裕陵附近，人們發掘了名為裕妃寢園的墓葬群。從出土的文物資料顯示，這個墓葬群埋葬的，是乾隆的三十多位嬪妃其中一位叫容妃的，似乎與傳統中的香妃扯上了關係。

墓內資料記載，容妃姓和卓氏，是乾隆三十多位嬪妃中，唯一一位來自新疆的回族女子。

和卓氏是新疆噶木巴爾的後裔，生於雍正十二年，世居葉爾羌。乾隆二十五年二月，定邊將軍兆惠率兵平定回部之亂，和卓氏族人因助兆惠平亂有功受封，和卓氏也隨族人入京居住。

當年六月，和卓氏被選入宮，封為貴人，稱和貴人，很受乾隆寵愛。兩年之後，和卓氏被冊封為容嬪，乾隆三十三年，被冊封為容妃。

容妃受乾隆寵愛，曾隨乾隆一同巡視過全國很多地方，也曾陪乾隆至瀋陽拜謁清太祖的福陵。

在宮內，容妃被允許穿著回族女子的服裝，諸多生活細節，也依從回族人的傳統習慣。這對一個嬪妃來說，是很難得的。

容妃和乾隆一直相處甚洽，最後在乾隆五十三年患病去世。

容妃的一些經歷，與傳說中的香妃，多少有些關聯，只是她與乾隆關係親密，與香妃持匕首入宮，被皇太后賜死，相去實在太遠。至於她身體是否真有奇異之香，因史料有限，至今仍不得而知。

▲清．青花趕珠龍紋大瓶

萬樹園賜宴圖

▼郎世寧（義大利人，耶穌會傳教士兼畫家）作，此圖畫的是乾隆在熱河承德避暑山莊內，接見來歸降的阿睦爾撒納等蒙古貴族的場面。

十二、孝全成皇后是怎麼死的？

無論順治帝福臨是出家為僧，還是染天花而死，都難免讓人略感惋惜。但就歷史而言，在替順治帝惋惜之餘，人們也不必有遺憾，甚至於，還應為此慶幸才對。因為沒有這點惋惜，就沒有康熙大帝的橫空出世，更沒有滿清王朝的極度鼎盛。

沒有順治的過早離世，玄燁不可能那麼早登基為帝，甚至連皇帝都作不成。而玄燁成為康熙帝，翦除鼇拜，平定三藩，收復台灣，遠征葛爾丹，抗擊紅毛羅剎，功績之顯赫，歷史上少有人及。

在康熙之後，雍正帝也是一位勤於政事，有所作為的帝王，清朝的鼎盛得以延續。雍正的繼承者乾隆，秉承祖父和父親遺風，特別是在位前期，精勵圖治，建十全武功，同樣是一位值得尊重的帝王。

乾隆在位六十年，是清朝在位時間第二長的皇帝，但若再加上他禪位給嘉慶，自己卻以太上皇身分處理國政的後三年，實際享國的時間，甚至超過其祖父康熙。但也正是滿清的三朝鼎盛和他享國太久，到了乾隆後期，已經積澱下很多政治弊端和社會矛盾，在他身後繼位的嘉慶、道光等皆是守成君主，滿清王朝盛極而衰成為必然。

道光帝畫像

▲清宣宗道光皇帝（西元1752～西元1850），名愛新覺羅·旻寧，是清朝唯一一位以嫡長子的身份繼位的皇帝。嘉慶帝病死繼位後，是清入關後的第六個皇帝，在位三十年。終年六十九歲，葬於慕陵。

▲清．銀提梁壺

道光帝名綿寧，是嘉慶帝次子，由孝淑睿皇后所生。有人說他自幼勤奮好學，連乾隆帝都對他寵愛有加，而嘉慶帝更在剛繼位四年，即乾隆逝後一年，便寫下詔書，由他繼承自己的帝位。也有人說，綿寧被立與另一件事有關。西元一八一三年九月，綿寧隨嘉慶帝出宮打獵，提前回宮，恰

▲孝全成皇后畫像

遇白蓮教分支天理教眾起義攻打皇宮，綿寧表現非常勇敢，打死許多反叛者。嘉慶帝由獵場回宮，對綿寧的表現大為讚賞，隨之封綿寧為智親王，駕崩之際，又將帝位傳給了綿寧。

如此看來，道光帝曾經是一位值得期待的帝王。而他登位之際，為了不讓兄弟們因避諱而改名字，他主動將自己的名字由「綿寧」改為「旻寧」，也似乎表明了這點。然而，結果如何呢？道光在位三十年，雖然在政治上毫無作為，但是他和皇后孝全成鈕祜祿氏的傳聞，一直吸引著世人的注意。

道光帝一生中，共冊封三位後宮女子為皇后。第一位也姓鈕祜祿氏，是戶部尚書布顏達賚的女兒，在西元一七九六年被封為嫡福晉，可沒等到道光登位，便在西元一八〇八年病逝。道光即位，追封為孝穆皇后。第二位是孝慎成皇后，乃三等承恩公舒明阿的女兒，繼鈕祜祿氏之後封嫡福晉，道光即位時冊封皇后，於西元一八三三年病逝。第三位就是孝全成皇后。

全成皇后的父親、二等侍衛頤齡早年為官蘇州，她自幼在蘇州長大，得江南水鄉女子的美麗白皙、聰

▲清．加封孔子碑：清朝承繼明朝的傳統，繼續尊孔子為聖人，推崇儒學。

▼清．竹雕漁家樂擺件

▲清·鍍金銅佛龕：西藏文管會藏清代佛龕。龕內供佛三尊，整個佛龕造型嚴謹，金碧輝煌。

明靈秀，從而被選入宮。同時，她在蘇州常與當地女子玩一種木板拼字的遊戲，久而久之，還玩出了自己的花樣，入宮之後，也因此備受道光帝的青睞和喜歡。不久便由貴人升為嬪妃，賜名號「全妃」，即是對她多才多藝的表揚。

西元一八三六年，逢皇太后六十大壽，道光帝在宮內舉行盛大的慶祝儀式，道光帝率文武大臣，已是皇后身分的全成皇后則率六宮嬪妃前往祝壽。宴會上，道光帝為討好皇太后歡心，獻上許多歌頌太后的詩詞。全成皇后原本文才頗佳，當然也不甘示弱，即興填寫歌詞獻上，博得滿堂喝彩，皇太后也樂得臉上笑靨如花。

皇太后樂則樂矣，但樂過之後，不經意間說了一句：「女子以德為重，德厚方可載福。只是才藝，怕不是福相。」

說者無心，聽者有意，全成皇后認為皇太后的話裡有影射自己僅有才藝而無品德之意，心裡不知不覺對太后有了嫌隙。

郎世寧·慧賢皇貴妃像

▲慧賢皇貴妃是乾隆的妃子，姓高佳氏，滿人，乾隆二年（西元1737年）被封為妃子，乾隆十年（西元1745年）被晉封為皇貴妃，同年因病去世，追諡慧賢。

心中有了隔閡和不滿，在言行舉止之間，難免就會流露出來。皇太后和皇后都是鈕祜祿氏，認真計較起

▼《四庫全書》書影

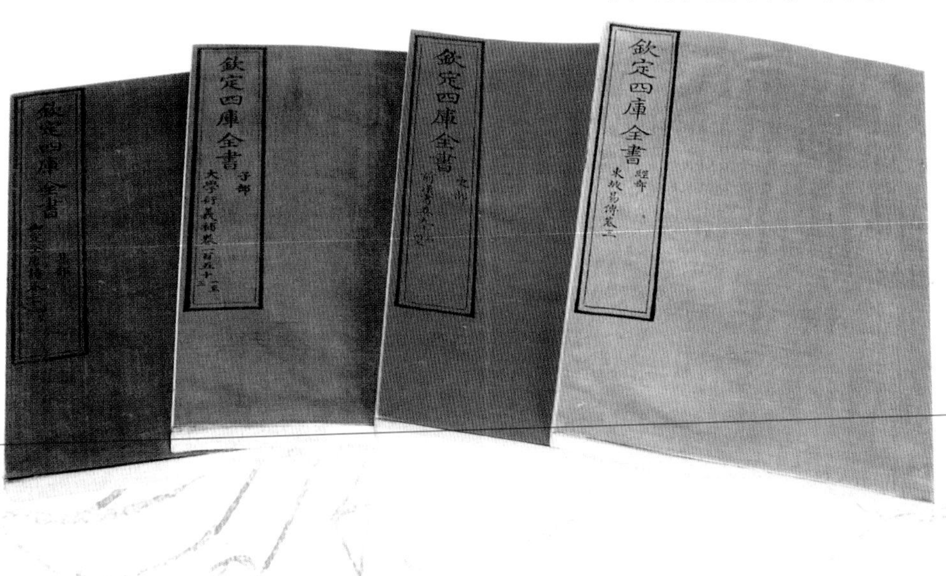

▲甯遠文廟大成殿

來，在本家還是姑侄關係，兩人過去一直相處融洽。皇太后常在不知不覺中，發現皇后有意無意地對自己冷嘲熱諷，旁敲側擊，她很是詫異。弄清楚事情的來龍去脈後，皇太后的心裡也生了氣，不時地斥責道光帝對皇后缺乏管束。

道光帝和全成皇后關係甚為親密，皇太后倚仗身分對他們進行指責，非但未能解決問題，還引發了他們的叛逆心理。雙方關係愈弄愈僵，矛盾衝突日益公開化，成為大家都知道的事

▼乾隆南巡圖

情。

這樣過了幾年，至道光十九年，亦即西元一八三九年末，全成皇后外出，不小心感冒，就連禮節性地向太后請安都免了。太后知曉後，反倒前來探視皇后病情，大有拋棄前嫌之意。

一般情況下，到了這種境地，即使是尋常百姓，既然長輩都放低了姿態，晚輩自然再沒有端著架子的理

由。全成皇后母儀天下，更非蠻橫不講理之人，於是對太后重新禮敬。

轉眼間，年關一過，新春佳節，普天同慶，後宮裡也是一派和氣祥瑞的景象。

有一天，全成皇后又去給太后叩安問候，太后對皇后極為熱情。次日，太后派太監給皇后送來一瓶精釀美酒，皇后很是感激，當著送酒太監的面前暢飲了一大杯！

當天夜裡，全成皇后即無疾而終。

要說是太后在酒中下毒害死皇后，誰都沒有真憑實據，就連道光帝也對此毫無辦法。後世之人只知他將全成皇后的葬禮舉辦得出奇的隆重，葬禮過後，十年時間，再沒冊立皇后。

雍和宮建築圖

▼乾隆九年（西元1744年），雍和宮正式改為喇嘛教寺院，並成為清政府管理喇嘛事務的中心。

▲皇帝日常用的部分餐具

▲西所內景：1860年冬，咸豐帝駕幸熱河後，慈禧就住在這裡。咸豐帝死後，奕欣在此與慈禧密謀定下了除肅順之計。

十三、慈安是慈禧害死的嗎？

▲清・葫蘆式金執壺

▲清・鏨胎琺瑯犧尊

咸豐帝像

▲咸豐帝（1831～1861），即愛新覺羅・奕。清代皇帝。廟號文宗。年號咸豐。滿族。1850～1861年在位。

大清王朝是中國最後一個封建王朝，和歷朝歷代相比，也許是因為外族入主中原，也許是年幼登位的帝王多，又或者是其他的原因，女性的地位似乎有所改善和提升。至少在宮廷內部，清初的孝莊皇太后和清末的慈禧皇太后，都是政壇上炙手可熱的代表性人物。

慈禧的前身，不過是咸豐皇帝的一個寵妃而已。之所以步步攀升，成為無冕之王的「老佛爺」，首先是因為她生了一個好兒子載淳。

咸豐在位十一年，駕崩於熱河，臨終前傳位給年僅六歲的載淳，命怡親王載垣、鄭親王端華等八人為政務王大臣，輔佐國政。身為載淳生母的葉赫那拉氏雖因子而貴，被尊為慈禧太后，與東宮慈安皇太后並列，稱西太后，但卻被排斥在中央最高權力之外。慈禧有極強的政治野心，並不滿足於尊崇的皇太后稱號，意欲染指權力之柄，遂聯合同樣失意的東太后慈安，恭親王奕訢，發動政變，把原來的八位政務王大臣或治罪處死，或革職遣戍，由奕訢任議政王，兼管軍機處，慈安和慈禧兩太后垂簾聽政，改原年號「祺祥」為「同治」。取意母子同治天下，也有東、西太后同治天下之意。

上述事件，也稱「祺祥政變」。在此事件中，後人都認為主謀是慈禧，她借助了慈安和奕訢之力，幫助自己攀上政治權力的頂層。然而，值得注意的是，慈安是咸豐帝親自封立的東宮皇后，慈禧在政變之後，看起來是與之平起平坐，實際上卻不盡如此。在兩人之間，東西之別始終都存在，慈安的地位一直在慈禧之上。兩人即使以姊妹相稱，也是慈安為姊，慈禧為妹。很多證據表明，在共同垂簾聽政的時期，慈禧也是極盡討好慈安為能事。

東、西太后共同垂簾聽政，不僅在同治一朝延續，到光緒時，也是如此。直到光緒七年，慈安暴斃為止。

關於慈安之死，《光緒朝東華錄》記載，慈安臨終前曾有遺詔，稱自己是「三月初九偶染微屙，至十日陡然沉重，延至戌時，神思漸散，遂至彌留。」進而病卒。

但慈安死於疾病的說法，在當時便引起許多猜疑。御醫薛福辰在三月十日早上曾為慈安太后把脈，有「策疾不須服藥」的診斷，可到晚間即聞其崩殂的消息，說什麼也不相信。軍機大臣左宗棠聞訊之後，也慨嘆道：「我今天早晨才見過太后之面，不像是有病的樣子，怎麼突然就薨逝了呢？」

宮廷內外，一時議論紛紛。後人更是大膽指證慈安之死，乃慈禧加害之故。理由則是慈禧乃權欲熏心之人，絕不會容慈安與自己並列聽政。

還有一種說法是，在此之前數日，慈安偶至慈禧宮中，慈禧令侍女奉上一種餅餌款待，慈安嘗過之後，讚不絕口。慈禧就說：「既然姊姊喜歡，稍後我命侍女多送些給姊姊就是。」過了兩日，慈禧果真送了一些餅餌給慈安，和那天的一

慈嬉太后像

◀慈禧太后（1835年～1908年），清咸豐皇帝之妃，同治、光緒兩朝實際最高統治者。那拉氏，祖居葉赫（今四平附近），故稱葉赫那拉。滿洲鑲藍旗人。

▲皇帝的龍床

模一樣的餅餌，可慈安取食之後，立刻感覺不適，並在當晚暴卒。言下之意，是慈禧在餅餌之中下了毒。

相信這種說法的人很多。但如果事實真是這樣，慈禧要除掉慈安，為什麼不早點下手，而要等到此時呢？慈禧和慈安自從同治元年開始一道垂簾聽政，到慈安死，中間共有二十年的漫長歲月，經歷了同治、光緒兩朝。難道慈禧在這麼長的時間裡都沒有機會下手嗎？這顯然不能讓人信服。

為了彌補這一疑點，《慈禧外傳》中說，咸豐帝駕崩之前，曾私授慈安遺詔，認為葉赫那拉氏（即慈禧）不可深信，要慈安小心提防，只要發現慈禧有不安分的行為，即可拿出此詔命廷臣除去葉赫那拉氏。慈安受詔之後，慈禧待慈安一直禮敬，漸得慈安信任，到光緒朝，慈安對慈禧已經全然沒有了提防，還在一次相邀宴飲時，把咸豐帝遺詔拿給慈禧觀看。雖然慈禧看過咸豐遺詔，很是震驚，但慈安隨之又當著慈禧的面，將詔書付之一炬。

心機深沉的慈禧，對慈安的作

▼咸豐帝便裝行樂圖

▲李蓮英為慈嬉梳頭的用具

不可能不留遺詔提醒載垣等八位政務王大臣了。再說慈禧即便是一位野心極大、心狠手辣之人，那麼，在不知道咸豐留有遺詔的情況下，也不可能隱忍二十年之久，才向慈安皇太后出手。

宮廷政治，向來都是高深莫測，慈安之死，雖然頗為蹊蹺，但若要指證為慈禧所害，又有難以服人的地方。總之，歷史已為陳跡，每個人都有詮釋疑案的權力，別人是否接受，並不是最重要的。

法，表面上裝出感激涕零的樣子，但心底已經萌生除去慈安的念頭，處心積慮下，終於在光緒七年得手。

這個說法，同樣有值得懷疑的地方。咸豐帝對身後之事，不可能有如此準確的預見力。特別是祺祥政變，是慈禧接近中國政治權力頂峰的重要契機，如果他能預見到這點，就

▲譚嗣同像：譚嗣同（1865～1898），字復生，號壯飛，湖南瀏陽人。為著名的「戊戌六君子」之一。其代表作《仁學》，對封建君主專制制度進行了強烈的抨擊。他的詩感情真摯，志趣豪邁，境界恢弘，筆力遒勁。有《譚嗣同全集》遺世。

▼清東陵內慈安、慈嬉的陵墓：定東陵

十四、珍妃是怎麼死的？

▲清．太平天國通寶：直徑3.8釐米。天國通寶當十錢，方孔闊緣，楷書。她是天平天國最早鑄造的錢幣，是1853年太平天國立國之初發行的，今存世僅18枚，極為珍貴。

光緒帝像

▲光緒帝（1871~1908），全名愛新覺羅・載湉。他四歲時同治帝死了。同治帝沒育有子女，被慈禧太后選為同治帝的繼位人，成為清朝第11任皇帝。

珍妃是清末光緒帝的愛妃，與其他以文采見長的古代才女相比，是截然不同的類型。

珍妃為滿州鑲紅旗人，姓他他拉氏，父親長敘，歷任廣州將軍、戶部侍郎、禮部侍郎等職。珍妃成長的年代，中國的門戶已被打開，西方的諸多思潮和價值觀，已對中國的傳統文化形成強而有力的衝擊。而她的童年，又是在父親任職的廣州度過的，這裡臨海，是西方人登臨中國的重要門戶，受西方文化的影響，也較內地為重。在此條件下，珍妃有機會自幼

圓明園大水法遺址

▼大水法在北京圓明園西洋樓遠瀛觀南端，這是乾隆帝觀看噴水景觀之地。1860年為英法聯軍焚毀。

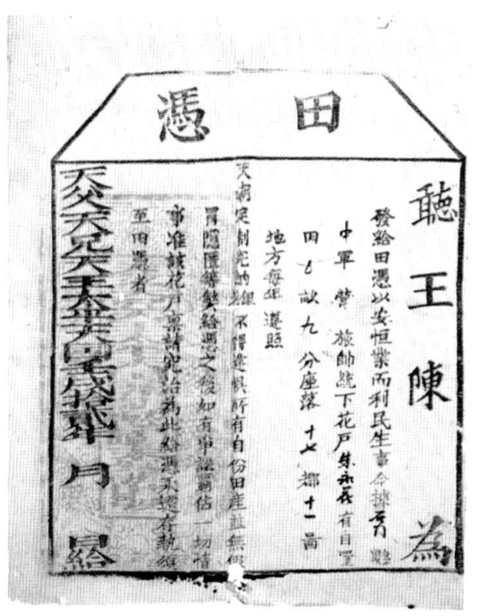

田憑

聽王陳　為

發給田憑以安恒業而利民生事今據 [illegible] 縣

中軍 營 旅帥統下花戶朱永義 有田

四 七 畝 九 分座落 十七 鄉十一圖

地方每年 遵照

天朝定制完納 [illegible] 銀 不得違 [illegible] 所有自份田產並無假

冒隱匿等弊給憑之後如有爭訟霸佔一切情

事准該花戶稟請究治為此給憑 [illegible] 有執 [illegible]

至田憑者

天父天兄天王太平天國 [illegible] 年 月 日給

太平天國田憑

▲長26釐米，寬22釐米，為太平天國實行新的土地制度後發放的田憑。

接觸、瞭解更多的西方文化，如照相、攝影、西洋音樂等。

父親入京任職，珍妃也回到了北京。長敘愛惜女兒聰明機靈，在對她進行中國傳統文化教育的同時，也專門延請中、西名師教導，使得她小小年紀，就精通文史，多才多藝。

因為才色並茂，珍妃在十三歲時就被選入宮中，次年，亦即光緒十五年，被冊封為珍嬪。

在宮中，珍妃不僅受光緒帝的寵愛，甲午戰爭之前，就連西太后那拉氏也極為看重珍妃的才氣膽識，對她偏愛有加。光緒二十年，她被冊封為妃，也就是後世通稱的「珍妃」。

珍妃的不幸，同樣是身不由己。在政治權力漩渦中心的皇宮內院，隨時都可能有不幸降臨，珍妃雖才思過人，膽識非凡，也不能倖免。

隨著外國列強在中國的野心愈來愈大，隨著光緒帝對政治權力的渴望，他和慈禧皇太后之間的分歧愈來愈大。對內外政策的不同態度，直接導致了激烈的宮廷政治鬥爭。

慈禧太后頑固保守，對內依循陳法，對外一味屈辱求和，是年齡愈來愈大的光緒所不能忍受的。於是光緒遂重用康有為、梁啟超等人變法。珍妃自幼受東西方文化的雙重浸染，眼界開闊，見識超然，自然很支持光緒的變法，並不時向其進言，獻計出策。

但是，光緒等變法派，顯然低估了以慈禧為首的頑固勢力。戊戌變法僅維持了百日，便告夭折。慈禧太后把一場轟轟烈烈的維新運動撲滅，將光緒帝囚於瀛台，自己重操朝政大權。珍妃則因大力支持光緒而被慈禧嫉恨，一陣杖責肉刑之後，連同珍妃的封號也被削去，降為貴人。

但即便落到如此的境地，珍妃對慈禧的倒行逆施，仍堅持自己的一貫主張。對慈禧的淫威，也從不屈服。只要有機會，就會對慈禧的某些作法大膽抗辯。

光緒二十六年七月，八國聯軍攻打北京，慈禧倉惶出逃。後傳慈禧在臨出逃前，將年僅二十五歲的珍妃溺

▲梁啓超像：梁啟超（1873～1929）近代思想家，戊戌維新運動（見戊戌變法領袖之一。字卓如，號任公，別號飲冰室主人。廣東新會人。

死於寧壽宮外的水井之中。

慈禧太后為何要在匆忙出逃之際，處死一位光緒寵愛的妃子呢？歷來說法不一。

根據慈禧太后近侍、內務府大臣、載灃之師景善等人的記述，光緒二十六年七月二十一日早晨，慈禧將自己打扮成鄉間農婦的模樣，又把光緒及其後宮嬪妃齊聚在一起，宣布準備棄京而逃。大家都畏懼慈禧的威勢，只有珍妃一人大膽進言說：「皇帝為一國之主，應該以社稷為重。太后可以外逃避難，皇帝則非留在京城守護社稷不可。」

慈禧對珍妃的犯難反對非常惱火，於是對內務府太監下令道：「把她沉入井中！」太監們聽命去取氈子來裹珍妃，在一旁的光緒急忙下跪替珍妃求情，希望慈禧能饒珍妃一命。

慈禧說：「速起勿言，此時尚暇講情理乎？彼必求死，不死也負彼。天下不孝之人當知所戒，不見夫鴟鴞乎，養得羽毛豐滿即啄其母之眼，不殺何待？」

光緒再三請求，慈禧皆不為所動，珍妃終被李蓮英等人裹了，投入井中溺死。

因為景善等人身分特殊，對慈禧又很忠誠，所以對他這個說法，大家

▲虎首：雍正、乾隆時期，歐洲藝術家郎世甯參與設計建造圓明園，他在海宴堂前水池兩側設計了十二隻銅鑄動物，即十二生肖銅像，這隻虎首就是當年十二生肖中的一隻。

康有為像

▲康有為，(1858～1927)近代思想家、文學家。原名祖治，字廣廈，號長素，廣東南海（今廣東廣州）人。出身於士宦家庭。

清.綠地粉彩盆托

▶清咸豐年間制，高16.5釐米，口寬25釐米，底寬20釐米，此托呈方形，施綠釉，繪粉彩圖案，四面圖案相同，均為中央一朵寶相花，周圍飾以貫套如意紋。

認為可信度是非常高的。

但在民國之時，故宮博物院有試著調查此事，遍訪當事人。有一位姓白的宮女，當時正服侍慈禧太后，她回憶說，光緒二十六年七月二十日夜間，慈禧太后召見珍妃，對珍妃說：「現今大清江山已失大半，都是因為妳所致。我只有處死妳，才能向祖先有個交代。」珍妃心中不平，但也無可奈何，只能悲憤地說道：「隨便辦好了。」慈禧便在夜間將珍妃投於井中。

另一位叫唐冠卿的太監則回憶說，自己當時就在太后宮外伺候。夜裡，珍妃被召入太后宮，先聽見珍妃向慈禧請安問候之聲。繼而聽慈禧說道：「義和拳搗亂，洋人進京，怎麼辦呢？」在一陣細聲低語之後，慈禧又大聲說：「我們娘兒們跳井吧！」珍妃哭訴，稱自己未犯可至死之罪，慈禧說：「不管有無罪名，難道留下我們遭洋人毒手麼？妳先下去，我也下去！」珍妃又哭求，慈禧不聽，命太監二總管崔玉貴，將珍妃領出，扔入井內。

白氏宮女和太監唐冠卿，雖然都是當時在場的人，但所敘述的又不盡相同，很難讓人確信誰真誰假，抑或兩者都假。

宮女和太監所述，都與洋人入京可能損及珍妃名節清白有關，雖不足以採信，但珍妃死於慈禧之手，則是無庸置疑的。

珍妃

▼珍妃，鑲紅旗，他他拉氏，生於光緒二年二月初三，為禮部左侍郎長敘之女。光緒十四年（1888年）十月初五慈禧太后同時封珍妃與她的姐姐瑾妃為嬪。光緒二十年，兩人同時晉封為妃。光緒26年（1900年）8月初，八國聯軍集結兵力進攻北京，慈禧太后挾持光緒帝慌忙出逃。行前，命太監將幽禁於北三所壽藥房中的珍妃喚出，推入位於慈甯宮後貞順門的井中淹死。當時，珍妃年僅25歲。

嘉。

附錄：本書涉及主要後宮人物簡介

第一章

娥皇、女英：相傳為中國社會初期，帝堯的兩個女兒，同時被帝堯嫁給舜作妻子。堯禪讓天子之位予舜，娥皇、女英自然成為史書上最早能見的後宮女性，可惜她們姊妹倆終身與權力無緣。傳說帝舜死於蒼梧，姊妹聽到消息，奔波千里前往，想見夫君最後一面，不意天不遂人願，雙雙死於半途之中。

妺喜：夏王朝末年美女，原出諸侯有施國，後進宮為夏桀寵妃。據傳說和記載，夏桀得妺喜，寵愛非常，疏於政事，為討妺喜歡心，奢侈至極，進而惹得天下怨憤。夏朝由此更趨腐朽衰落，終被商湯所代。妺喜也成為第一位紅顏禍國的女子，從此背負沉重的歷史罵名。

妲己：姓蘇，是商朝最後一位帝王商紂王最寵愛的女子，據說心狠手辣，惡行纍纍。

褒姒：周幽王寵妃，最後被立為皇后。據說周幽王為討褒姒歡心，烽火戲諸侯，從而大失民心，導致西周滅亡。

驪姬：春秋時期晉襄公愛姬，善於權謀，工於心計。她為了讓自己的兒子能坐上晉國國君之位，迫使一代名君晉文公在外飄泊流浪近二十年。

西施：中國古代四大美女之一，據說曾是越國范蠡的情人，為了幫助范蠡推動復國大計，不惜委身於吳國國君夫差，命運坎坷，氣節可

第二章

趙姬：秦始皇的母親，相傳是趙國歌伎，被大商人呂不韋看上，懷了秦始皇後，再嫁給秦莊襄王。秦朝建立後，被尊為太后，因耐不住後宮寂寞，和假太監嫪毐生兒育女，嫪毐事情敗露被殺，她則長期幽居於雍。

呂雉：漢高祖劉邦元配妻子，漢朝開國，被封為皇后，在劉邦死後，獨攬朝政大權數十年，是中國歷史上第一位問鼎最高政治權力的後宮女性。

陳阿嬌：漢武帝皇后。其母長公主是漢景帝的姊姊，漢武帝姑母，立景帝時幫助武帝母子謀得皇后和太子之位。漢武帝即位，封陳阿嬌為皇后，後兩人關係破裂，終身幽居長門宮。

衛皇后：名衛子夫。父親鄭季，平陽人，在武帝姊平陽公主家當差，與平陽侯小妾衛氏私通，生衛子夫和衛青等姊弟三人，姓衛氏。後武帝偶經平陽侯府上，意外相中衛子夫，帶回宮中，日漸寵幸，並因此廢前皇后陳阿嬌，立衛子夫為皇后，立其子為太子。衛子夫一生榮寵，可惜早逝，在她逝世後，兒子劉據竟也失去太子之位。

許平君：漢宣帝貧賤時娶的結髮妻子，兩人感情很深。漢宣帝一再堅持要立她作皇后，大臣都因她出身低微而反對。漢宣帝態度堅決，許平君最終被冊立為皇后，卻不幸被權臣霍光之妻霍顯害死。

王政君：出身漢末名門，秦漢元帝皇后，此後長期掌握西漢最高政治權力，王氏外戚因此榮耀至極。重用侄子王莽，最終導致王莽篡奪劉氏的漢朝江山，則是她沒有料到，也不情願的。

馬皇后：東漢開國功臣馬援的小女兒，漢明帝皇后，通達賢明，受後世景仰。

竇氏：漢章帝皇后，漢和帝時尊為皇太后，臨朝執政。她並無治國之能，卻權欲薰心，長期把持朝政，是東漢衰落的主要禍首。

第三章

賈南風：西晉惠帝司馬衷的皇后。司馬衷是歷史上難得一見的傻瓜皇帝，賈南風奇醜無比，無能卻又嫉妒成性，兩人堪稱絕配。

賈蘭氏和丁氏：蘭氏是南北朝時期後燕皇帝慕容盛的妻子，對慕容盛復興後燕有極大功勞，慕容盛待她卻薄倖寡義。丁氏本是後燕皇帝慕容熙的嫂子，後來愛上慕容熙，幫助他登上帝王之位，命運結果同樣很悲慘。蘭氏和丁氏的遭遇充分證明，古代帝王和後宮毫無真正的愛情可言。

禿髮皇后：南涼國皇帝禿髮的女兒。南涼國被西秦所滅，她為了救父母家人性命，答應嫁給西秦皇帝乞伏熾磐，還被冊封為西秦皇后，但最後卻未得善終。

賀氏：北魏開國之君拓跋珪的母親，為人極為聰明能幹。正是因為有了她的傾囊幫助，拓跋珪不但在危機四伏中逢凶化吉，還建立了當時最為強大的北魏政權。

劉夫人：原代國鮮卑貴族劉頭眷之女。前秦苻堅入侵代國，將代國劃歸兩部，一部由劉庫仁統轄。劉庫仁將前代王什翼犍之孫拓跋珪接至身邊照拂，並將此侄女嫁作拓跋珪之妻。後拓跋珪開創北魏，劉夫人是最有可能被立為皇后的，但事與願違，她非但未能登臨最高尊位，還被拓跋珪下詔賜死。

馮太后：北魏文成帝皇后，在文成帝和孝文帝之間，一直主持北魏朝政，進行了一連串的政治改革，皆取得非凡政績，是中國歷史上難得的女政治家。

胡太后：原本是北魏宣武帝的妃子，出身微賤，只因生了宣武帝唯一的兒子元詡。宣武帝駕崩，元詡即位，她晉升為太后，從此執掌朝政。由於並無治國之才，才會鬧出皇帝變皇女這樣的鬧劇和醜聞。

婁氏：原本是北魏後期懷朔鎮上一富家女子，嫁給普通的守城士兵高歡，一度受人非議，但讓人想不到的是，在她的幫助下，高歡步步高升，逐漸成為東魏的開國重臣、無冕之王，而她的幾個兒子都在其扶持下，成為了北齊皇帝。

第四章

獨孤氏：隋朝開國之君楊堅的妻子，隋朝開國後被封為皇后。據說她非常有才能、對楊堅幫助甚大；又說她嫉妒成性，連堂堂一代明君楊堅，也懼她三分。

長孫皇后：唐太宗李世民皇后，德才兼備，在政治上對李世民幫助極大，又作《女則》一書，被公認是後宮女性的行為規範和守則。

武則天：中國歷史上唯一的一位名正言順的女皇帝，執政時間長達數四、五十年，對中國歷史的影響無人可以匹敵。

韋氏：唐中宗皇后。在武則天執政時，和中宗李顯一起歷經磨難。中宋重定，嬌縱韋氏，助長了韋氏政治野心，想步武則天後塵、作第二個女皇帝，因能力不及，被後來的唐玄宗李隆基所除。

楊貴妃：又名楊玉環，中國四大美女之一，受寵於唐玄宗。很多人都把她指責為安史之亂的罪魁禍首，但也有人把她和唐玄宗之間的愛情，視為最讓人羨慕的典範。

第五章

杜太后：宋太祖趙匡胤的母親。據說是她臨終之前，要求趙匡胤一定要將帝位傳給弟弟趙光義。

劉德妃：宋真宗所立的第二個皇后，幼時生活艱辛，曾作街頭藝伎，在當時其身分被廣泛非議，被立之後，才德令天下懾服。

李宸妃：宋仁宗的親生母親，原是劉德妃的侍女，生下仁宗後，交由劉德妃撫養仁宗作了皇帝，她仍甘心於沉默，直到死亡，都不曾以皇帝的生母自居。

郭皇后：宋仁宗皇后，不為仁宗寵愛。曾一怒之下誤打仁宗一個大耳光。被廢之後，兩人曾有破鏡重圓的機會，但礙於面了，最終孤老。

曹太后：宋仁宗另一皇后，英宋時被尊為皇太后。英宗有間發性精神病，病發時，由曹太后臨朝執政，基本保證了北宋朝政的平穩安定。

孟皇后：宋哲宗私寵劉婕妤，孟皇后重新被封為皇后，但很快又被廢去，這一廢，反而使她在北宋滅亡時倖免被金人所掠，南宋時，被高宗立為皇太后。

韋太后：宋徽宗賤妃，宋高宗生母。靖康之變，被金人掠至北方，備嘗艱辛。據說高宗為人頗為孝順，為了從金人手裡迎回母親，不惜答應金人要求，殺害民族英雄岳飛。

李皇后：宋光宗皇后，是一個悍妒跋扈、工於心計的女人，挑撥光宗和孝宗之間的父子關係，致使父子反目，就連孝宗駕崩、光宗也因畏懼李皇后而拒不出面主持葬禮。

訶額侖：成吉思汗鐵木真的母親，母子二人相依為命，幫助兒子成就豐功偉績。待鐵木真霸業成功，訶額侖又請命嫁給一個普通蒙古老頭兒，過普通人的生活。

脫列哥那皇后：元太宗窩闊台皇后，元定宗貴由之母。想利用太宗駕崩，貴由遠征暫時趕不回來的時間差，過一把女帝癮，結果未能得逞。

唆魯禾由帖尼：成吉思汗幼子拖雷之妻、元憲宗蒙哥之母。拖雷早死。她年輕守寡，扶養兒女，最終幫助兒子問鼎天下，受到廣泛的尊敬和讚譽。

第六章

馬皇后：元末農民軍將領郭子興義女、明朝開國之君朱元璋之妻，明開國後封皇后。對朱元璋開國有很大功勞、兩人感情甚篤。她死之後朱元璋獨居十餘年，沒有再立皇后。

甯國公主：明太祖朱元璋幼女，明成祖朱棣同母妹妹。一夫梅殷頗有才氣，為朱元璋器重。朱棣起兵和侄兒朱允炆爭奪天下，暗中設計害死梅殷，甯國公主「牽衣索夫」。

權妃：朝鮮人，不僅姿容秀麗，且擅吹玉簫，入宮後深得朱棣喜愛。

萬貴妃：明憲宗終生寵愛之女子。萬貴妃最初為宮中侍女，照顧幼時的憲宗。憲宗命運多舛，幾起幾伏，最終成了皇帝。萬貴妃一直伴隨憲宗身側，兩人之間的關係。也漸漸從主僕演變為母子、情人。他們兩人是中國帝王後宮中僅有的老妻少夫。

客氏：原本只是明熹宗乳母，地位極為低下，據說是與熹宗有不正當的男女關係，從而橫行宮裡；又說她與並未真正淨身的假太監魏忠賢勾搭成奸、把整個明朝江山，攪和得搖搖欲墜。

納喇氏：清太祖努爾哈赤太妃，聰明漂亮，生前被努爾哈赤所寵愛。努爾哈赤死後，命她一起殉葬。有人說這是因為她心術不正，被晚年的努爾哈赤識破，也有人說是皇太極為爭奪王位而設計的陰謀。

孝莊皇后：蒙古人，清太宗皇太極皇后，扶順治和康熙兩位幼主登位，是滿清王朝奠基時期最重要的權力人物。據說她為了兒子，也為了滿清政權穩定，不惜以太后身分、下嫁攝政王多爾袞。

董小宛：原本是明末清初名噪一時的江南名伎，嫁給世家公子冒辟疆為妾。有說她後來死於戰亂之中，也有人說她入宮作了順治寵妃，順治還因她而捨棄江山，遁入空門。

全成皇后：清道光皇后，姓鈕祜祿氏，據說多才多藝，聰明能幹，深受道光帝寵愛，但難得皇太后歡心，被皇太后暗中毒死。

慈禧太后：姓葉赫拉那氏，又稱西太后。原為咸豐帝寵妃，因兒子繼咸豐之位為皇帝，她得以尊為太后。繼而發動祺祥政變，垂簾聽政，成為中國封建政治制度下最後一位無冕之王。

珍妃：她是光緒帝最寵愛的妃子，姓他他拉氏。戊戌變法時，珍妃支持光緒帝變法，後被慈禧太后打入冷宮監禁。八國聯軍進攻北京時，慈禧太后在出逃前命人將珍妃溺死於宮井中。

領略人類文明耀眼的光芒　聆聽歷史遺跡無言的訴說

A96227

定價◎699元

A96228

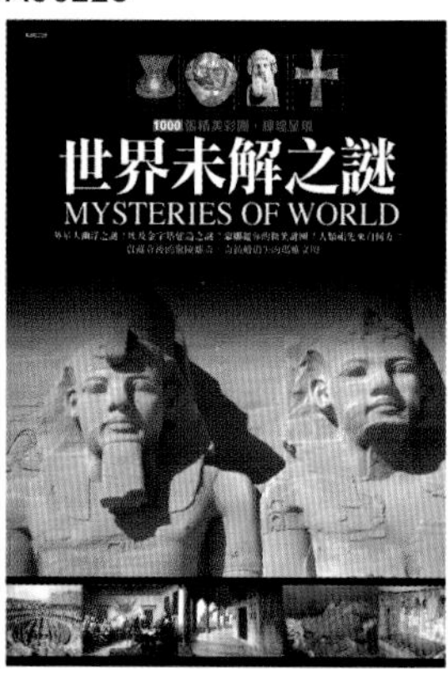

定價◎699元

A96230

定價◎**899**元

A96231

定價◎**899**元

美妙的旅程、豐富的人文

以廣闊的視角從不同方位展現出
國家地理文化最全面的內容，
帶領讀者對國家地理文化進行全方位的接觸。

A96401

定價199元

A96402

定價199元

A96404

定價199元

A96403

定價199元

物質文明與精神文明的軌跡

THE ENCYCLOPEDIA OF ART

A96219

A96218

A96217

A96227

定價◎699元

A96228

定價◎699元

A96229

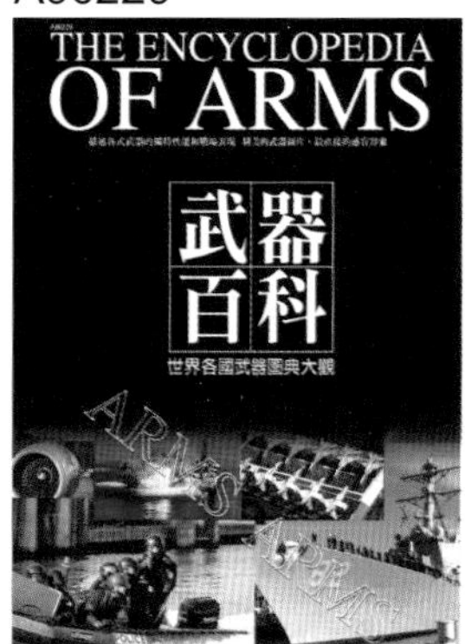

定價◎699元

國家圖書館出版品預行編目資料

中國後宮之謎/古木主編.--初版.--臺北縣中和市:漢宇國際文化.
面;公分

ISBN 978-986-228-153-6(精裝)

856.9 99003655

中國後宮之謎

作者 古木
出版者 漢宇國際文化有限公司
235台北縣中和市建康路130號4樓之1
電話：886-2-2226-3147
傳真：886-2-2226-3148
網路書店 www.101books.com.tw
版權洽談 www.book4u.com.cn

副總編輯 黃志誠
資深美編 曹 瑩
初版一刷 2010年6月
定價 請參考封面

總經銷 幼福文化事業股份有限公司
235台北縣中和市建康路130號4樓之2
電話：886-2-2226-3070
傳真：886-2-2225-0913
香港總經銷 和平圖書有限公司
地 址 香港柴灣嘉業街12號百樂門大廈17樓
電 話 852-2804-6687
傳 真 852-2804-6409

星馬地區總代理：諾文文化事業私人有限公司
新加坡：Novum Organum Publishing House Pte Ltd.
20.Old Toh Tuck Road,Singapore 597655.
TEL：65-6462-6141 FAX：65-6469-4043
馬來西亞：Novum Organum Publishing House（M）Sdn. Bhd.
No.8, Jalan 7/118B, Desa Tun Razak,
56000 Kuala Lumpur, Malaysia
TEL：603-9179-6333 FAX：603-9179-6060

A20206

特價◎299元

A20213

特價◎299元

A20214

特價◎299元

A20215

特價◎299元

A20216

特價◎299元

A20217

特價◎299元

A20218

特價◎299元

A20219

特價◎299元

WORLD HISTORY

Changes Humanity's Life